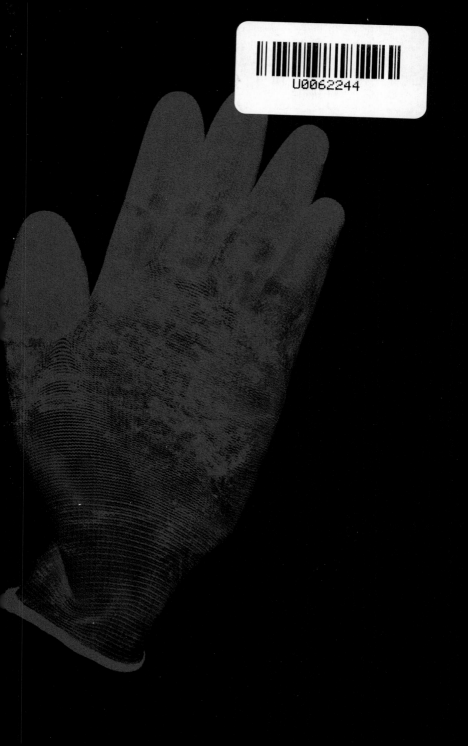

U0062244

MOUNTAIN

登自己的山

All This Wild Hope

# 脏活

## 必要工作的道德伤害

# DIRTY WORK

Essential Jobs and the Hidden Toll
of Inequality in America

（Eyal Press）

[美]
埃亚勒·普雷斯 著

李立丰 译

38
D.W.
INSP'D & P'D

GUANGXI NORMAL UNIVERSITY PRESS
广西师范大学出版社
·桂林·

**图书在版编目(CIP)数据**

脏活：必要工作的道德伤害 / (美) 埃亚勒·普雷斯 (Eyal Press) 著；李立丰译. -- 桂林：广西师范大学出版社，2023.11（2024.5重印）

书名原文: Dirty Work: Essential Jobs and the Hidden Toll of Inequality in America

ISBN 978-7-5598-6028-6

Ⅰ.①脏… Ⅱ.①埃… ②李… Ⅲ.①职业社会学 Ⅳ.①C913.2

中国国家版本馆CIP数据核字(2023)第155990号

著作权合同登记号桂图登字：20-2023-027号

ZANGHUO: BIYAO GONGZUO DE DAODE SHANGHAI
脏活：必要工作的道德伤害

作　　者：（美）埃亚勒·普雷斯
译　　者：李立丰
责任编辑：谭宇墨凡
特约编辑：卢安琪　王子豪　任建辉
内文制作：燕　红

广西师范大学出版社出版发行

　广西桂林市五里店路9号　邮政编码：541004
　网址：www.bbtpress.com

出 版 人：黄轩庄
全国新华书店经销
发行热线：010-64284815
北京华联印刷有限公司印刷
开本：860mm×1092mm　1/32
印张：12.5　　　字数：230千
2023年11月第1版　2024年5月第4次印刷
定价：96.00元

如发现印装质量问题，影响阅读，请与出版社发行部门联系调换。

纪念塔尔玛，我亲爱的姑妈，一个热爱读书的人。

无权无势者，只能干些脏活。

有权有势者，却可坐享其成。

———詹姆斯·鲍德温 [1]

# 目 录

# 导　言

　　5 月的一个晚上，一位名叫埃弗里特·休斯（Everett Hughes）的美国人登门拜访了法兰克福的一位德国建筑师。那是 1948 年，与德国其他地方一样，法兰克福也满目疮痍。饱受战火蹂躏的林荫大道两旁，尽是些破败不堪的别墅。在盟军对纳粹发起的空袭中，这里曾反复遭受轰炸，整个街区几乎被夷为平地。几个星期前，休斯曾和同伴开车在市中心坑坑洼洼的街道上穿行，试图寻找店面和住宅侥幸得以保全的街区。折腾了半天，他们最终放弃了。休斯在日记中写道："这里的房子不是被掀了房顶，就是整体垮塌。满眼都是残垣断壁。"[1]

　　休斯来法兰克福显然并不是为了考察废墟的。身为芝加哥大学社会学教授，他此行的主要任务是完成一个学期的海外教学。休斯出生于 1897 年，是罗伯特·帕克（Robert Park）的高徒。帕克记者出身，曾担任布克·T.

华盛顿的助手，也是芝加哥社会学派的掌门人之一，该学派强调直接观察在帕克所谓"人类生态学"研究中的独特价值。休斯是个敏锐的观察者，钟情于文学，善于从看似孤立的微小事件细节中总结出广泛的模式。田野调查途中，休斯笔耕不辍，在日记或随笔中记录下可能会在学术研究中有用武之地的灵感火花。

在法兰克福访学期间撰写的日记中，休斯描述了自己与自由派知识分子的交往，这些人"就总体的思想、态度和修养而言，与任何西方国家的知识分子无异"。造访建筑师的经历便很有代表性。大家坐在偌大一个满是图纸的工作室，一边啜饮香茗，一边畅谈科学、艺术和戏剧。"如果各国有识之士都能这样面对面交流该有多好。"在座的一名德国教师如是说。那天晚上，这名教师抱怨自己在法兰克福（当时仍处于美军占领下）遇到的一些美国士兵很无礼，休斯顺势抛出了一个更为微妙的话题。他询问这位女士是否了解德国士兵在战争期间的所作所为。

"每当想到这一点，我就为我的人民感到羞愧，"建筑师插话道，"但我们当时并不了解，只是后来才知道了这些。您得清楚我们承受的压力：我们必须加入纳粹党；我们只能噤声不语，奉命行事。压力之大可不是闹着玩的。"

"不过，我还是感到羞愧，"建筑师继续说道，"但是您看，我们失去了殖民地，国家也声誉扫地。这帮纳粹分子恰好利用了民众的这种情感。犹太人，的确是个问题……这些最底层的家伙，满身虱子，又脏又穷，套着邋遢的长袍在贫民区里乱窜。'一战'后，他们蜂拥而至，以难以置信的方式迅速敛财。他们霸占了所有美差。好家伙，医学、法律和政府职位的十分之一都给犹太人抢走了。"

说到这里，建筑师一时有些恍惚。"说到哪了？"他问道。休斯提醒，他一直在抱怨犹太人在战前是如何"把持一切"的。

"哦对，就是这样，"建筑师说，"当然，不能用那种方法解决犹太问题。但问题出现了，就必须以某种方式解决。"[2]

夜半时分，休斯起身告辞，离开了建筑师的家。但这段对话一直在他的心头萦绕。回到北美后，休斯在蒙特利尔的麦吉尔大学做过一次演讲，曾提及此事。十四年后，即1962年，演讲的文字稿发表于《社会问题》期刊上。彼时，学界涌现了诸多理论，以解释纳粹统治下发生的一系列恐怖事件，以及它们最终是如何导致种族灭绝的：德国独有的"威权人格"，对于阿道夫·希特勒的狂热崇拜。休斯则关注到另一个与狂热分子以外的人都有关，且并非德国独有的因素。他认为，在希特勒统治下犯下可怖罪行的凶手，并非完全遵从元首的命令被动行事。他们是"好人"的"代理人"（agent），就像上面提到的那位建筑师一样，这些"好人"对迫害犹太人的行径视而不见，因为在某种程度上，他们乐见其成。

"大屠杀""灭绝犹太人"，类似描述纳粹消灭犹太人的术语有很多。休斯选择的表达方式更为平淡。他称之为"脏活"，这一术语意味着虽然肮脏且令人不悦，但并非完全不被社会中的体面人欣赏。休斯从那位建筑师对"犹太问题"的思考中得出结论：受过教育的德国人即使不是坚定的纳粹分子，也并非不欢迎清除"劣等种族"的做法。类似的态度，休斯在法兰克福时参与的其他谈话中也有体察。谈到这位建筑师时，休斯写道："他刻意与犹太人划清界限，并宣布他们是个问题，显然也愿意让其他人来做自己不会去做的脏活，正是为此他才感到羞愧。"[3] 正如休斯设想的，这就是脏活的本质：将某些不道德的行为交由代理人实施，再顺势对此矢口否认。与流氓不同，被分配干脏活的作恶者获得了社会"无意识的授权"（unconscious mandate）。

近年来，越来越多的证据显示，纳粹确实设法获得了社会的授权。正如历史学家罗伯特·格拉特利在2001年出版的《支持希特勒：纳粹德国的同意与胁迫》一书中指出的，对于普通德国人来说，针对犹太人和其他"不受欢迎者"的暴力运动几乎不是什么秘密，大家都心知肚明，且经常为种族净化运动推波助澜。从这个意义上说，休斯在《社会问题》上发表的题为《好人和脏活》的文章可谓有先见之明。但正如他竭力强调的，他发表该文的目的绝不是要证实这一点。休斯写道："在此重提纳粹针对犹太人的'最终解决方案'，并不是为了谴责德国民众，而是提醒大家注意始终潜伏在我们中间的危险。"

　　休斯在俄亥俄州的乡间小镇长大，对于此类危险有亲身体会。他的父亲是卫理公会牧师，因为坚持种族宽容态度，让白人至上主义者恨之入骨。一天晚上，一些身穿白袍的暴徒前往休斯家，在门口的草坪上焚烧十字架。这段经历使休斯意识到了美国社会中汹涌的暗流，并终生厌恶任何形式的沙文主义。作为对"冷战"中大行其道的沙文主义深恶痛绝的怀疑论者，休斯显然无法接受美国例外论，即认为这个国家可以免于其他国家犯下的道德错误。在休斯关于"脏活"的文章发表之后，社会学家阿诺德·罗斯（Arnold Rose）致信《社会问题》编辑部，指责休斯低估了纳粹种族意识形态的凶残特性。作为回应，休斯再次强调，自己撰写该文时并没有首先考虑德国的经验。相反，他申明："[我的文章]是写给北美人的……目的是让我们，特别是美国人民警惕隐藏在我们内心的敌人。我们对种族暴力和其他类型的暴力习以为常，甚至视而不见。这就是本人1948年演讲的主题。我在1963年再次强调了这一点，当时许多美国人仍在实行私刑，使用警方的刑讯手段，像立法机构一样进行犯罪调查和刑事审判，而其余的人不屑、不敢或无法加以阻止。"

正如上述交锋表明的，休斯关注的是一种在他看来存在于所有社会的动态，在美国尤甚。可以肯定的是，战后美国的不公与纳粹时代的暴行在道义上显然无法同日而语，休斯将后者描述为"世界上有史以来规模最大、最引人注目的社会脏活"。[4] 但在不那么专制的国家实施的不那么极端的脏活，仍然需要"好人"的默许。事实上，在民主国家，这种同意比在像纳粹德国这样的独裁国家**更为**重要，因为在所谓的民主国家，反对意见可以得到容忍，公职人员可以被投票罢免。与其他民主国家的民众一样，美国人有权质疑并可能阻止以他们的名义进行的不道德活动。

休斯写道："问题在于做了什么，谁做的，以及实施者从我们这里所获授权的性质。也许我们无意识地给了他们授权，让他们的行径超越我们自己想做甚至希望承认的范围。"[5]

* * *

休斯的文章发表五十多年后，他提出的问题值得重新审视。当代美国出现了什么脏活？它们在多大程度上源自社会的无意识授权？有多少"好人"宁愿不去深究那些以他们的名义做的事情？当这类事情可以委托给孤立存在的隐形"脏活劳工"阶级时，实现起来有多容易？

自 2020 年冬季以来，美国社会的运转对这群隐形工人的依赖性暴露无遗。新冠大流行期间，各州州长发布封锁禁令，成千上万个工作岗位随即消失或暂时停工，真相也浮出水面。这场大流行无比真切地证明，拥有更多特权、可以奢侈地居家办公的美国人，在多大程度上依赖于超市收银员、送货司机、仓库管理员等数以百万的低薪工人，他们的工作被认为过于关键，根本不能喊停。这些工作通常留给女性和有色人种，长期处于全球经济的阴影之下，干的苦工与低廉的计时工资不成正比。大流行期间，这些工人履行的职责被赋予了新的称号："基础工作"。但这并没有改变一个事实，那就是许多工人依然无法享受医疗保健和带薪病假，即使必须承担接触潜在致命病毒的风险，也无法获得个人防护装备。然而，"基础工作"的称号强调了一个基本的真相，即如果没人从事这些工作，社会就无法运转。

但是，还有一种被很多人认为有损道德，甚至更不可见的隐形劳动，也是社会必需的。例如，在美国的很多州，监狱或看守所中的精神病房已经取代医院成为当地规模最大的精神卫生机构，这也导致了无以计数的残忍行为，且工作人员经常违反医德，默许狱警虐待被监

禁者。又例如，在美国发动的永无止境的战争中实施的
"定点清除"，尽管在几乎完全缺乏监督的情况下发动
的致命打击数量不断增加，但战争已经无法成为头条
新闻。

批评者可能会认为，大规模监禁或无人机定点清除
这类工作纯属多余。然而，它们对于维持通行的社会秩
序来说实属必要，可以解决许多美国人想要解决，但又
不想费神，更不要说亲自处理的"问题"。比如，如何安
置社群中得不到护理的重症精神病患者，只需要将成千
上万这样的人关进监狱或者看守所，就可以很快将其忘
在脑后。又比如，当举国上下对代价不菲的武装干预失
去兴趣、对酷刑和无限期拘留的争论感到不安时，如何
继续进行无休止的战争，便可以通过大规模使用武装无
人机加以解决。

在过去的一年里，一些干脏活的工人不再隐形，其
中最为惹眼的是在美国屠宰场"宰杀车间"工作的非裔
及拉美裔劳工。为了满足大众对廉价肉品的需求，在消
费者闻所未闻的恶劣条件下，动物被运送到屠宰场宰杀
分割。新冠大流行使人们开始关注牛肉、猪肉和鸡肉工
厂生产线工人面临的人身危险。尽管有数十名工人死亡，
数万人感染新冠病毒，但这些工厂仍被严令继续生产。
和许多干脏活的工人一样，屠宰场工人在工作中经常面
临极端的健康风险，这是行业的恶劣工作条件与从业者

相对劣势的社会地位共同造成的。但由于这类工作性质令人不快，屠宰场工人还更容易受到另一种鲜为人知的职业风险侵害。在许多美国人看来，在工业化屠宰场大规模屠杀动物，就像在监狱大规模羁押精神病患者一样令人不适，甚至会引发厌恶和羞耻。这些负面情绪不可避免地会影响公众对于从事宰杀和羁押工作的人员的看法，在某种程度上也会影响这些工人的自我认知。社会学家理查德·桑内特和乔纳森·科布在其经典著作《阶级的隐性伤害》中，呼吁将阶级分析的重点从物质条件转移到工人们承受的"道德负担和情感困境"上来。[6]对于专事脏活的工人来说，负担包括被污名化、自责、名誉扫地、自尊受损。在某些情况下，工人们还会经历创伤后应激障碍和"道德伤害"（moral injury），这一术语本来是军事心理学家用来描述士兵在执行违反自身核心价值的命令后承受的痛苦。

工作可能会造成道德伤害，这一观点并没有完全被忽视。在新冠大流行的高峰期，很多文章细致地描述了医生和护士如何被迫做出痛苦的决定：在人满为患的医院，应该给哪些患者上呼吸机？谁能活下去？纽约市的一位急诊医生写道："我们再也不会和以前一样了。"[7]疫情期间，这位医生身处一线，她对医护人员的切肤之痛深有体会。但值得注意的是，是一场始料未及的危机才把医生推向这样的角色，而这场危机最终得以平息。对于许多干脏活的工人来说，由于社会的组织方式以及工作的具体需要，他们每天都需要做出艰难的抉择，遭受可能带来的痛苦。此外，与医生不同，这些工人并没有从事被视为高尚的职业并受到同胞称赞。相反，他们因被迫从事低下的工作而蒙受污名与羞辱。

有些人可能会争辩说，那些仅仅为了挣钱而从事道德存疑的行当的人，应该为此感到羞耻。这正是许多移民权利倡导者对近年来执行美国非人道移民政策的边境巡逻队的感受，也是一些和平活动人士指责参与定点清除的无人机操作员手上有血的理由。这些人的观点有其道理。在下文中即将登场的干脏活的工人，并不是他们供职的体制的主要受害者。对于遭受这些行动的人来说，干脏活的工人根本就不是受害者。他们是加害者，其履行的职责往往会造成巨大的伤害和痛苦。

但是，将脏活的责任完全甩给具体的执行者，可能非常行之有效，足以掩盖背后的权力关系以及使脏活常态化的层层共谋。这样做还可以转移人们的注意力，从而忽视了最终决定谁来干脏活的结构性缺陷。尽管哪里都有脏活，但在美国，脏活的分配绝非随机。正如后文所示，脏活不成比例地落到了选择和机会较少的人身上：来自落后农村地区的高中毕业生、无证移民、女性和有色人种。与其他薪酬微薄且存在人身危险的工作一样，干脏活的主要是社会弱势阶层，他们不像生活相对富裕、受教育程度较高的阶层那样，拥有技能和资历、社会流动性和权势。

这些工人的困境和经历讲述了当代美国更为宏大的故事，揭示了经济学家们未曾注意到的不平等的面向。财富集中在越来越少的人手中，工资中位数则停滞不前：这是衡量和描述不平等的典型方式，统计数字很形象地显示出，近几十年来很少有美国人从经济增长中受益。这些数字确实很引人注目。根据经济学家托马斯·皮凯蒂、伊曼纽尔·赛斯和加布里埃尔·祖克曼的研究，1980—2014 年间，美国前 1% 的富人在国民收入中所占的份额几乎翻了一番，而靠后一半的人所占份额下降了近 50%。另一项研究显示，400 名最富有的美国人拥有的财富超过了所有非裔美国人的财富总和。

经济不平等还反映并强化了道德不平等。正如富人和穷人居住在完全不同的世界一样，在美国从事最吃力不讨好的工作、陷入道德困境的人群，跟免于从事这些工作的人群之间，同样存在着明显的差距。在一个越来越不平等的社会当中，像其他许多事情一样，双手干净、良心清白，日益成为某种特权：能够将自己与干脏活的孤立之所隔离开来，将肮脏的细节留给他人。处于劣势的群体不仅更有可能干脏活，也更容易作为"害群之马"被挑出来，当长期被容忍甚至得到上级怂恿的系统性暴力偶尔曝光时，他们就会受到指责。政客和媒体通常将这些曝光视为"丑闻"，并将火力集中在道德败坏的个人身上，这种愤怒的表现最终会掩盖每天发生的更为稀松平常的不公。与此同时，上级官员和默许干脏活者所作所为的"好人"，仍然可以全身而退，从容地声称自己对此一无所知，并对被挑出来的替罪羊大加挞伐。

当然，并不是所有干脏活的人都认为自己实属无奈。有些人可以从这种工作中获得满足感。此外，还有观点认为，任何社会都不可避免地存在一些脏活，许多白领精英（例如兜售可疑金融产品的华尔街银行家、设计隐藏跟踪机制以便公司能够在用户一无所知的情况下收集个人数据的软件工程师）从事的工作也在道德上存疑。但对于这些精英来说，好处显而易见：华尔街银行家可以获得丰厚的薪水和红利；软件工程师可以跻身于上层精英阶层。在一个将世俗成功视为良好品格标志的社会中，完成这样的"壮举"具有积极的道德价值，可以赋予攀升到社会秩序顶端的赢家以美德。成功的精英在需要做出有损道德的事情时，也会更有勇气抱怨或干脆一走了之。做出这样的选择自然存在风险，但对于拥有技能和资历的人来说，找到其他理想的工作绝非难事。

本书着力刻画的干脏活的人们，显然无福消受这种奢侈的选择。大多数人都牢牢地与手里的工作捆绑在一起，为了生存不得不向现实低头，因为他们没有更好的选择。干脏活的人并不全是一贫如洗。对于其中一些人来说，这样的工作确实可以提供摆脱贫困的门路，在某些情况下甚至还可以获得健康福利或略高于最低标准的薪酬。但是，享受福利或更高工资需要付出高昂的代价：感到自己被贬低和玷污，为这份声名狼藉、备受轻视的工作弄脏双手。但凡干脏活的人要依靠这些工作讨生活，他们就承受着双重负担：既要经受收入的不稳定，又要为有违道德的行当付出精神代价。

"脏活"在口语中多指吃力不讨好或令人不快的任务。在本书中，这个术语指代的内容则与此略显不同，且更为具体。首先，脏活通常意味着使用暴力对他人、动物和环境造成实质性伤害。其次，干脏活需要做一些"好人"（即社会中的体面人）认为肮脏、下作的事情。再次，脏活会对从事相关工作的人造成伤害，使他们要么感到被贬低和羞辱，要么感到背叛了自己的核心价值和信仰。最后也是最重要的一点，脏活取决于"好人"的默示授权，后者认为这类工作对社会秩序不可或缺，但并不明确表示同意，如果有必要还会将相关责任撇得一干二净。要做到这一点，就必须将工作委托给他人，这就是为什么授权乃基于这样一项了解，即其他人会处理日常的苦差事。

本书并没有全面调查所有具有上述特点的行当，而是旨在提供一系列案例研究，以阐明脏活在美国生活不同领域中的表现样态。本书的第一部分探讨了国家监狱系统的精神病房内的脏活，在那里经常发生令人毛骨悚然的虐待行为。虽然这些行为很容易被归咎于残暴的低级警卫，但监狱和看守所的警戒人员只不过是社会的代理人，在将精神疾病定为犯罪的社会中，这种残酷暴行不可避免。本书的第二部分研究了另外一种暴力，实施者是远程确定无人机打击目标的图像分析师。政府官员经常将这些定点清除行动描述为"精确"和"外科手术般的"，即与肮脏相反。正如我们将看到的，对于许多参与行动的"虚拟战士"来说，现实更令人不安，距离和技术使战争和暴力蒙上了更多道德阴影。与监狱工作人员一样，无人机暗杀项目中的战斗人员履行政府职能，执行假定得到政府官员和公民支持的政策。但是，脏活也可能发生在表面上与国家没有关系的机构中，例如本书第三部分检视的工业化屠宰场。屠宰场工人也是我们的代理人，但他们并非履行了公共职能，而是迎合了公众消费习惯。许多美国人的生活方式，从吃的肉到开的车，都是靠脏活才得以维系。本书的最后部分尝试探讨，在美国和世界许多地方均普遍存在的脏活，研究其在全球资本主义体系中发挥的润滑剂作用：在墨西哥湾钻取化石燃料；在非洲开采钴等稀有金属，以制造推动数字革命的无线设备。

　　几乎所有形式的脏活都具备一个共同的特点，那就是避人耳目，使"好人"更容易视而不见或者选择性遗忘。不想目睹肮脏或令人厌恶的事情，这种愿望并不新鲜。西格蒙德·弗洛伊德在《文明及其不满》一书中写道："对我们而言，任何肮脏都与文明不相容……即使把使用肥皂当作衡量文明的一个实际尺度，我们也不会感到惊讶。"[8]受弗洛伊德的影响，德国社会学家诺贝特·埃利亚斯（Norbert Elias）在其著作《文明的进程》中，追溯了西方道德和礼仪的演变，表明那些被视为令人不安或厌恶的行为（吐痰、暴力和侵略）是如何逐渐从公共生活中消失的。此书于1939年付梓，这也许可以解释为什么几十年来这本书一直被人们忽视：在许多人看来，西方文明在纳粹主义的阴影下已露出野蛮的真容。但埃利亚斯并没有将"文明的进程"等同于道德进步。像弗洛伊德一样，他将其与日益增长的社会抑制联系起来，这导致人们在做不体面的行为时往往更加谨慎。理论上，这反而会使令人反感的做法更加普遍。埃利亚斯观察到："人们越来越注意把令人难堪的举动**置于社会生活的幕后**"，"但是这种变得令人难堪的事情，或者把它'置于幕后'的做法，很能说明被我们称作'文明'的整个过程的特征"。[9]

脏活在美国监狱和工业化屠宰场等偏远机构的牢房暗室所代表的幕后悄然展开，这些机构往往位于贫困人口和有色人种聚居的偏远地区。某种意义上，在这些封闭区域中辛勤工作的工人，可谓美国的"贱民"（untouchable），他们从事着不太光彩，又为社会依赖和默许，却被掩盖的工作。这种隐蔽性是通过砌筑高墙等物理屏障隔离干脏活的场所来维持的，并通过设置限制公众知情的保密法等法律障碍来强化。但也许，最重要的障碍源自我们内心。人类的心理过滤功能使我们无法认识到，自己赞同的事情有令人难堪的一面。

埃弗里特·休斯在法兰克福期间，在日记的空白处为具有这种心理障碍的人草草写下了一句话。休斯称其为"消极的民主人士"。"消极的民主人士表面上态度十分开明"，他们"除了若无其事的愉快对话之外，什么都不想做"。这些人的问题并不在于不知道周围正在发生不合理的事情，而在于他们缺乏休斯所说的"了解的意愿"。为了保持良心清白，他们宁愿被蒙在鼓里。

如果生活在纳粹德国的消极民主人士更加积极，很难说能够产生多大不同；毕竟，他们生活在独裁统治之下，国家要求其绝对服从，根本容不下任何异见。但如前所述，休斯在撰写关于脏活的文章时，主要考虑的并不是纳粹德国。他想到的是自己的美国同胞，生活在积极参与可以产生影响的民主国家公民，进而萌发了对道德上令人反感的做法是否应该存续的辩论。

然而，在休斯的文章发表后的几十年间，美国人的消极被动与日俱增。晚近的几次总统选举中，数以千万的选民已不再关心前几代人为之奋斗和牺牲的权利。拜科技所赐，普通人无比轻易便可获取海量信息。同样，面对令人不安的事情时，点击另一个链接来转移视线变得轻而易举。在一个注意力分散、连续专注时间缩短的文化当中，又有谁会费心费力地阅读那些令人不安，或将引火烧身的揭秘爆料？又有谁会在网上冲浪时，长久沉浸于良心不安中，好让自己在第二天记住此时的经历？对大学毕业生的研究表明，近年来美国人的共情能力有所下降。设身处地的意愿似乎与了解的意愿一道在减弱。

在消极民主大行其道的国家，令人不安的做法在不遭遇太多阻力的情况下恣意发展。这令人遗憾，因为通过追踪美国生活中脏活的发展脉络，我们可以了解到这个社会的道德状况。正如下文所述，我们都与这些脏活有所牵连，却几乎未曾察觉。哲学家查尔斯·米尔斯*认为，西方社会赋予白人的优势体现在无形的"种族契约"中。根据这个默示存在的契约，非白人是统治种族秩序的"下等人"，尽管许多受益者对此并未在意也不承认。这一默示契约同样适用于脏活，它的条款确保那些容忍脏活存在并从中受益的白人不必深究。与种族契约一样，这种协议在任何正式文件中都不见踪影，使得人们很容易忽视。当人们注意到或提起这种协议时，他们同样容易将其归咎于他人，或归因于无法改变的巨大外部力量。这

---

* 查尔斯·米尔斯（Charles Wade Mills，1951—2021），牙买加裔美国哲学家，批判性种族理论的先驱，著有《种族契约》等。

显然是一个错误。美国的脏活分配，尽管看起来一成不变，却并不是预先注定，而是现实生活中人们做出的具体决定（从理论上讲，这些决定是可以改变的）的产物，包括制定的政策、实施的法律以及达成的决议，从如何发动战争到将最弱势的同胞关在何处。对脏活的思考揭示了美国社会面临的基本问题：美国人的价值观、基于无意识授权建构的社会秩序，以及美国人愿意以自己的名义做些什么。

第一部分

# 高墙之后

# 双重忠诚

**1**

哈丽特·克日科夫斯基来到佛罗里达州戴德惩教所工作后不久，就有囚犯小声对她嘀咕："你知道他们让我们挨饿，是吧？"这一幕发生在2010年秋天，当时身为精神健康顾问的哈丽特，收到了位于迈阿密以南大约40英里的州立戴德惩教所发出的工作邀请，负责帮助有临床行为问题的囚犯遵照医嘱完成治疗计划。和哈丽特搭话的这名囚犯被关押在惩教所内设的精神健康病房，俗称"过渡监护室"，这是一组由通廊连接的两层小楼，配备单面玻璃和监控摄像头。起初，哈丽特以为这些话纯属无稽之谈。"我心里想，这家伙一定是有妄想症或者精神分裂症"，她说。但后来，哈丽特又听到过渡监护室另一侧的一名囚犯抱怨，送到监舍的餐盘里经常空空如也。在注意到被羁押的好几名犯人都骨瘦如柴后，哈丽特决定找负责管理住院部的克里斯蒂娜·佩雷斯医生聊聊此事。

　　彼时的哈丽特刚过而立之年，皮肤略显苍白，眼神深邃幽蓝，神态腼腆矜持。很多被矫治心理学领域吸引的理想主义者倾向于将囚犯视为社会的受害者，也对执法者缺乏信任。惩戒官员则称这些人为"混蛋之友"。然而，这顶帽子扣不到哈丽特头上。此前，她从未在惩戒机构工作过，来到戴德惩教所后便敏锐意识到了这份新工作暗藏的风险。她知道，监狱里关着强奸犯、恋童癖和杀人狂，这些家伙身背重罪，使她感到恐惧而非怜悯。在她看来，惩教所的看守任务艰巨，值得尊敬，尤其是他们还需要时刻保障像自己这样不具备执法人员身份且经验不足的雇员的人身安全。正因如此，哈丽特才天真地以为，如果惩戒官员有任何不当行为，自己的上司或许希望了解。

　　佩雷斯医生四十多岁，态度冷淡，神情镇定。听到哈丽特"有人没饭吃"的报告，她似乎并不特别担心。"不要轻信这帮家伙的话"，佩雷斯医生提醒哈丽特。当哈丽特解释称，类似的投诉来自过渡监护室的不同监区时，佩雷斯医生向她保证这并不罕见，因为囚犯经常会琢磨出各种匪夷所思的方法，好在整个监狱内部"通风报信"，传递消息。

　　哈丽特又提到，自己无意中听到有看守向囚犯呛声。"去，赶快去死，没有人会惦记你的。"一名狱警当着她的面对其中一人说。佩雷斯医生似乎也不为所动。"他们只不过说说而已，"然后她俯身向前，传授机宜，"记住，我们必须与安全部门保持良好的工作关系。"

这次谈话后不久，轮到哈丽特周日值班，一名看守告诉她，由于工作人员短缺，过渡监护室的囚犯不得进入监狱的放风场所。这个所谓的院子四周都是水泥高墙，裂缝中杂草丛生，几乎没什么娱乐设施，但对于被关在过渡监护室的许多囚犯来说，这里是唯一可以呼吸新鲜空气、放松身心的地方。监督这项活动，正是哈丽特周末值班的职责之一。第二个星期天，情况还是如此。这类禁令持续了几个星期，每次都有不同的理由，在哈丽特听来越来越像是借口。她最终就此事追问了负责安保的狱警，后者告知："这天是礼拜日，我们得休息。"在给佩雷斯医生的电子邮件中，哈丽特转述了这一对话，并表达了内心的沮丧。

几天后，轮到哈丽特负责组织"心理教育小组"。在长达一小时的活动中，囚犯们聚在一起聊天，而哈丽特则负责观察成员的情绪反应。十几名参与者列队进来后，哈丽特抬头看了看，发现站在门边的看守已然不见踪影，将她独自一人扔在满是囚犯的房间里。好在哈丽特最终顺利完成了活动，并一厢情愿地认为狱警是被临时召走以应对紧急情况。但后来，当她周日值班时，值班警卫再次消失得无影无踪，又将其孤零零地留在院子里的囚犯中间，毫无安全感可言。

　　大约在同一时期，狱警给哈丽特开门的速度也变得越来越慢，这一道道铁门原本用来控制过渡监护室不同监区之间囚犯的走动速度。每次要等好几分钟，身处安全控制室内的狱警才会按门铃让她通过，哪怕她是满是囚犯的走廊中唯一的工作人员。此类刁难屡见不鲜，哈丽特尽量不流露出慌张的神色，但她后来回忆说，"这把我吓坏了"。

　　理论上，过渡监护室旨在为患有精神疾病的囚犯提供一个安全的环境，让其在返回戴德惩教所前接受治疗。事实上，哈丽特注意到，她负责照顾的许多囚犯关在单人牢房动辄好几个月，很少与人交流。单独监禁本来应该是对严重违反监规的少数人采取的处理措施。在被迫隔离的情况下，过渡监护室中囚犯的状况往往迅速恶化，心力交瘁、精疲力竭、眼神呆滞。哈丽特说："很多人刚进来的时候还能走动交流，几个月后就只待在监舍内自生自灭。"

　　尽管没什么经验，但哈丽特开始怀疑过渡监护室是否真的在履行其既定使命。她还确信，仅仅因为给佩雷斯医生发了电子邮件，抱怨自己无法进入放风区，她就遭到了狱警的打击报复。但她担心，继续投诉自己的遭遇只会导致更多报复。她甚至没有告诉丈夫史蒂文，因为如果说出自己的疑虑，丈夫可能会坚持让她离职，使家中的经济状况雪上加霜。

当时，哈丽特和她的丈夫带着两个年幼的孩子，借住在迈阿密的母亲家。史蒂文是一名失业的计算机系统工程师，全家都依靠哈丽特在戴德惩教所一小时 12 美元的微薄薪水勉强度日。为了过活，他们还需要借助救济粮票和哈丽特母亲偶尔的接济来补贴家用。哈丽特从小就过着苦日子。她出生于密苏里州西北部的小镇，七岁时，母亲不得不开车将她和姐姐送去一间破旧的女性庇护所，以躲避父亲的虐待。哈丽特的父亲酗酒，会把家里养的小猫往墙上猛摔，不堪其扰的母女被迫离开。五年后，哈丽特的父母离婚，她随母亲迁居到伊利诺伊州一个更为偏远的小镇。在这里，哈丽特母亲成为艺术家（她是一名制陶匠人）并以此谋生的梦想很快搁浅。家里捉襟见肘，只能依靠公共援助，以及她母亲在加油站找到的办事员工作维持生活。母女住在一所简陋的房子里，常常揭不开锅。

1998 年，高中毕业后哈丽特和母亲搬到了迈阿密，经济状况有所改善。母亲成了护士，而哈丽特就读于佛罗里达国际大学。她选择主修心理学，希望能学有所成，帮助人们控制破坏性的内心冲动，好让他们过上更加充实的生活。然而，与此同时，哈丽特需要努力控制自己的破坏性冲动。她暴饮暴食，体重猛增五十磅，然后节食，体重骤降六十五磅。她还常常泡夜店，吸食毒品，一头扎入纸醉金迷的夜生活来适应迈阿密的文化冲击。起初，这段经历令人不能自拔，但新鲜劲儿最终过去了。在目睹室友因吸毒而耗尽所有积蓄后，哈丽特不再参加派对，花了一年时间好好照顾自己。一天晚上，她梦见了小学五年级时在校车站点认识的名叫史蒂文的发小。哈丽特与他取得联系，邀请他来玩。几周后，史蒂文如约出现，并留了下来。2007 年，两人步入婚姻的殿堂。

当时，哈丽特已获得心理学学士学位，正在修读心理咨询的硕士课程。她想成为一名法医心理学家，却正逢佛罗里达州处于深度衰退之中，房地产泡沫的崩溃和2008 年金融危机使严重依赖房地产投机的当地经济遭受重创。哈丽特没有找到工作，好不容易才等到了科里松健保集团发布的招工启事，这家公司正是为戴德惩教所提供精神健康服务的私人承包商。

即使在经济危机最严重的时候，佛罗里达州也有大量的惩教工作机会；该州监狱中关押的囚犯人数居全美第三，仅次于得克萨斯州和加利福尼亚州。确保这些囚犯得到精神治疗不是一种选择，而是宪法规定的义务。这要归功于 1976 年审结的"埃斯特尔诉甘布尔"案。美国联邦最高法院在该案中裁定，"故意漠视囚犯的重病治疗需求"构成了残酷且不寻常的惩罚。[1]

大约在同一时间，在"奥康纳诉唐纳森"案中，最高法院裁定，佛罗里达州相关部门违背肯尼斯·唐纳森的意志，将其监禁在该州精神病院长达十五年之久，侵犯了他的宪法权利。这项裁决为精神病患者的"去机构化"（deinstitutionalize）运动增添了动力。一系列调查性报道对精神病患者的困境进行戏剧化的描述，揭露了衣衫褴褛、浑身僵直的精神病患者如何被塞进阴暗污秽的病房里，从而引起了人们对美国精神健康机构悲惨状况的关注。残疾人权利运动的积极分子谴责精神病院的存在，正如一篇报道所说，里面挤满了"像牲口一样被看管起来的裸体患者"。[2] 在随后的几十年里，全美各州纷纷关闭此类设施，以节省资金并安抚要求改革的倡导者。

改革者的愿景无疑是崇高的，其源头可以一路追溯到 1963 年由约翰·肯尼迪签署的《社区精神健康法》，时任美国总统的肯尼迪提议建立一个由 1500 个社区精神健康中心组成的网络，以便"用社群的温暖包容取代监护的冷酷无情"。[3] 但这一愿景面临重重挑战，倒不是因为其本身的缺陷，而是因为政客和选民的抉择。社会学家克里斯托弗·詹克斯在《无家可归者》一书中指出，关闭州立精神病院所节省的资金本可以用于资助更廉价的住房和门诊服务，但对改革和"去机构化"的倡导者来说不幸的是，关闭精神病院恰好与财政紧缩和抵制纳税的保守政治氛围相吻合。在华盛顿，里根政府收紧了联邦伤残津贴的领取资格，导致 100 多万人失去了这项福利。与此同时，各州立法机构敦促州立医院，即使是慢性病患者也要尽快出院，导致这些患者流落街头。到1987年，超过10万名精神病患者无家可归，另有170万人因罹患疾病丢掉工作，这种情况在西方社会中绝无仅有。詹克斯评论道："没有任何一个富裕国家会如此大规模地抛弃精神病患者。"[4]

"去机构化"运动与美国特有的另一种趋势相吻合：惩罚性的刑事司法措施（强制最低刑、精确量刑法）突增，导致监狱中在押犯人数量空前膨胀。大规模监禁对非裔美国人产生了特别严重的破坏性影响，该族裔遭逮捕、定罪和监禁的比率远远高于白人。这对精神病患者产生了同样严重的后果，他们以同样惊人的速度被关进刑事司法系统之中。在此后的几十年间，美国有多达二分之一的严重精神疾病患者因为处于病态下所犯的轻罪而遭遇逮捕。许多人没有感受到社区的温暖包容，而是在这个国家越来越多宛如孤岛般的监狱和看守所中，接受更为冷酷的监护。

到20世纪90年代，监狱逐渐成为美国新的精神病院，关押着越来越多急需精神科护理的人。这种现象在佛罗里达州尤其突出，而该州在精神健康方面的人均支出在全美各州中排名倒数第二，仅略高于爱达荷州。与此同时，从1996年到2014年，佛罗里达州存在精神问题的囚犯人数增长了153%，足足是监狱总人数增长速度的三倍之多。

联邦最高法院在"埃斯特尔诉甘布尔"案中裁定，忽视为被监禁者提供精神健康照护，这种行为侵犯了囚犯的权利，是不可接受的。但法院未能澄清，如何在最为关心刑罚执行安全性的环境中提供这种照护。根据医学伦理学家的说法，从事罪犯矫治的精神科医生经常感受到"双重忠诚"——服从监狱官员的要求与为病人提供照护的责任——之间的紧张关系。由于狱警为医疗工作人员提供了至关重要的保护，违抗他们可能会面临风险。然而，精神健康专业人员如果软弱纵容，就有可能成为对囚犯患者造成严重伤害行为的共谋。

## 不要做目击者

哈丽特与佩雷斯医生会面后，偷偷宽慰自己："也许是我太敏感了，男人就这德性。"意识到自己是个初来乍到者，她试图相信戴德惩教所的看守更有资格决定如何维持秩序。

一天早晨的例会上，心理治疗师乔治·马林克罗特发表了不同的观点。他告诉大家，前一天，一名患者给他看了前胸和后背上的可怕淤青。该囚犯透露，一群看守强行给他戴上手铐，将其拖进一条狭窄的走廊，用靴子一顿猛踢。马林克罗特告诉与会同事，伤者的控诉得到了其他几名囚犯的证实。在会议上，他指责监狱警卫"蓄意伤害来访的患者"，并呼吁立即采取行动。

　　哈丽特缺席了这次晨会，但听闻了一些风言风语。她和其他同事一样，认为马林克罗特的指控有些言过其实。她表示："我认为'蓄意伤害'一词有些言重了，是在含沙射影。"众所周知，马林克罗特与过渡监护室的一些同性囚犯关系亲密，在哈丽特看来，甚至有些过于亲密。她说："我心里想，你只是被你的病人迷住了双眼，无法客观地看待事实。我认为他已成为囚犯们的辩护者，你懂的，'混蛋之友'。"

　　哈丽特显然无意扮演这样的角色，只想守好自己的本分。然而，她很快发现，即使是做基本决定的权力也受到了极大限制。例如，被录用时，佩雷斯医生曾告诉她，除了协助制定个人治疗计划外，她还需要按照州法规定负责协助过渡监护室中的病囚每周参加至少20小时的活动。然而，每当哈丽特提出建议，如音乐疗法、瑜伽锻炼等，上司总是以构成安全风险为由予以否决，即使这些康复活动旨在减轻病囚的攻击性。一天，哈丽特带来了一盒粉笔，希望囚犯们可以在放风区的水泥地面上涂鸦。还有一次，她给一名罹患精神分裂症的囚犯带了一个红色的橡皮球，认为他会从触觉运动中受益。但狱警将这两件物品都归还给她，托词是存在安全隐患。渐渐地，哈丽特感觉到，看守其实是在教导自己摆正位置。她说："我反复得到这样的信息，即精神健康不能凌驾于安全之上。

必须对看守言听计从。"

种种限制令哈丽特感到沮丧，但凭借经验，她深知若与看守关系疏远，在缺乏保护的环境下工作可能很危险，就像她给佩雷斯医生发送关于放风场所的电子邮件后发生的那样。一天，哈丽特正在放风区，值班看守告诉她，他要离开一会儿。"我会回来的。"他说。没过多久，有囚犯悄悄走向她，把手放在她的背上。哈丽特想大声呼救，但又害怕进一步激怒这个精神极度失常的家伙。于是，她僵住了。过了一会儿，她头也没回，径直溜走了。囚犯没有跟上来。尽管如此，这段经历还是让她深感震惊。哈丽特回忆道："他肯定可以把我扑倒，我可能会被侵犯、强奸，任何不测都可能发生。"

即使在整洁、良好的工作环境中，应对这些危险也会压力重重，而哈丽特工作的环境脏乱不堪，墙壁上满是霉点，走廊上到处是污垢。过渡监护室的监舍污水横流，好几天都没有人来清理，味道刺鼻，天花板经常漏水。即便在员工休息室，也是蟑螂横行，甚至爬到了微波炉里。避之唯恐不及的哈丽特开始用方便面当午餐，只需要直接从厨房的水龙头接水即可冲泡（水很热，根本不需要水煮或者微波炉加热）。

2012年6月的一个星期六，刚刚交班的哈丽特听说过渡监护室一名叫达伦·雷尼的囚犯在牢房里大便，并拒绝打扫。哈丽特后来回忆道，雷尼五十多岁[*]，身材高大、体格健硕，有时会露出令人心慌的眼神，"好像要看透你的内心"。他因持有可卡因入狱服刑，且患有严重的精神分裂症。

"雷尼怎么了？"哈丽特问一位看守。

"哦，别担心，我们会把他带去冲洗干净。"看守回答。

闻听此言，哈丽特稍感安心。"我心里想，很多时候人们在洗完澡后会感觉好些，所以也许雷尼会平静下来。用温水好好洗个澡。"

第二天，哈丽特回来接班，从护士那里得知，前一天晚上确实有几个看守护送雷尼去淋浴。她还得知，这名病人没有回到牢房。水还在流，但雷尼倒在了淋浴间里。晚上 10 点 7 分，他被宣布死亡。

哈丽特猜想，雷尼一定是突发心脏病或自杀身亡。护士告诉她，事实并非如此，而是看守故意将雷尼锁在淋浴间里，然后从外面用软管向他身上喷射滚烫的水。流经软管的热水有八十多摄氏度，温度足以泡茶，或者，哈丽特很快想到，可以泡熟方便面。后来有消息称，雷尼 90% 的身体都被烧伤，皮肤一触即脱落。

哈丽特目瞪口呆。她告诉护士，这起事件肯定会引发刑事调查。

---

[*] 达伦·雷尼生于 1962 年，去世时为五十岁。

"不，"有人告诉她，"他们会掩盖此事的。"

雷尼死后的几天里，哈丽特从过渡监护室的几个囚犯那里听说，雷尼不是第一个被关进淋浴间的人。他只是第一个死在那里的人。换成早些时候，哈丽特会对这种说法嗤之以鼻。但现在，她吃惊于自己怎么如此后知后觉。然而，尽管为此心烦意乱，哈丽特并没有提交报告要求看守为杀害雷尼的行径负责。其他精神健康工作人员也都选择保持沉默。哈丽特后来坦承："我想，必须有人报告，而且必须内部揭发，但我肯定不会干这事。"部分原因在于，她还记得自己因举报一些更微不足道的小事而引发的强烈报复。她还担心，任何直言不讳的员工最终都将被解雇。

这种担忧有理有据。一年前，得知有囚犯遭到看守暴力殴打，乔治·马林克罗特查阅了佛罗里达州惩教署的网站，惩教署表示任何怀疑看守虐待囚犯的员工都有义务举报。马林克罗特是从同事那里了解到这次殴打事件的，后者在目睹后给他打了电话。她忍住眼泪说，自己看到一群看守在走廊里殴打囚犯，在已经将其打倒在地的情况下，继续用靴子猛踢囚犯的肋骨。这名女同事通过一扇面向走廊的窗户目击了暴力的全过程，那里没有安装监控。她说，直到自己忍不住大声呼救时，看守才停止殴打（所有细节都与马林克罗特后来在进行小组治疗时从那名掀起衬衫露出瘀伤的受害者那里听到的情况相吻合）。

　　转述这段经历的心理咨询师也参加了马林克罗特曾公开发表意见的员工晨会，但她在会上保持沉默。尽管感到十分气愤，但她担心如果指证看守会遭遇报复。其他同事也对马林克罗特的呼吁置若罔闻。

　　看到没有其他人愿意挺身而出，马林克罗特决定自己行动。2011 年 7 月，他向佛罗里达州惩教署和位于佛罗里达州首府塔拉哈西的总检察长办公室分别提交了事件报告。大约同一时期，新任典狱长杰里·卡明斯来到戴德惩教所就职。马林克罗特安排了一次会议，并在会上向卡明斯讲述了他的病人描述的殴打和其他虐待行为，包括将精神病囚犯辱骂到崩溃尖叫、用头撞墙或在牢房里大便，而这反过来又促使狱警实施更残忍的行为。根据马林克罗特的说法，卡明斯似乎十分关心并表示同情，这让他对情况即将有所改善抱有希望。

　　此后不久，情况确实发生了变化，但与他预期的有所差别。一天下午，一名狱警在监狱门口拦住了午休回来的马林克罗特。狱警告知，他刚刚被解雇了，理由是现在距离午休时间已经过去了几个小时。马林克罗特并不否认自己的午餐时间稍微有点长，但其他员工也是这样。唯一的不同在于，他是唯一挑头投诉看守虐待的人。

　　哈丽特显然不想落得类似的下场。"我们承受不起这样的结果。"她说。因此，她选择保持沉默，但这个决定让她付出了其他代价。午餐时，哈丽特很少吃东西。在过渡监护室待上几个小时后，她会感到恶心，食欲不振。哈丽特还出现了斑秃，不知为何有大把大把头发脱落。起初，哈丽特以为自己可能患有缺铁症。最终，她意识到脱发的原因是情绪紧张。由于斑秃露出来很尴尬，她开始佩戴头巾来遮羞。

除了这些症状外，哈丽特开始出现一种无力感。她经常回忆起童年那段最黑暗的时光，父亲的反复无常历历在目，自己却无力阻止。姐姐偶尔会顶撞醉酒的父亲，而哈丽特总是试图通过讨好来赢得他的欢心。当这一切不可避免地失败时，她开始封闭自己的心扉。现在，哈丽特再次被困在了不敢发声的环境之中。仅仅是目睹过渡监护室内的不当行为也有风险，因为看守对任何可能揭发的人都保持警惕。她说，如果发生了虐囚行为，"最安全的做法就是找借口去洗手间。不要做目击者。干你的活，然后赶紧回家"。

2013 年，哈丽特晋升为正式咨询师，开始为囚犯提供个体治疗。一天，她负责的病人哈罗德·亨普斯特德偷偷透露，自己一直对达伦·雷尼被谋杀一案不能释怀。亨普斯特德身材瘦削，长着一双淡褐色的眼睛，因夜盗入狱服刑，他的牢房正好位于雷尼被虐待的淋浴间正下方。事发当晚，他听到雷尼反复尖叫："求你们让我出去！我再也受不了了！"他还听到雷尼踢浴室门的声音。最后，传来一记沉重的撞击声——亨普斯特德后来推测，这应该是雷尼倒在地上的声音——接着传来看守们呼叫医疗救护的声音。过了一会儿，亨普斯特德看到载着雷尼裸尸的轮床从自己的监舍门前经过。

亨普斯特德偷偷写了一本日记，里面记录了另外四个人的名字，他们都曾接受所谓的"淋浴治疗"。他甚至还记下了淋浴间的尺寸。雷尼去世后的几周里，亨普斯特德曾告诉过渡监护室的好几位精神健康顾问，说他对自己的所见所闻感到不安。他们警告他，如果透露太多细节，他们将不得不撰写事件报告，并将其转发给负责安保的看守，曝光亨普斯特德的事，还暗示看守肯定会报复。大约在同一时期，两名带雷尼去洗澡的看守，包括一位名叫罗兰·克拉克的前橄榄球运动员，均获提职。（这两名狱警后来辞职了，而在他们的档案中没有任何不当行为的记载。）但被诊断患有强迫症的亨普斯特德拒绝就此罢休。他告诉哈丽特，自己已经就雷尼被谋杀一事提交申诉报告，希望促使有关部门进行调查。

哈丽特无法确定，自诩为虔诚基督徒的亨普斯特德是出于对雷尼的同情，还是出于不那么高尚的冲动，即想让戴德惩教所的看守难堪，抑或想借机从过渡监护室调回常规监区。然而，她还是鼓励了这名囚犯。哈丽特表示："我认为从治疗的角度来说，把这一切都写下来对他有好处。"这一建议与她对待工作的一般方法如出一辙，即努力为她照顾的人的生活带来微小的改变，同时忽略她无力改变的问题。哈丽特是戴德惩教所唯一没有对亨普斯特德施压并让他对雷尼之死保持沉默的精神健康顾问。亨普斯特德对此十分感激。但当他问哈丽特，如果能够成功提请人们关注这所监狱内发生的虐囚行为，她是否会支持时，哈丽特犹豫了。"我说，'嗯，是的。'但我真的不知道自己是否会言出必行。"

## 公众不再关注

2014 年 5 月 17 日，《迈阿密先驱报》记者朱莉·布朗发表了一篇关于戴德惩教所过渡监护室虐待精神病囚犯的文章。标题下面是一张达伦·雷尼身着蓝色囚服的照片。布朗的主要消息来源正是哈罗德·亨普斯特德，他把哈丽特鼓励他写的投诉信复制了一份交给布朗。文章指出，在接受采访后，有三名狱警威胁要对亨普斯特德实施单独监禁和其他形式的惩罚。

文章在《迈阿密先驱报》发表后，戴德惩教所典狱长杰里·卡明斯被勒令停职休假，一些囚犯权利倡导者质疑该州惩教署是否试图掩盖谋杀丑闻。但很少有人质疑，为什么披露信息的责任落在了囚犯而非监狱的精神健康或医疗专业人员身上。保护患者免受伤害的责任是医学伦理学的核心原则。根据美国医学会下属的国家矫治医疗委员会发布的监狱护理标准，任何意识到虐待行为的精神健康专业人员都有义务"向有关当局报告相关事件"。[5]

但是，如果心理咨询师普遍担心这样做会使自己陷入危险境地，显然就不可能履行这一职责。纽约市矫治医疗服务局在 2015 年进行的一项调查显示，超过三分之一的监狱精神健康工作人员承认"他们在所处的工作环境中经常无法坚持职业道德"，重要原因之一便在于，"精神健康工作人员如果报告看守虐待病囚，就可能面临报复"。[6] 在该调查完成前一年，美国司法部发布了一份报告称，纽约主要监狱之一的里克斯岛监狱中关押的囚犯经常遭受狱方的暴行，在这里供职的狱警中存在"一种根深蒂固的暴力文化"。[7] 司法部得出的结论是，暴力事件之所以猖獗，部分原因是"工作人员的报告不充分……包括虚假报告"。心理咨询师兰迪·考利试图报告此事。2012 年，考利当时在里克斯岛监狱精神健康评估部门工作，她眼睁睁看着一群看守送来了一名被铐在轮床上的年轻男子。将其拖进一间没有监控探头的检查室后，看守们用拳头对他劈头盖脸一顿毒打，足足持续了五分多钟。然后，他们开始对另一名囚犯下手，造成后者身上多处挫伤。天亮后，房间的墙壁上满是血迹。然而，官方事件报告对虐囚一事只字未提。一名看守告诉主管，是受害者"自己撞到了柜子上"。考利决定报告实际发生的情况，并列出了涉事看守和其他官员的名单。随后，她开始面临切身威胁：有人将枯萎的花放在她的电脑上，还有人给她发送诅咒信息。最后，考利担心自己在里克斯岛监狱遭遇不测，被迫辞职。

里克斯岛监狱爆发的虐待丑闻厚颜无耻，堪称极端事例。但是，美国监狱中的精神健康病房的暴力文化是否属于特殊现象？证据显示并非如此。2015年，人权观察组织发表的一份报告披露，美国超过36万名患有精神疾病的囚犯经常受到过度暴力。让精神病囚犯丧失能力并对其实施惩罚的催泪剂、电击枪、延长单独监禁等手段的使用频率之高令人不安。报告主笔、时任人权观察组织高级顾问的杰米·费尔纳认为，虐囚行为泛滥的原因之一在于，精神健康专业人士很少介入并提出替代方案。在她看来，"监狱里的精神健康工作者常常对此持默许态度。存在一种'事不关己高高挂起'的风气，这意味着没有人会为患者出头"。

在费尔纳看来，对虐囚持包容态度的精神健康服务人员并不是受害者。他们在助纣为虐，推卸"保护囚犯的责任"，这种服从监狱安保的方式可能导致致命后果。

人权观察组织在报告中描述了一个案例：达拉斯的一名精神病囚犯在已经被制服且无力抵抗的情况下，仍然被狱警殴打、扼颈以及喷洒胡椒喷雾剂，最终惨死。

精神科医生肯尼思·阿佩尔鲍姆曾担任马萨诸塞州

矫治署精神健康主管近十年。在他看来，过度顺从看守的确是个问题。但阿佩尔鲍姆同时指责美国精神医学学会＊等专业组织，称其对在监狱工作的临床医生面临的道德挑战缺乏关注。在该学会的年度会议上，阿佩尔鲍姆强调，"会议议程与矫治机构中精神病人护理和治疗有关的内容不足1%。监狱是美国社会众多严重精神疾病患者的最终归宿，作为专业人员，我们一直对此深感惋惜。然而，我们的专业组织却并没有足够关注'应该如何照顾这些机构中的病人'这个问题"。

从精神病患者照护需求的规模来看，其缺乏关注格外触目惊心。2014年，致力于消除精神疾病护理障碍的非营利组织"治疗倡导中心"和"全美警长协会"共同发布了第一份全国性的矫治机构治疗实践调查报告。在被调查的50个州中，有44个州收治重症精神病患者最多的机构不是医院，而是监狱或看守所。这种模式盛行于偏向自由主义的州，如加利福尼亚，其规模最大的精神健康机构即洛杉矶县监狱。在保守主义盛行的各州，如印第安纳，州立监狱中关押的精神病患者也远超该州规模最大的精神病医院。报告发现，总体而言，"监狱或看守所中羁押的精神病患者人数是公立医院中收治病人

---

＊　美国精神医学学会（APA）是美国历史最悠久的国家医学学会，于1844年成立。

数量的 10 倍", 而这造成的后果包括过度拥挤、对惩戒人员的人身攻击、过分依赖单独监禁, 以及被拘留者遭受虐待、缺乏照料、健康状况持续恶化。[8]

"治疗倡导中心"指出:"一旦出现闪失, 监狱和看守所的官员不可避免地会受到指责。"报告强调, 真正的问题在于社会拒绝资助和维持"有效的公共精神健康治疗体系"。[9] 在殖民地时期的北美地区, "疯子"(lunatics)和"狂人"经常被关进牢房。但到了 19 世纪中叶, 多萝西娅·迪克斯*等改革派先驱使人们注意到, 在马萨诸塞州等地的监狱中, 精神病患者被迫忍受野蛮和残忍的恶劣条件。在 1843 年提交马萨诸塞州立法机构的一份报告中, 迪克斯转述说, 她看到有严重精神健康问题的病囚"被链子锁住, 赤身露体, 被人用棍子殴打, 遭受鞭笞以使其服从"。在迪克斯等改革者的敦促下, 由收容所和公立精神病医院构成的网络很快出现, 从而为患者提供更合适的治疗。到 1880 年, 联邦人口普查发现, "精神病患者"占美国监狱人口的不足 1%。

一个世纪后, 新一代改革者推动州立精神病院关闭时, 很少有人想到多萝西娅·迪克斯目睹的恐怖景象会再次发生。20 世纪 70 年代初, 随着去机构化运动越来越

---

* 多萝西娅·迪克斯 (Dorothea L. Dix, 1802—1887), 美国社会改革家, 促成了美国第一批精神病院的创立。

受欢迎，精神科医生马克·艾布拉姆森就预见到了这一点。他在参观加利福尼亚州圣马特奥县监狱时，注意到大量精神病患者被羁押于此。在1972年发表的一篇文章中，他警告说："社会对精神失常行为的容忍是有限的。如果精神失常者进入社会控制下的精神健康系统受阻，来自社群的压力就将迫使他们进入刑事司法系统。"[10] 加利福尼亚州议会举行了听证会，讨论艾布拉姆森提出的问题。但随着时间推移，监狱中精神病患者的数量继续增加，公众关注的程度逐渐减弱，正如艾布拉姆森担心的，这表明许多社群都很乐意让监狱和看守所处理本该留给他们的问题。"治疗倡导中心"的报告指出："目前最令人担忧的情况是，这些数字不再引起业界或公众的反应。半个世纪前，类似的报告会引发热烈的公众讨论和改革建议，现在却只会让公众哈欠连连。"[11]

阿佩尔鲍姆认为，专业组织缺乏参与这一事实反映的是，绝大多数精英心理学家缺乏在监狱和看守所等机构工作的经验，并认为这样的工作有失身份。他说："矫治医疗被视为那些没有能力在社区执业的临床医生的最终归宿。这是一种耻辱。如果你在矫治机构工作，你肯定是能力不足。"

造成这种耻辱感的一个原因是金钱：大多数监狱的薪酬微薄，而这显著降低了在监狱工作的职业声望和吸引力。另一个原因便是20世纪60年代发表的一系列批评文献，当时米歇尔·福柯（Michel Foucault）和欧文·戈夫曼（Erving Goffman）等学者推出了若干极具影响力的研究成果，将机构精神病学描述为一种社会控制工具。在1961年出版的《精神病院》一书中，根据在华盛顿特区一家精神病院进行的为期一年的田野调查，戈夫曼不无严厉地写道，有报告称，"有工作人员强迫想要烟抽的患者说'请行行好'或蹦起来去够"。[12] 类似的虐待行为在戈夫曼称之为"全控机构"（total institution）的地方相当猖獗，这些地方与外界隔绝，个人自主权遭到压制，被监禁的人受到羞辱和玷污。戈夫曼认为，在这些机构中掌权的工作人员也同样玷污了自己，在肯·凯西的小说《飞越疯人院》中，恶魔护士拉契特对不听话的病人麦克墨菲实施报复，安排他接受脑叶切除术（尽管麦克墨菲没有精神病，但仍被切除了脑组织）。这样的作品引发了大众的无边想象，也使许多精神病医生不愿再次踏入"全控机构"，而这当然不难理解。在这种情况下，矫治精神病学不再被视为值得称赞的社会工作形式，而是一种枯燥而不体面的工作，一种脏活。

## 人体材料

关于达伦·雷尼的报道出现在《迈阿密先驱报》上时，哈丽特·克日科夫斯基已经从戴德惩教所离职，甚至搬离了佛罗里达。她回到密苏里州，和丈夫史蒂文返回老家，以便照顾生病的母亲。哈丽特告诉前去探望的我，离开戴德惩教所后，她曾试图将这段经历从记忆中抹去。然而，她看到了《迈阿密先驱报》上关于雷尼死亡的描述，回忆如潮水般反噬，眼前闪过的一幕幕让她的身体出现了一系列似曾相识的症状：食欲不振、精神抑郁、开始脱发。

我们见面时，哈丽特穿着褪色的牛仔裤和短袖上衣，戴着黑色假发。她眼中闪烁着一丝忧郁的光芒。过了好久，她终于准备好谈论自己的经历。重温过去，也让她思考自己为什么没有早点说出来。她说："有一天晚上，我无法入睡，因为哭得太厉害了。我心想，天哪，一切都过去了。即便已经脱离了当时的困境，我还是什么都说不出来。我放任了虐囚行为的持续。这些家伙仍在受苦。他们还被关在那里，暴行仍在发生，无时不刻不在上演。为什么我当时没有做些什么呢？"

哈丽特并不是戴德惩教所唯一被这种想法困扰的前员工。这次见面的几周后，我在迈阿密与一名叫洛维塔·理查德森的行为健康技师共进午餐。洛维塔的老家就在佛罗里达州的代托纳海滩。她告诉我，她最初很高兴能在戴德惩教所工作，相信自己可以对病囚的生活产生积极影响，她认为患者们是被社会忽视的受害者。"这是一个隐形的群体，人们认为这些囚犯是人渣败类。"她在谈到过渡监护室里羁押的囚犯时如是说。洛维塔非常清楚，在美国，被贬低的人很容易遭到无视。她是由祖父母抚养长大的。和那一代的许多非裔美国人一样，洛维塔的祖父母在迈阿密海滩一户富裕的白人家庭里帮佣，深切感受到了南方白人对黑人的吉姆·克劳式\*侮辱。这里的黑人在日落后不得外出。青少年时代，洛维塔是她就读的天主教女子学校中唯一的非裔学生。起初，她很高兴有机会以她认为囚犯应得的同情心对待戴德惩教所中羁押的病人。她说："我迫不及待地想去上班。"一天上午，大约 10 点半，她从过渡监护室的护士站向出口走去，然后停了下来。转身回头看去，她再次瞥了一眼自己余光中的景象。在玻璃走廊对面的牢房里，一群看守正在用棍棒殴打一名被铐在椅子上的囚犯，还有一名看守在外面放风。洛维塔回忆说，受害者是个身材矮小的男子，"这个体重可能不足一百斤的家伙浑身上下没有一处干爽的地方"。她目瞪口呆地看着殴打继续，沉默了有好几分钟，引起了放风看守的警觉。

事后，洛维塔想报告她看到的情况，但更有经验的同事善意地警告她，这样做只会惹祸上身。她犹豫了。在接下来的几天里，看守顺路过来告诉洛维塔，那个监舍不劳她费心，一切都已经处理完毕。他们的语气很客气，

---

\* 泛指 1876 年至 1965 年间美国南部及边境各州主要针对非裔美国人实行的种族隔离制。

传达的信息也很清楚。洛维塔说："他们想要让你知道，'这个地方我们说了算，是我们的地盘，而你只是个看客'。"不久之后，她开始噩梦连连，忍不住反思自己的为人。当我询问洛维塔是否仍有这样的想法时，她的眼泪一下子涌了出来。她说："你会觉得自己让受害者失望了。他们正面临生命危险，你知道这一点，但没有伸出援手。"

　　给洛维塔提供建议的同事也和我交谈过，但她不想透露身份。这名同事表示，她完全理解洛维塔的感受，因为自己也处于同样的窘境。在目睹狱警踩在一名戴着手铐的囚犯身上后，这名精神健康顾问打电话给乔治·马林克罗特。她在事后告诉我，"我想哭，我想大声喊出来。"然而，在描述目击内容的表格上，"我写道，我什么也没看到"。作为出身于东哈勒姆的拉丁裔女性，在搬到佛罗里达之前，她也觉得自己有责任人道地对待被监禁的囚犯，既因为这是她的工作，也因为她知道在执法人员面前的恐惧和无助是什么滋味。（她在哈勒姆长大，"我知道种族主义依旧存在，而且毫无变化，如果警察有机会，他们也会踩在我身上"。）在目睹了这起暴行后，她告诉我自己想辞职，但和哈丽特一样别无选择。"如果不需要这份薪水，我早就不干了，"说着，她垂下了眼神，"可我根本找不到其他的工作"。

　　我遇到的精神健康顾问中，唯一宣称在戴德惩教所工作时并不担心自己安全的人就是乔治·马林克罗特。

他身高约 1.9 米，肩宽体阔，身材修长，体格健壮。但马林克罗特也表示，这份工作差点让他精神崩溃。得知自己被解雇时，他反倒如释重负。最终，这种解脱感让位于令人不安的回忆，其中就包括他与一名囚犯的交流。这名囚犯一直向牢房的窗户上扔塑胶餐盘，像是在玩飞盘。劝说未果后，马林克罗特得出结论，这名男子正处于精神病发作期。他还惊讶地注意到，窗户上没有任何食物的污渍。直到后来，在听说看守会给囚犯发放空餐盘以示惩罚时，马林克罗特才意识到之前那名囚犯之所以被激怒，是因为狱警在让他挨饿。马林克罗特表示："我看到的分明是虐待行为，却给其贴上'哦，他受到了心理伤害，他是精神病'的标签。"离开戴德后，马林克罗特出版了一本名为《摆脱谋杀》的回忆录，详细描述了自己目睹的残酷虐囚行径。他在其中写道，一名囚犯告诉自己，过渡监护室的一名患者在收到空的食物托盘后，把手伸出牢房门上的口盖，要求吃东西。结果，一名看守过来抓住他的手臂，另一名看守用脚反复踢进食口的活页，导致囚犯被卡住的胳膊伤痕累累。马林克罗特找到了这位受害者，后者向他展示了胳膊上的瘀伤。最终，马林克罗特向上级报告此事，但石沉大海，什么也没发生。

　　和乔治·马林克罗特一样，哈丽特·克日科夫斯基也有将所见所闻付诸笔端的冲动。第一次谈话进行到一半时，她把手伸进手提包，递给我一份总计五十二页的单倍行距手稿。她说，这些都是自己在极度亢奋的状态下写的，身边没有纸或笔记本电脑时，她会在手臂上记下细节。手稿还没有写完，也没有标题，但她将其称为"创伤叙事"。这一标签与她后来接触的一位心理治疗师的判断相符，治疗师告诉哈丽特，她患有创伤后应激障碍。在手稿中，哈丽特回忆自己曾看到狱警多次嘲讽一名囚犯，称他为"棉条"，最终逼得对方陷入暴怒。不知何故的哈丽特询问这位狱警，对方说："他被人侵犯了，需要卫生棉条来止血。"哈丽特后来与一名护士交谈，对方证实该囚犯的确遭到过性侵。

　　在第二次会面中，哈丽特向我展示了过渡监护室中一名患者与她分享的日记摘录。日记写在再生纸上面，笔迹歪歪扭扭。其中一段话是这样的："实在没有办法摆脱有人从我脑海中的另一个地方来找我的感觉。"哈丽特说，写下这些文字的囚犯是一名有罪定谳的毒贩，有身心障碍，曾因试图吞下轮椅的部件而住院。她了解到，该人曾在幼年时期遭受严重虐待，后来在一次车祸中失去了妻子和两个女儿。但这些遭遇并没有为他赢得任何看守的一丁点儿同情。狱警讥讽他为"失败者"，甚至还曾将他从轮椅上拽下来。

　　哈丽特说："这是有血有肉的人，有着鲜活的生命。"

　　哈丽特切身体会到，"全控机构"赋予了实施虐待的员工不受约束的权力。然而，她的自身经历说明这些机构中可能出现另一种权力关系：有时，被监禁的人和具有同情心的工作人员之间可能会产生联结。欧文·戈夫曼自然没有忽视这种可能性。他在《精神病院》一书中指出，在"全控机构"中完成的是"事人工作"（people work），这种劳动形式需要每天与"人体材料"（human materials）互动。即使在旨在最大化确保患者和工作人员之间社交距离的机构中，这种工作也可能在道德和情感上令人不安。戈夫曼说："无论工作人员如何与这些人体材料保持距离，他们都可能成为工作人员同情甚至付出感情的对象。囚犯总是存在被视为人类的危险；如果必须给囚犯造成痛苦，那么有同情心的工作人员也将遭受痛苦。"[13]

哈丽特讲述她的创伤故事后不久，我在位于佛罗里达州湖城的哥伦比亚惩教所偶遇了她曾经救助的病人哈罗德·亨普斯特德。他的姐姐温迪跟戴德惩教所的官员据理力争，表示如果自己的弟弟继续留在那里，肯定命不久矣。之后不久，亨普斯特德得以转狱。我们在一间毫无特色的灰色房间里聊了一个小时，不远处站着一位看守负责监视。亨普斯特德讲述了达伦·雷尼被谋杀后，精神健康顾问如何敦促他放弃对于这件罪行的"不能释怀"。有心理咨询师告诉亨普斯特德，他应该是患上了"妄想症"。另一位则警告他最好对任何指控都"含糊其词"。亨普斯特德承认，供职于过渡监护室的精神健康顾问面临重重压力。"他们被束缚了手脚。"他说。但太多人已经从心底认为，被羁押在监舍中的家伙都应该受到粗暴对待，因为他们是罪犯或是社会边缘人。亨普斯特德表示，如果有更多的心理咨询师愿意站出来为囚犯发声，"大多数悲剧都不会发生"。

在我告辞之前，亨普斯特德突然拉住我，说他有一件事需要坦白。雷尼去世几周前，他曾告知一名看守，雷尼的《古兰经》上似乎留有干燥的粪便。看守没收了《古兰经》，并不顾雷尼的反对将其扔进了垃圾桶。雷尼后来与亨普斯特德当面对质，并称他为"恶棍"。亨普斯特德说，他对自己曾向狱警谈及此事深感后悔。雷尼是因为失去《古兰经》才精神崩溃，并最终成为监狱看守的加害目标。

唯一帮助他克服对雷尼之死的内疚的治疗师，正是哈丽特·克日科夫斯基。亨普斯特德亲切地称她为克女士。"她会认真聆听我所说的内容，"他说，"还努力让我参加一些治疗创伤的课程"。亨普斯特德停顿了片刻："真的不想看到她离职。"


2016年1月，迈阿密的验尸官向佛罗里达州检察官办公室递交了雷尼的尸检报告。该报告并未公开，但内容泄露给了媒体。报告的结论是，戴德惩教所的看守"无意"伤害雷尼，其死亡应属"意外"。尽管雷尼的死亡并非孤立事件，但报告并没有建议对其开展刑事调查。过渡监护室中至少还有八名病囚曾遭遇至少一次滚烫淋浴的虐待。其中的一位，丹尼尔·盖格，后来被转到位于佛罗里达州克莱蒙特附近的湖畔惩教所。他住在北卡罗来纳州的母亲黛布拉告诉我，她已经好几年没见到儿子了，因为监狱官员剥夺了他接受探视的权利，声称其状态非常不稳定。黛布拉表示，上次与丹尼尔通话还是在2012年，就在他被转出戴德惩教所后不久。两人的对话非常简短，丹尼尔说话时口齿不清，连简单的单词都说不清楚。他告诉母亲，自己的体重已经从161斤降到95斤。尽管对这个消息感到震惊，但她并没有怀疑儿子受到虐待，只是隐隐感觉儿子"隐瞒了什么"。

我告诉黛布拉·盖格，根据好几个消息来源，她的儿子曾多次被强迫进入雷尼命丧黄泉的同一淋浴间。丹尼尔也是被看守断食的囚犯之一。"我心都碎了。"黛布拉说道，声音在颤抖。几天后再次交谈时，她告诉我，她打电话给湖畔惩教所，得知儿子正在服用两种精神病药物，而他对这两种药物过敏。后来，她给该机构寄去了她儿子的前精神病医生詹姆斯·拉森的一封信，证实其存在药物过敏。结果，她收到了两行回复，说信息会转发给医务人员，但没有告诉她是否将停止治疗。她说："我很难理解这一切。"她将美国监狱对精神病患者的治疗与关塔那摩监狱囚犯遭受的酷刑相提并论。

2016 年 2 月底，黛布拉终于获准探望儿子。她形容他"濒临死亡"，身形憔悴，双眼凹陷，把母亲误认为妻子，而且在警卫喊他的名字时，对着警卫大声咆哮。黛布拉表示，他的手臂骨瘦如柴，"还没有我的手腕粗"。他的脖子上还留有深红色的痕迹。当黛布拉追问在戴德惩教所到底发生了什么时，丹尼尔抬头看了看天花板，把脸贴在隔开他们的玻璃隔板上，说："我不想谈这个。"她说，儿子被送进监狱之前，服用正确的药物组合，情绪还能保持相对稳定。她在离开之前向监狱长强调了这一点。她说："我告诉他，我让他差不多正常生活了三十三年，而你们在七年内就把他给毁了。"

2014 年 9 月，"佛罗里达州残疾人权利"倡导组织提起诉讼，指控佛罗里达州惩教署对戴德惩教所的精神病患者"经常蓄意虐待和歧视"。根据一年后达成的和解条款，惩教署同意进行几项改进，包括在戴德惩教所安装新的闭路电视监控系统，更好地培训看守，以及雇用一名分管精神健康的副典狱长。

宣布和解后不久，我驱车前往戴德惩教所拜会新任副典狱长格伦·莫里斯。该监狱位于大沼泽地的郊区，由一条双车道公路连接，两旁是南瓜和番茄田，架着鳄鱼养殖场和乘坐汽艇游览的广告牌。互致问候后，我跟着莫里斯，穿过一道金属探测门进入控制室，接着穿过一扇厚重的钢门，踏上一条 400 米长的水泥路，前往一座米色建筑，入口上方的标志牌上写着："过渡监护室"。小路上无遮无挡，虽然时间还早，但已酷热难耐。令人欣慰的是，过渡监护室内的空调正常运行（哈丽特曾透露，她在这儿工作时空调经常坏掉）。室内墙壁呈暗灰色，但看起来还算干净。穿着褪色工作服的勤杂工正在打扫水泥地面。我们沿着护理大厅走下去，在西侧的入口处停了下来，这是一个洞穴般的结构，里面固定着金属桌子，旁边是单人牢房，每个牢房都有一个长方形的监视窗。牢房里没有囚犯。莫里斯告诉我，他们在院子里放风。他指着最近安装的几台电视机和远处墙上的壁画，应该是某名囚犯用明快的色彩绘制的海洋场景。

莫里斯告诉我："刚来到这里时，我的心态是'这是禁闭'，我必须改变这一点。"他说，惩教署在戴德惩教所采取了一项"牢房开放"政策，以便危险性较低的囚犯可以更加自由地四处走动。

莫里斯把我介绍给了过渡监护室的负责人，一个面带笑容的大个子，还有几名惩戒官。他们都是最近才被录用的。他说，选用新人是项目改革的一部分。我们一行人穿过走廊，来到过渡监护室的东侧，那里住着被认为更稳定的病囚。一场会议将要结束，莫里斯向我介绍了一位更有经验的工作人员——克里斯蒂娜·佩雷斯医生。"她做得很好。"他说。实际上在拜访戴德惩教所之前，我已经打电话给佩雷斯医生，询问莫里斯被雇来解决的一些问题。但她拒绝回答任何问题。佩雷斯医生穿着休闲运动鞋和运动裤，本人要亲切得多。莫里斯介绍后，她伸出了手。"很高兴见到你……噢。"她结结巴巴地说，显然还记得我们以前的接触。她不安地笑了笑，走开了。

　　之后，在负责人的行政办公室，我询问莫里斯，想要安抚看守的念头是否会影响精神健康顾问的工作表现。这位副典狱长回答说："我相信佩雷斯医生会让手下向她汇报情况。我很有信心，如果她发现了什么会向我们报告的。"我提到自己听来的其他说法。莫里斯翻了翻白眼，告诉我，他认为我的理解来自一位"心怀不满"、大放厥词的前员工，他指的是乔治·马林克罗特。我告诉他，另外一些前员工也表达了类似的担忧。"显然，这些都是在我之前老早的事了。"他说。

　　莫里斯给人的印象是真诚和充满善意的，但他关于囚犯的"基本需求"得到满足的保证，却受到了其他消息来源的质疑。我得知，来到过渡监护室的囚犯们仍然被羁押在住院部，实际上相当于被单独监禁，往往备受折磨。许多患者根本没有得到真正的治疗。我还了解到，有一个患有妄想症的病囚在被过渡监护室收治后的一年多时间里，病情在不断恶化。虽然他没有破坏性行为，但由于停止服药，他被长期关禁闭。没有人鼓励他尝试不同的药物，也没有人让他参加可能会减轻他的不信任感的活动。结果，据消息人士透露，患者"正在经历一个安静的失代偿期，唯一的变化就是愈发虚弱"。

戴德惩教所的精神健康工作人员继续服从安保的要求，当病人因明显与疾病相关的行为收到惩戒报告时，他们会表示默许，而非采取干预并建议对病人进行治疗。例如，一名被诊断出有冲动控制疾病的男子在愤怒爆发后被剥夺了若干权利。精神健康工作人员仅仅稍加讨论，便认定其罹患的精神疾病并未产生实际影响。

鲍勃·格雷芬格是约翰·杰伊刑事司法学院专门研究监狱精神健康状况的教授。他表示，这种日常忽视的危害性不亚于公然虐待，因为很少有人认识到这种忽视。格雷芬格告诉我："发生的大多数强迫行为都较少得到承认。很少有人能够退后一步说，'且慢，他们正试图干扰我照顾病人。'"旁听过戴德惩教所员工会议的人表示，对于囚犯的精神健康需求，坐在桌子旁边的咨询师和精神病医生似乎要比房间里的惩戒人员更加无动于衷。

2015 年秋，美国联邦司法部民权司启动调查，以确定达伦·雷尼之死是否为普遍存在的虐囚行为的冰山一角。这不是佛罗里达州立监狱系统第一次接受联邦的"严格审查"*。2006年，时任佛罗里达州州长杰布·布什任命的该州惩教署署长、人称"吉米"的詹姆斯·克罗斯比因为接受私人供应商的回扣而被判处八年监禁。曾担任典狱长的罗恩·麦克安德鲁告诉我，克罗斯比在任内纵容甚至鼓励渎职行为，他对经常以殴打囚犯作为消遣的"暴徒队"视而不见。（克罗斯比本人曾担任一所监狱的典狱长，1999年，一名叫弗兰克·瓦尔德斯的囚犯在该监狱被残忍地殴打致死。）在克罗斯比的继任詹姆斯·麦克多诺的领导下，佛罗里达州立监狱文化发生了一些变化。麦克多诺是西点军校毕业生，曾在越战中担任美军排长。他大刀阔斧，解雇了数十名典狱长和其他涉嫌渎职的高级狱政官员。但麦克多诺的任期只持续了一年多一点。与此同时，尽管预算问题导致人员减少，但更严苛的量刑标准使佛罗里达州的监狱中塞满了囚犯，迫使监狱看守值班时间延长、工作压力显著提高，进而增加了虐待的可能性。

在达伦·雷尼被害之后就任佛罗里达州惩教署署长的朱莉·琼斯发誓要再次改变佛罗里达州监狱的文化。就职几个月后，琼斯发表了一份"关于报复的声明"，她

---

\* 美国联邦最高法院在行使司法审查权的过程中，逐渐形成了三重审查标准，分别是"最小审查""中度审查"和"严格审查"。严格审查标准与最小审查标准正好相反，它不是假设政府的调控行为合宪，而是假设其违宪。

在声明中信誓旦旦，"任何提出令人担忧的问题的员工都不会被秋后算账"。在戴德惩教所主行政楼的墙上，我看到了这份声明的副本。然而，几个月前，琼斯发布过一份备忘录，要求所有惩教署检查员就他们进行的调查签署保密协议。戴德的墙上没有这张备忘录的痕迹。

迁居密苏里州后，哈丽特·克日科夫斯基曾短暂考虑在另一所监狱工作。她最终在一家高危青少年帮扶机构觅得新职，为遭受过创伤虐待和暴力的儿童提供咨询。孩子们的经历经常让她想起自己是如何在创伤中长大的。他们还让她想起了从戴德惩教所的病人那里听到的故事，其中许多人从小就遭受了严重的暴力。她开始相信，暴力会引发暴力，很多情况下，罪犯之所以伤害他人，是因为他们自己也被伤害过。她并不是唯一被这句话打动的人。2012年，波士顿的研究人员对马萨诸塞州监狱系统中的122名囚犯进行了深入访谈。一半的受访者报告说，父母打过他们。许多人在他们成长的混乱、不安全的社区遭到了性侵犯，并目睹过枪击事件。协助领导这项研究的社会学家布鲁斯·韦斯顿表示："暴力犯罪者往往在第一次犯下罪行的很久以前就已经是受害者了。"[14] 韦斯顿认为，普遍存在的受害经历再次强调，囚犯不仅仅应该受到惩罚，还应该得到"怜悯和同情"，而这是在监狱里很少遇到的。研究中四分之三的受访者报告称，自己曾目睹囚犯或工作人员实施的暴力行为。

哈丽特发现这份新工作很有价值，但此前的经历一直困扰着她。一天早上，我在密苏里河畔的自然保护区与她会面，她喜欢周末去那里散心。我们沿着一条弯弯曲曲、落满树叶的小径漫步了半个小时，然后在河边的一座凉亭前驻足良久，河流宛如一条太妃糖色的丝带，漂着几条划艇。哈丽特坐在长椅上，把脚支在礁石上，俯瞰着轻轻翻腾的河水。她告诉我，去戴德惩教所工作之前，她对道德有着清晰的认识。她说："我总觉得凡事都有对有错。那些能够做正确事情的人总是会做正确的事情，因为这正是他们的本来面目；这就是为什么他们会被吸引到这一边。"现在，她的观点变得混乱而模棱两可，被她经历的种种阴暗侵蚀殆尽。她是体制的受害者，还是体制的工具？她站在哪一边？有时哈丽特提醒自己，她没有更好的选择，她在戴德惩教所是个"无名小卒"，稍不服从就会招致大祸。她只不过是"最底层的人"。有时她会认为这只是一种合理化的借口，并为此感到内疚羞愧，在晚上给孩子们洗澡时检查水温，她都会想起雷尼。

也许是因为户外能够提供更多的隐私空间，哈丽特似乎更喜欢在公园和保护区会面，那里没有人能偷听我们的谈话，或看到她哭泣——这种情况发生过不止一次。但一天下午，她建议我们在室内见面，地点是圣约瑟夫的格洛尔精神病学博物馆。这是一座看起来像医院的单调的砖砌建筑。穿过位于一楼的小礼品店后，我们爬了一段楼梯，楼上的一个个房间里摆满了神秘的医疗器械——一个以前用来治疗感冒的整体加热柜，一部脑叶切除手术台，所有这些都让人对过去精神疾病患者的治疗方式产生了某种不安的联想。哈丽特站在原尺寸复制的巴黎萨尔佩特里埃医院的监禁病房门口。米歇尔·福柯在1961年出版的《疯癫与文明》一书中描述了这家医院，他将它所处的时代称为"大禁闭"时代，始于17世纪中叶。哈丽特向牢房里窥探，昏暗的房间里堆满了稻草。她停下来，阅读着墙上钉着的标签：

> 在萨尔佩特里埃医院，精神病患者被关在狭窄肮脏的牢房里……即便生了冻疮（经常如此），也无法得到任何医疗救助。食物则是每天一次的定量面包，有时辅以稀粥。最大的耻辱来自身上的锁链。

之后，在外面的凉亭里，哈丽特表示现在和过去几乎没什么变化。她说："我们认识得太慢。"

我后来发现，格洛尔精神病学博物馆位于一家前州立精神病院的医疗楼内。出于想看看主院的好奇心，几天后我又去了那里。沿着被松树遮掩的狭窄走道，我来到了一个更隐蔽的地方，离主路更远，那里曾经是医院的住宅区。小路的尽头是一道安全屏障，带有铁丝网的铁链围栏包围着这个在关闭前曾是州立第二精神病院、现在已经成为一座监狱的地方。

# 2 另类囚犯

在媒体报道的推动下，佛罗里达州最终重新启动了对达伦·雷尼之死的调查，以确定是否应该起诉对他实施"淋浴治疗"的监狱看守。2017 年 3 月 17 日，迈阿密戴德县检察官凯瑟琳·费尔南德斯·伦德尔宣布，调查已告终结，不会对任何涉案看守提起刑事指控。根据检察官办公室发布的正式标题为《监护期间死亡调查结案备忘录》的报告，雷尼的死亡由精神分裂症、心脏病和"被关在浴室内"等多重因素共同引发，而非由虐待或犯罪过失造成的。报告宣称："没有证据显示惩教人员严重无视雷尼的健康。"[1]

为了得出上述结论，伦德尔主持编写的调查报告"尽职尽责"地忽略了大量有关戴德惩教所看守普遍存在严重过失的证据。报告没有讨论哈丽特·克日科夫斯基和其他精神健康顾问目睹的虐待行径和遭受的恐吓，也没有提到囚犯曾遭到殴打、酷刑和罚饿。佛罗里达州派出的调查人员确实从关键证人那里收集了证词，包括哈罗德·亨普斯特德，却将他描绘成一个不可靠的证人，认为其证词存在自相矛盾之处，他的指控"污染"了其他囚犯的观点（其中一些人证实了亨普斯特德的说法）。相对而言，看守们的证词很少受到质疑。调查人员得出结论，出于对雷尼个人卫生的担忧，戴德惩教所的看守带他去淋浴，在发现他身上和牢房墙壁上有粪便后，"允许其自行清洗"。

调查人员同样全盘接受了验尸官艾玛·卢博士的专家证言，即雷尼"没有受到任何明显的外伤，他身上没有任何热损伤（烧伤）的痕迹"。这一结论显然与雷尼死后不久由迈阿密戴德县验尸官提交的临时报告存在矛盾，后者显示，验尸技术人员观察到"死者全身遍布明显的外伤"（结案备忘录中没有提到这份临时报告）。卢博士的结论也与不久后被泄露给媒体的一系列雷尼的尸检照片不一致。其中一张照片显示，雷尼的胸部裸露着一大片白色组织和血管，令人毛骨悚然。另一张照片则显示，死者的背部皮肤从颈背到肩胛骨悉数剥落。雷尼的胳膊、腿、脸和肚子均存在明显的伤口。两名检查照片的法医病理学家告诉《迈阿密先驱报》，他们认为雷尼死于谋杀，直接死因便是烫伤。

伦德尔主持编写的调查报告显然是在粉饰真相，这说明在佛罗里达州，当看守犯下罪行时，有罪不罚的文化是如此盛行。代表雷尼家属的律师米尔顿·格里姆斯告诉《迈阿密先驱报》："我们深感震惊，州检察官没有深入调查这起案件，完全无视涉案人员的犯罪行为。"[2]同样震惊的还有哈丽特·克日科夫斯基。然而，感到沮丧的她似乎并没有把她在戴德惩教所目击的残忍且有辱人格的行为归咎于那里的看守。她告诉我，她遇到的许多狱警都十分正派，尊重囚犯。哈丽特坚持认为，在一个认为精神病患者无药可救，并将其再次关在监狱的社会中，虐待囚犯的行为并不出人意料。

换句话说，手段更为残忍的看守只是在替社会干脏活，而这正是埃弗里特·休斯在 1962 年的文章中一针见血指出的。休斯在这篇文章中评论道："我们不时会听到监狱或看守人员所对囚犯施暴的风言风语。"[3]将这种行为归咎于负责监狱管理的狱警的冲动十分自然。但是监狱管理者是"我们的代理人"，休斯认为，对"外群体"（out-group，即犯罪者）实施的惩罚，大多数公众会认为"实属罪有应得，因为他们与内群体代表的好人之间存在某种分隔"。如果相关的惩罚"比我们想的还要糟糕，那就有点麻烦了。对此，我们的态度也有些莫衷一是"。

休斯接着从"新手狱警"的角度来考虑此事，这位刚入行的菜鸟从事了一些"道德存疑的行为"，后来又夸耀自己行为的正当性，嘲笑蔑视他的"上级"和"好人"

的虚伪。休斯断言，狱警有充分的理由将他们视为伪君子。"他很清楚，自己的雇主，也就是公众的愿望绝不是一成不变的。他们可能指责他过于友好，也可能指责他过于苛刻。如果像有时发生的那样，他就是一个生性残忍的家伙，那么他会觉得自己只是在做别人想做又不敢做，或者换位思考谁都会做的事，似乎也不无道理。"[4]

## 看守

狱警需要面对来自社会的众说纷纭，这对比尔·柯蒂斯来说不是什么新鲜事。2004 年，柯蒂斯在沃尔玛买了一条黑色皮带，在一双从越南带回来的 1969 年配发的军靴上涂了一层亮漆，越战期间，他曾在第 20 工兵旅（日后当选为美国副总统的阿尔伯特·戈尔所在的部队）服役过两年。从 2004 年开始，他开始在位于佛罗里达州蓬塔戈尔达的夏洛特惩教所担任看守。不到一周，柯蒂斯就将这双厚重的军靴换成了更为轻便的尼龙靴。他发现，对于这份新工作而言，快速行走是必不可少的，但在接下来的几年里，他片刻也不曾遗忘在军队服役时的记忆。他开始意识到，在监狱工作和在战场作战没什么两样。

柯蒂斯来自伊利诺伊州南部，1989 年随妻子搬到佛罗里达州。在接下来的十五年里，他一直在家具店从事零售工作，收入还算可观，后因与老板发生纠纷愤而辞职。赋闲一段时间后，他无意中瞥见了报纸上刊登的一则招聘惩戒人员的广告，遂决定应聘。和柯蒂斯一同接受看守训练的人大多数是二三十岁的小伙子。相比之下，柯蒂斯的年纪更大，一头蓬乱的棕色头发已经开始变白，但他体格精瘦，十分健壮。作为业余拳击手，他举止敏捷，有时会在健身房与年轻人比试一下，以保持状态。

没过多久，柯蒂斯就在这份新工作中用上了他的拳击技能，他将所从事职业中普遍存在的"我们对抗他们"的心态内化了：一边是狱警，另一边是囚犯。一天吃午饭时，柯蒂斯告诉我，狱警有"权力和钥匙"，囚犯有"号码和时间"。彼此都不抱有太多同情。当谈到被监禁的人时，柯蒂斯感到几乎没有必要同情他们。成为看守后他首先认识到，如果在错误的时刻给错误的人下手的机会，他可能会被送上救护车或者直接进棺材。"我救过一个被割喉的家伙，"他说，"好几次我也是拼了老命才活了下来。"曾有穷凶极恶的囚犯向夏洛特惩教所走私违禁品，并告诉试图阻止的柯蒂斯，乱管事的"好处"就是需要"休个长假"。这名囚犯最后劫持了另一名狱警为人质，并用一把23厘米长的刀抵住了被劫持者的脖子。（后来袭击者被说服交出凶器并释放人质，狱警才侥幸活了下来，让柯蒂斯长出一口气的是，这名囚犯被转移到了另一个监狱。）柯蒂斯告诉我，作为惩戒部门的看守，要生活在"持续恐惧"的状态中，尤其是在像夏洛特惩教所这样"封闭式管理"的防范禁闭机构，这里收押着该州最为凶恶的罪犯。

　　和大多数同事一样，柯蒂斯逐渐坚信，体制设定的条条框框针对的都是惩戒人员而非囚犯。他抱怨道："有这么多保护囚犯的规定，你必须给他们那么多权利。"然而，他并不否认，惩戒人员有时会为自己的利益曲解规则。在我们的午餐会面时，柯蒂斯递给我一本他在夏洛特惩教所工作时写下的日记。2005年，在担任看守一年左右的时候，柯蒂斯的日记中出现了这样的记载：在阅读了关于使用化学剂的规定后，他感觉"有点震惊"，因为看守似乎可以随时对囚犯使用。柯蒂斯写道："规定要求化学剂不能用作惩罚目的，而只能作为控制无序行为的最后手段。"柯蒂斯在另一篇日记中指出："我观察到，使用化学剂的行为在很大程度上是有预谋和有计划的惩罚措施。对一些惩戒人员来说，滥用权力和不良行为是常态，而非例外……下套、戏弄、威胁、欺骗，甚至身体虐待，都很常见。"随后他描述了自己曾目睹一名狱警"向已知对化学品过敏或有反应的囚犯脸上喷洒漂白水混合物"的案例。这并不是这名看守第一次以这种方式取乐。

　　柯蒂斯在午餐时透露："我这辈子见过很多可怕的东西。但我从未见过像在监狱里那样真正残忍的事情——真正的残忍，完全是故意的残忍。就像丈夫殴打妻子一样，这就是其中一些看守殴打囚犯的方式。"柯蒂斯并没有掩饰自己对这些人的厌恶，他称之为"连环霸凌者"。他还明确表示，告发他们想都不敢想。他说，如果哪位惩戒人员告发同事，"你就将失业，他们会设法开除你，割破你的轮胎，对你实施孤立，没有人会和你说话，或者他们会故意让你落单，好让囚犯对你痛下毒手"。

柯蒂斯想活下去，他想在六十二岁退休之前保住眼下这份工作。但是，他之所以没有对自己目睹的"连环霸凌者"直言不讳或出手干预，还有其他原因。他渐渐开始相信，佛罗里达州的公民支付税金，就是要将监狱填满，用成本最低的方式加以管理，在目睹令人不快的后果时又表示震惊和反对。柯蒂斯在日记中评论道："真正的问题是，普通公民不愿意支付照顾囚犯所需的费用。我们嘴上说得漂亮，说我们的社会有多人道、多体面，但要到落实的时候，却没有钱。"

午餐时，柯蒂斯做了详尽的说明，他指出，2016 年佛罗里达州狱警的起薪为 2.8 万美元。尽管代表数千名佛罗里达州狱警的工会组织"2011 地方团队"付出了很大努力*，但最后一次加薪是在 2005 年。与此同时，州立监狱的狱警已被裁到只剩下骨干，而这要部分归因于佛罗里达州州长里克·斯科特，他在 2010 年竞选时承诺将该

---

*  因为佛罗里达州承认"工作权"，并非所有狱警都必须加入工会。——原注

州惩教署的预算削减 40%。当选后，斯科特开始着手将
监狱私营化、削减工作岗位，并将狱警的轮班时长从八
小时延长至十二小时，这些变化极大地提高了监狱工作
人员的流动率，并导致暴力事件急剧增加。柯蒂斯承认，
他自己也并不总是审慎地使用暴力。有一次，他对一名
囚犯"动手动脚"，将囚犯用力摔向地面，而光秃秃的水
泥板是很容易造成头骨骨折的。柯蒂斯一边告诉我这个
故事，一边低下头。"这完全是违法的，"他说，"我不应
该这么做。"但他转述这个故事是为了让人们明白，在一
个缺乏培训、薪水、人员配备和康复计划的体制下，即
使是体面的看守也会做坏事。柯蒂斯补充说，佛罗里达州
立监狱中的很多人本来应该待在精神病院，把他们关起来
于事无补。他曾在日记中提到，由于"公立精神健康机构
数量急剧减少"，夏洛特惩教所羁押了大量"精神失常"的
囚犯。柯蒂斯没有接受过如何与精神病患者互动的培训。

　　身为拳击手和退伍军人，柯蒂斯符合大众对于监狱
看守的固定印象，即面无表情，肌肉发达，习惯于执行
让囚犯遍体鳞伤的责罚。然而，正如日记所显示的，即
便实施惩罚的是他的同事，柯蒂斯依旧会对此感到震惊。
柯蒂斯的爱好之一是观星。另一个是阅读（他特别喜欢
佛罗里达州本地作家卡尔·海森撰写的犯罪小说）。他
甚至尝试自己执笔，后来与我分享了小说的初稿。故事
发生在一个因预算削减而濒临崩溃的监狱里：空调坏了，

牢房里闷热难耐；分给囚犯的是用廉价蛋白质替代牛肉和鸡肉的食物；开关面板不断短路。书中的主角伯尼·彼得罗夫斯基中士是参加过伊拉克战争的老兵，喜欢嚼烟。彼得罗夫斯基已经六年没有加薪，由于长期员工短缺，无法偷得片刻放松。在小说的一幕情节中，他拿自己在伊拉克的经历与高墙之后的看守工作相对比。"在沙漠作战行动中，我们的悍马被炸得面目全非，当官的才决定花钱给我们配备装甲更坚固的车辆……在监狱里，管理层同样不断削减预算，这意味着用越来越少的人员和装备，实现越来越苛刻的管理目标。"

柯蒂斯承认，这部小说几乎是在毫不掩饰地讲述自己的经历。他总结道，廉价运营的监狱很像资金不足的战争，挫伤了士气，加剧了紧张关系，导致一线狱警越来越依赖他们唯一可以使用的工具:暴力。柯蒂斯告诉我:"如果预算不足，那么能控制监狱牢房秩序的唯一方法就是暴行、威胁和恐惧。为了做到这一点，每隔一段时间，你就得杀鸡儆猴。你必须变得残忍，就像我一样，其他狱警也要学会这样做。"

没有人告诉柯蒂斯和其他看守要变得残忍。但实际上不用告诉他们这样做。在关满囚犯、人手不足的监狱里，支付微薄的薪水，让他们在既缺乏必要设施，也不指望他们能做什么的监狱里维持秩序，他们就会明白。当柯蒂斯在越南时，大多数负责美国刑事司法系统的官员仍然支持改造的理想——除了维护公共安全外，刑事制裁还应改善罪犯的生活机会，罪犯在服刑结束后理应有机会成为对社会有用的人。在20世纪的大部分时间里，这是政策制定者和惩戒官员的主导观点，并形成了从量刑、缓刑制度到为囚犯提供治疗方案等一整套体系。但在柯蒂斯搬到佛罗里达州的20世纪80年代末，改造的理想已被更强调惩罚的理念取代，无论暴力罪犯还是非暴力罪犯都必须接受惩罚，以使其丧失继续犯罪的能力。

随着改造理想的破灭，美国监狱经历了一次惊人的繁荣，这要归功于严厉的刑罚政策（如强制最低刑、"三振出局"立法*等），它们在过去的几十年来一直很受欢迎。制定这些政策的民选官员来自不同政党，从极大地扩大了禁毒战争规模和打击力度的罗纳德·里根，到签署1994年犯罪法案、鼓励各州将更多人投入监狱的比尔·克林顿。这些法律并未违背普通公民的意愿，也非将某项政策强加给公众，而是反映了大众情绪。在改造理想占主导地位的几十年里，罪犯经常被描述为处于不利地位的个体，被不公正地剥夺了教育和机会。现在，他们被贴上了"暴徒"和"超级掠夺者"的标签，这种

---

\* 即如果在连续两次实施特定罪行且被判有罪的情况下，第三次再实施该犯罪的惯犯，必须接受更为严苛的惩罚。

非人化、带有种族色彩的词语意味着，此类人等已经无法救赎，理应遭受痛苦。如果说这个时代的美国政客害怕什么，那并不是严刑峻法，而是被视为"对犯罪软弱"。言论的风向转变给监狱看守释放出明确的信息，即社会期望他们严厉对待囚犯，即使"好人"宁愿不去理会那些不光彩的细节，不愿被提醒被监禁者中非裔所占比例极高，黑人在美国的被监禁率甚至高于种族隔离时期的南非。当一些立法者开始质疑这样做是否明智和公正时，已有超过 200 万美国人在狱中备受折磨。

长期以来，监狱看守这份职业所传达的另一个信息是，他们的工作卑微且名声不好。美国人所谓"狱卒"和"看守"的工资很低，工作时间很长，他们对残忍的嗜好臭名昭著，而这种负面评价与这项工作本身一样古老。1823 年，一篇关于纽约监狱的报道将在那里工作的狱警描述为"心胸狭小、沉迷权力、庸俗粗鄙"。[5] 一个世纪后的进步主义时期 *，刑罚改革派制定了雄心勃勃的计划，试图将监狱改造成更为人道的机构。19 世纪的监狱（比如纽约的奥本州立监狱）设施简陋、管制严格，囚犯们被迫在牢房里无声进餐，并经常遭到鞭笞。在改革派看来，这些地方应该让位给配备棒球场、工坊、剧院等设施的

---

* 一般是指 19 世纪 90 年代至 20 世纪 20 年代期间美国政治、经济和社会领域出现的改革运动，以中产阶级为主体，社会各阶层积极参与，旨在消除种种社会弊端，重建社会价值体系和经济秩序。

开明的收容机构。但正如历史学家大卫·罗思曼指出的，
很少有监狱能提供实现这一愿景的资源，这也是大多数
惩教机构仍然普遍是"暴行泛滥之地"的原因之一，其
工作人员大多缺乏训练，疲于奔命，而看守这份工作是"没
有技术和未受教育者走投无路下最后的谋生手段"。[6] 在
1922 年的著作《墙影》中，犯罪学家弗兰克·坦嫩鲍姆 *
将"行使权力和由此产生的对暴行的享受"视为"理解看
守心理的基调"。[7] 这段描写部分借鉴了坦嫩鲍姆在布莱
克韦尔岛惩教所服刑的经历，他在参加失业者抗议活动
后曾因"非法集会"被监禁。他将看守的这种心理归因
于结构性因素，而不是性格缺陷，特别是看守们渴望确
认自己不同并优越于他们看管的这些同处严酷、压迫性
环境之中的人。坦嫩鲍姆写道："为了显示自己的清白，
看守必须且本能地将自己和看守的对象区别开来，而这
种差距是由蔑视填补的。"[8] 在 1958 年出版的经典著作《囚
徒社会》中，格雷沙姆·赛克斯 † 对大多数看守都是"残
忍的暴君"这一观点提出质疑。他认为，为了维护秩序，
许多人学会了与囚犯谈判和妥协。但赛克斯并没有让典

---

* 弗兰克·坦嫩鲍姆（Frank Tannenbaum，1893—1969），奥地利裔美国历
史学家、社会学家，"邪恶的戏剧化"概念的提出者。
† 格雷沙姆·赛克斯（Gresham M. Sykes，1922—2010），美国社会学家、
犯罪学家，《囚徒社会》（The Society of Captives）是他最著名的作品，被
视为监狱社会学的开山之作。

型的"看守"生活听起来不那么沉闷。他写道:"看守的工作往往令人沮丧、危险,而且声望相对较低。"[9]

赛克斯的研究发表于艾森豪威尔执政期间,当时美国绝大多数"看守",如狱警和其他执法人员,都是白人。到 20 世纪 70 年代初,这种情况开始发生变化,部分原因是 20 世纪 60 年代的政治动荡,以及 1971 年发生的纽约阿提卡监狱暴动事件,这引起了人们对遍布全国监狱的种族主义的关注,并导致改革者呼吁雇用更多有色人种来帮助平息动乱。阿提卡监狱囚犯的要求之一便是"大量招募和雇用讲西班牙语的黑人官员"。[10]1973 年,美国国家刑事司法标准和目标咨询委员会敦促委员招募对囚犯持同情态度的少数族裔官员。该委员会主张:"黑人囚犯需要能够让其认同的黑人员工。"[11]为了验证雇用黑人员工会改善看守与被监禁者的关系这一假设,社会学家詹姆斯·雅各布斯和劳伦斯·卡夫对伊利诺伊州两所安保程度最高的监狱的看守进行了调查,他们发现,在这两所看守族裔构成已经开始多样化的监狱中,黑人狱警倾向于将"更少的囚犯关进监狱",政治观点亦更为自由主义。但他们也更可能同意惩罚是监禁的主要目的,并比白人同事"更积极地执行监规"。雅各布斯和卡夫推测,造成这种情况的一个潜在原因是,管理人员剔除了更同情囚犯的境遇的黑人看守。另一个原因是,与其他狱警一样,被雇用的黑人看守也感受到了额外的压力,他们通过压制同情心来证明自己适应这份职业。无论是哪种情况，雅各布斯和卡夫都质疑雇用少数族裔会使被监禁者更受尊重的假设，并得出结论说，看守的态度和行为"被安保程度最高的监狱组织内化"。值得注意的是，尽管受调查的黑人看守表示适应了工作的严格要求，但他们对这种谋生方式感到"尴尬"的可能性是白人的两倍。另一个惊人的发现超越了种族界限。雅各布斯和卡夫发现："无论黑人还是白人，大多数看守都不愿意儿子继承父业。"[12]

1960—2015 年间，美国黑人狱警的占比提高了四倍多，大致与关押在监狱中的美国人，尤其是与非裔美国人的数量增长保持同步。随着监狱人口在大规模监禁期间的快速膨胀，黑人有更多"机会"来管理关押着越来越多有色人种的刑罚机构。在许多城市地区，狱警的构成反映了关押囚犯的构成，例如，纽约市截至 2017 年，黑人和拉丁裔占到了狱警人数的近九成。女性狱警的比例同样激增。一些经济学家认为，这些都是"好工作"。美国监狱的扩张确实给监狱看守（新近被命名为"惩戒官"）这种工作带来了新的正当性。在纽约和加利福尼亚等州，狱警们获得了体面的薪水，并加入了具有重大政治影响力的工会。在一些乡村地区，在监狱工作很快成了最好的就业选择，提供了快餐店或早已迁出城镇的厂矿企业没有的福利待遇。

但这些工作往往是留给生活在穷乡僻壤、选择余地有限的人。在与比尔·柯蒂斯会面几天后，我驱车前往佛罗里达城，这是佛罗里达州收费高速公路在基韦斯特之前的最后一站。这里，以及邻近的霍姆斯特德，为戴德惩教所提供了大量普通看守。除了在赶往佛罗里达群岛之前为车加油，佛罗里达的富裕阶层很少光顾像佛罗里达城这样的地方。当我在星期五的上午造访该地时，这个城镇似乎被烈日晒伤了，看起来很冷清。主要商业大道两旁是破旧的店面和杂乱的商店，要么空无一人，要么关门大吉。沿着主干路开了大约一英里，我把车停在一个异常繁忙的广场边。广场位于一座教堂的街对面，教堂正面悬挂着一块破旧的招牌——"准备好迎接你敬奉的上帝"。这里看起来是某个较为繁忙的地方机构所在地，黄色的建筑，墙上的油漆剥落，原来是一家福利机构。入口处贴着一张"美国妇幼营养补助计划"的海报，上面是一个拉丁裔女孩，扎着辫子，把两瓣橙子放在耳朵前，面带微笑，下面写着："确保妇女、婴儿和儿童摄入足够的营养。"里面有几个带着孩子的妇女在排队，所有人的脸上都看不到一丝笑意。在佛罗里达城，四成的家庭生活在贫困线以下。比尔·柯蒂斯告诉我，戴德惩教所的许多初级看守都是非裔和拉丁裔女性，部分原因是霍姆斯特德和佛罗里达城的许多有色人种年轻男子都有犯罪前科（导致其丧失了为惩教署工作的资格）。"她们需要工作，

她们需要养孩子，"柯蒂斯在谈到戴德惩教所的女看守时说，
"这是她们能得到的最好的工作。"

戴德惩教所的周边地区是社会学家约翰·伊森所谓
"农村贫民窟"的典型示例。自 20 世纪 70 年代以来，美
国修建了许多监狱，这导致惩教设施的数量增加了两倍。
在此之前，农村地区倾向于反对在当地建造监狱，原因
与富裕的郊区一样：避免跟那些声名狼藉和有潜在危险
的机构产生联系。但随着工厂关闭和家庭农场破产，许
多农村地区的民间领袖开始游说居民同意在其县境建造
监狱。尚不清楚这一策略是否带来了持久的经济利益（一
项研究得出的结论是，恰恰相反，监狱的兴建**阻碍**了所
在地区的发展）。但显而易见，有关社区吸引这些"被污
名化的机构"进驻后，低下的地位进一步固化了，贫困
和根深蒂固的种族隔离进而更为集中。伊森观察到，"被
污名化的地方更有可能'寻求'被污名化的机构入驻，
尤其是在社区的污名更甚于相关机构的情况下。最有可
能兴建监狱的农村城镇遭受着乡村、种族、地区和贫困
的四重耻辱"＊。[13]

离开佛罗里达城的广场后，我开车在镇上转了一圈，
然后停下来与一名坐在路边塑料草坪椅上的男子交谈。

---

＊ 尽管"农村"一词经常与阿巴拉契亚等白人聚居区联系在一起，但伊
　 森发现，监狱集中的南部城镇黑人和西班牙裔居民的比例高于其周围地
　 区。——原注

此人自称吉米，他旁边是一辆空空如也的购物车。这名戴着费城人队棒球帽的非裔美国人正在售卖水果——芒果和袋装荔枝，所有货物都堆在他面前摇摇晃晃的桌子上。情况怎么样？我问。"很难。"他说。吉米在佛罗里达城住了四分之一个世纪。他喜欢这里的阳光和温暖的天气，但不太喜欢这里的经济状况。很不景气，他告诉我（我是他唯一的顾客）。他还说，他年轻的时候在田里采摘秋葵和西红柿，但现在的外来工"大多是墨西哥人和海地人，毕竟是份苦差事"。不久，一个扎着长辫的小女孩加入了我们的对话。她是吉米的孙女，住在临时水果摊后面的破旧房屋里。他家旁边是废弃的停车场，上面散落着碎玻璃和垃圾。

我从吉米那里买了一些芒果，继续开车，经过一家洗衣店和一家销售廉价商品的"一元店"，经过一排排房子，以及烈日下打蔫的南瓜和豆子地。在一个挂着"罗伯特记"招牌的水果摊左转，又开了几英里后，可以看到围绕着戴德惩教所高耸的灰色泛光灯。监狱坐落在远处，一排暗褐色的建筑位于迷宫般的铁丝网后面。在最外面的栅栏前，我发现了一块招牌：

佛罗里达州惩教署

惩教岗位正在招聘，在线申请

这是我在佛罗里达城唯一看到的招聘启事。

## 应对机制

揭黑记者杰西卡·米特福德在 1973 年出版的《善良而平常的惩罚》一书中写道："如果我们问一个小男孩，'你长大后想做什么？'而他回答'狱警'，难道我们不应该为此略感担心么？是不是得带他去儿童指导诊所接受观察和治疗？"[14]

米特福德的描述暴露出美国社会中普遍存在的偏见，即认为渴望成为狱警的人都存在道德品质问题。这也暴露出另外一个存疑的假设，即成为监狱看守是人们的渴望，而不是因为缺乏更好的选择不得已的下策。2010 年，一组学者进行了一项调查，比较了警察和狱警做出职业选择的原因。警察"首先考虑的是服务社会"，而狱警"更加重视财务激励因素"，包括"缺乏其他工作选择"。[15]社会学家达娜·布里顿在其《铁笼中的工作》书中采访过的看守中，没有一个从小梦想或计划在监狱工作。大多数人是在"缺乏固定工作"一段时间后才进入了这个行业，几乎没有什么积极的愿望，也不知道他们进入的到底是什么行当。[16]

考虑到职业健康文献表明的狱警情况，上述情况也就不足为奇了：高血压、离婚、抑郁症、药物滥用和自杀的发生率令人担忧。新泽西州的一项研究发现，狱警的平均预期寿命为 58 岁。另一项根据 21 个州的统计数据进行的研究发现，惩戒人员的自杀风险比其他劳动年龄人口高 39%。

我遇到的一些监狱看守证实了这些令人沮丧的事实。一名来自新英格兰地区的狱警，姑且叫他约翰尼·内文斯（他不想用真名），有一天他下班回家，喝了一整瓶威士忌，在脸书上发布了一段视频向家人道别，然后用一把上膛的枪试图饮弹自尽。万幸的是，子弹卡壳了。此后，内文斯成立了一个支持小组，帮助陷入困境的看守避免走上类似的绝路。他还开始接受心理治疗，医生诊断他患有急性创伤后应激障碍，这是他反复接触极端暴力造成的。

值得一提的，还有在科罗拉多州卡农市担任看守的汤姆·贝内兹。卡农市的人口约为 1.6 万，有一家沃尔玛，几间快餐连锁店，却有十几个监狱和看守所。一天上午，当我在小平房的后廊遇到汤姆时，他正把手伸进口袋，取出一直随身携带的药丸，以驱散不时浮上心头的焦虑。他指着其中一个药格里治疗惊恐发作的白色小药片说："如果心慌得厉害，就来一片。"在白色药片旁边是一些治疗抑郁症的蓝色胶囊。第三道药格里塞满了止痛药，以缓解他全身上下的伤痛，其中包括被一名挥舞凶器的囚犯割伤后造成的腿部神经损伤。汤姆有一头稀疏的红棕色头发，神情焦虑、敏感警觉，他告诉我，自己比从海军退伍、曾两度赴伊拉克作战的儿子看到过"更多近身肉搏"。在餐厅吃饭时，汤姆从来不会坐在背对入口的地方，这是他认识的所有狱警根深蒂固的习惯。他的一些同事依赖毒品和酒精来缓解工作压力。对有些人来说，连这些应对机制也不起作用了。就在这次见面前不久，汤姆的朋友，同样身为狱警的伦纳德向我透露："我不知道准确数字，但我有很多同行自杀了。"

把我介绍给汤姆的，是科罗拉多州佛罗伦斯市的心理咨询师卡特里娜·斯皮纳里斯。与卡农市一样，佛罗伦斯市坐落在落基山脉的山脚下，在一个由陡峭的悬崖和红岩山峡组成的崎岖峡谷中，横跨阿肯色河两岸。斯皮纳里斯原本在丹佛经营一家专门为创伤和性侵犯受害者提供服务的诊所。2000 年，她搬到佛罗伦斯市，徒步旅行，打理花园，享受壮丽的景色。她过了一段时间才注意到点缀在风景中的棕灰色监狱，其中许多隐藏在栅栏后面，与蜿蜒入山的无标记道路隔开。当斯皮纳里斯开始接听狱警的妻子和女友打来的大量咨询电话时，她才意识到了监狱的存在。

打电话的咨询者主要是为她们的伴侣寻求帮助。由于从未涉足过监狱，斯皮纳里斯四处寻找当地服务机构，以把这些来访者转介给他们，结果发现没有这样的机构，于是她决定自己开办一家。"沙漠甘泉惩戒人员服务"从一条热线和一个电子邮箱开始，很快就收到了大量来自狱警的倾诉，狱警借此释放了痛苦和愤怒，而这种负面情绪正在毒害他们的人际关系，也渗透到家庭生活之中。"我似乎再也无法与任何人相处了，"一名看守在给斯皮纳里斯的邮件中写道，"我希望自己能摆脱这种困境。这就是监狱工作的本质，是深不见底的困境。"另一看守写道："经过一段时间和无数遭遇，你必须在身上贴太多的创可贴，好让囚犯们无法穿透它们，接触到你或你'原本'的内心。唯一的问题是创可贴不会下班后脱落。它们会留下来。所以你过着你的生活，却与所有美好的事物失之交臂。"

找斯皮纳里斯倾诉的狱警中，有人酗酒无度，有人婚姻破裂，也有人履行公职但从来没收获感谢，却被众人轻视。这种毫不掩饰的痛苦让她想起了自己与创伤受害者的谈话。2012 年，斯皮纳里斯曾向全美三千多名惩戒人员发放调查问卷，旨在测量创伤后应激障碍的患病率。34% 的受访者报告存在相关症状，这一比率与军队人员相当。在斯皮纳里斯看来，许多狱警还要与其他东西作斗争——疏离感和羞耻心在他们粗鲁的外表下翻腾。

斯皮纳里斯将狱警描述为"隐形群体"。对于研究监狱的学者来说，情况的确如此，相关文献主要关注被监禁者的困境，或许是因为学者对狱警的境遇不那么同情。一个例外是社会学家凯尔西·考夫曼的专著《狱警及其世界》。考夫曼曾在康涅狄格州的一所女子监狱工作，又花了几年时间采访马萨诸塞州的狱警。正如其研究表明的，奉行暴力的监狱系统不仅使囚犯失去人性，也不可避免地使狱警失去人性。"在这样的地方，你不可能成为一个乐观向上的人。"一位狱警告诉她。另一位说："我过去很容易同情别人，现在则有些冷漠了。而且我不再为自己的冷漠困扰，但也正是这点让我很不安。"

考夫曼认为，狱警在变得麻木不仁之前往往会经历一个调整期，因为他们在努力协调"自己的道德标准与作为执法者被期望的行为方式之间的差异"。[17] 对于那些崇尚暴力的人来说，调整很容易。但考夫曼发现这类人并不典型。她写道：

> 　　起初，许多人试图拒绝（公开或暗中）履行某些职责，并将攻击性转移到监狱外的人或自己身上，来避免伤害囚犯。但随着对监狱世界的参与程度增加，他们在监狱中更难规避存在道德问题的行为，开始将监狱视为单独的道德领域，或将囚犯视为不受道德法则保护的个体，来中和自己的内疚感……无论狱警是积极参与监狱最恶劣的虐待行为，还是仅仅被动观察，都会为此在道德上做出巨大妥协。

考夫曼称看守为"另类囚犯"。

对于黑人监狱看守来说，还存在着一种额外的道德焦虑，即在一个严重伤害黑人社群的体制中工作引发的不适。黑人囚犯并没有忘记这一事实，他们有时会因黑人看守背叛同胞或为警察效命而对其加以质问。近年来，在"黑人的命也是命"（Black Lives Matter）运动中，一些黑人警察也面临类似的指责，示威者为他们贴上"出卖同胞"和"汤姆叔叔"的标签。[18] 对那些同情该运动目标的人来说，这样的侮辱特别刺耳。来自佛罗里达州的黑人狱警，姑且叫他詹姆斯（他不想使用真名），告诉我，多年来一直有囚犯这样指责他。詹姆斯坚称自己没有受到任何影响，并表示一旦发生这种情况，他都会提醒这些黑人囚犯，他有着与之相似的背景，但他们被关在监狱里是因为触犯了法律。"我告诉他们，这就是你为什么在牢笼里的原因。"他说。不过，詹姆斯偶尔会被现实惊醒，痛感执法的不公。有一次，他正开着车，一名警察把他拦在路边，给他戴上手铐，把他推进一辆警车的后座，并打电话给总部，要求对这个被抓到的"混蛋"进行背景调查。为了防备这种经常发生的遭遇，詹姆斯确保自己的警徽随时都在手边，但挥舞徽章并不总是有用，他将这个问题归因于许多警察"觉得狱警不是真正的警察"以及自己的种族。詹姆斯表示："很多时候，他们不会承认我是执法人员；他们只把我看作黑人。"事实上，这不仅是与警察的对峙，也是与其他惩教署同事的对峙。

"我不喜欢你，因为你是黑人。"其他狱警直言不讳。"我是白人至上主义者。"他还听到有人这样说。作为一名有十六年工作经验的老狱警，詹姆斯的职业生涯差一点就宣告结束，曾有两名白人看守试图伪造他的签名，签在一份包含对囚犯虚假指控的纪律报告上（编造虚假报告的看守可能会因此被褫夺资质）。詹姆斯确信，他们这样做是出于一位秉持极端种族主义的上级的授意，这位上级主管对他怀有敌意。詹姆斯告诉我，佛罗里达州的黑人监狱看守都有这样的故事，这给原本就十分繁重的工作带来了更多的压力。

## 无名小卒

也许是因为进入这个行业的时间较晚，比尔·柯蒂斯得以全身而退，我们见面时他已退休三个月。他穿着短裤和人字拖，刚从纪念碑谷骑行回来，满脸胡茬，晒得黝黑。在 6 月一个酷热的日子里，我们在一家墨西哥餐厅的外廊共进午餐，喝了几瓶精酿啤酒解暑，还吃了法风汉堡。柯蒂斯看起来精神很好，给我看了双体船的照片，每次孙子们来看他，他都会带着他们去船上（帆船运动是他的另一个爱好）。他没再神经兮兮地左顾右盼，也没有下意识地回头查看。但他告诉我，有一项职业病自己未能幸免，那就是惩戒人员都会经历的价值观转变。

"你的道德观被颠覆了，"他说，"对人变得粗鲁冷漠。这是一个滑坡的过程。一个好人只要走进监狱，原本的良善就会一点点消退。你逐渐疲倦不堪。你变得更加无情。你的语言和你对事物的解释都会发生变化。"

柯蒂斯感到身心俱疲的原因之一是，他很难理解发生恶劣的虐待行为时应由谁承担责任、谁免于责罚。刚开始在夏洛特惩教所工作时，他认为从事不当行为的看守将被开除。他在日记中写道："这些'坏家伙'尽人皆知，他们作为惩戒人员的日子屈指可数了。"随着经验的增加，他开始意识到，残忍行为通常都会被原谅，而且经常能得到奖励。例如，将漂白剂泼在囚犯脸上的看守没有受到纪律处分，反而被提升为警佐。柯蒂斯在日记中沮丧地指出："掩盖真相、虚假陈述、胁迫和公然撒谎似乎是这个行业的风气。"

2012 年，在狱中工作了八年后，柯蒂斯受工会聘请，代表各个监狱被指控涉嫌违法违纪的看守出席聆讯，其间的所见所闻使他更加愤世嫉俗。的确有行为不当的看守，但更常见的是，受指控者是被挑出来的替罪羊，为了转移对上级的指责，而所谓的上级是负责管理监狱系统并保护对他们忠诚的人的"老好人"。柯蒂斯告诉我，受到纪律处分或降职的"总是级别最低的人"，而且往往是值班人员中最有道德的异类。典型的例子是理查德·梅尔之死。2013 年 9 月，在达伦·雷尼去世一年后，这名同样被戴德惩教所过渡监护室收治的囚犯上吊自杀了。在梅尔的拳击手套中发现了一张题为"该死的世界"的纸条，详细描述了促使他自杀的虐待行为，其中一名看守命令强奸受害者梅尔"脱光衣服"，承诺以香烟作为回报，命令他"把一根手指插进屁眼里"。梅尔在遗书中表示，他试图提出申诉，但看守部门的一名负责人从中作梗，把他狠狠摔在墙上，并警告他"闭嘴，否则就……"后来，两名低级看守被判有过错，据称是因为在梅尔上吊之前没有及时检查他的牢房。根据柯蒂斯的说法，他们受到指责的真正原因是收集了另一名囚犯达米安·福斯特撰写的书面文件，并提请副典狱长注意。柯蒂斯告诉我，当调查开始时，文件已经轻而易举地消失了。达米安·福斯特已被转移到另一所监狱，以阻止他与调查人员交谈。"这显然是在掩饰。"柯蒂斯说。另一名狱警告诉我，在一些监狱里，渎职的中高级狱警甚至会训练低级看守，指使他们做"脏活"，如暴力虐囚、编造虚假纪律报告。在行为被曝光、需要有人承担责任时，这些狱警又假装对此一无所知。

与其他地方一样，在监狱里干脏活的人还履行了另一项重要的职能：为他们在其中根本没什么权力的非人道体制承担责任，从而转移公众对更具影响力的社会行动者的关注。其他行动者不仅包括他们的上级，还包括法官、检察官和获得公众广泛支持的民选官员。戴德等地的惩戒机构中的看守，只不过是美国社会的代理人，这个社会拥有世界上规模最大的监狱系统。在民主党和共和党的轮流领导下，监狱系统在佛罗里达州的扩张速度甚至超过了美国的整体水平。1993年，也就是时任美国总统比尔·克林顿签署强调惩罚性的新犯罪法案的前一年，佛罗里达州发生了一系列'谋杀案'，登上各大新闻媒体头条。受害者主要是欧洲游客，这显然威胁到了佛罗里达作为居家旅游胜地的良好形象。在这种背景下，时任佛罗里达州州长、来自民主党的劳顿·奇利斯宣布启动"安全街道"计划，要求增设2.1万张监狱床位。"是时候停止打嘴炮，动点真格了。"奇利斯宣称。[19]五年后，来自共和党的继任者杰布·布什签署了"十年、二十年直至终身监禁法"，规定无论在何种情况下，对持枪实施特定重罪的犯罪人最低判处十年监禁。佛罗里达州的立法机关后来将该法律扩大到适用于十六七岁的青少年。1970—2010年间，佛罗里达州监狱人口增长了十倍以上。年复一年，无论犯罪率是升是降、议会如何立法，监狱人口都持续增长。需要有人干脏活来维持刑罚系统运转。当其残酷的内部真相偶尔出现在新闻头条上，"好人"表达失望和震惊的同时，也需要有人来承担责任。

责任落在无名小卒而不是那些依靠他们的工作并从

中受益的体面人身上，这并不是什么新鲜事。在南北战争前的美国，类似的逻辑塑造了人们对另一帮干脏活的人的态度：主持州际奴隶贸易的拍卖商和人贩子。他们在新奥尔良等城市的展厅里展示自己的"商品"，在华盛顿特区的街道上拖拽着被链条锁住的奴隶商队。这些商人对奴隶制发展繁荣发挥了关键作用，尤其是在1808年之后，被禁止从非洲进口奴隶的南方种植园主转向国内，以补充他们的"田间劳力"。很快，奴隶贩子不仅在废奴主义杂志上受到冷嘲热讽，在南方许多地方也受到同样的待遇。亚拉巴马种植园主之子丹尼尔·亨德利在1860年出版的畅销书《南方各州的社会关系》一书中，谴责奴隶贩子"出卖灵魂"，他们从事的贸易"令人恶心"。亨德利写道："吝啬的黑奴商人……显然没有良心不安。他经常把父母与孩子、兄弟与姐妹、丈夫与妻子分开，但仍然像畜生一样快活。"[20] 尽管如此，亨德利的书为奴隶制提供了强有力的辩护。在国会，第一个谴责州际奴隶贸易的人是弗吉尼亚州的约翰·伦道夫。但与亨德利一样，伦道夫也是奴隶制的捍卫者。一名地位高贵的外国游客告诉他，自己看到奴隶们在光天化日下穿过街道时感到"恐怖、恶心"，伦道夫显然很想发表高见。[21]

　　谴责奴隶贩子，使伦道夫这样的南方人能够羞辱那些应对恐怖事件负责的罪犯，让奴隶制不受质疑并为自己开脱。奴隶贩子是受利润驱使的贪婪的机会主义者，奴隶主则是高尚的人。奴隶贩子摧毁了奴隶的家庭，奴隶主却竭尽全力保护他们。尽管这些区别是虚假的，但它们并不是空洞的修辞手法。历史学家罗伯特·古德梅斯塔德指出，这是一种"心灵疗愈"[22]，使南方人能够与古德梅斯塔德所称的"讨人厌的贸易"[23]保持距离。之所以讨人厌，并不是因为它给黑人带来的痛苦，而是因为它会让白人明白一个令人不安的事实：奴隶制本身是可憎的，会导致妻离子散、家破人亡的悲惨后果。也因为该行业最令人反感的特点，即令人尴尬的公开性。

声名狼藉的"出卖灵魂"者，成了奴隶制拥护者和辩护者的替罪羊。然而，正如当时一些更为明智的观察家指出的，并非所有奴隶贩子都声名扫地。废奴主义者西奥多·德怀特·韦尔德指出，奴隶贸易的污名主要落在"无名小卒"的肩上，他们从事的"低贱的苦力"使这一职业臭名昭著。最成功的大奴隶贩子反倒没有遭受这样的辱骂。历史学家沃尔特·约翰逊在其研究新奥尔良奴隶市场的巨著《将心比心》中评论道："在奴隶贸易中取得成功的人显然没有蒙受污名。"[24]并非巧合的是，经营最大贸易公司的有钱人往往将大部分实际工作外包给流动的底层工人，以确保自己在更有教养的人面前可以与奴隶们保持距离。一位成功的商人在被问及一名以他的名义被贩卖的奴隶时说："看到那些先生了吧，我与此毫无关系。"[25] 但他只字不提这些"出卖灵魂"的家伙正是为他工作的。

　　2020 年春天，美国的监狱看守获得了新的任务，他们加入"基础工人"的行列，和卡车司机、仓库管理员、杂货店店员一样，被要求在新冠大流行导致各地纷纷封城的情况下继续上岗。从事相关工作的一线员工，尤其是医生和急救人员，由于所冒的风险和做出的牺牲，很快被授予英雄的称号。在纽约，第一波疫情造成的损失尤为惨重，市民每天晚上都站在门廊和阳台上，向努力救治如潮水般涌入的新冠患者的医疗人员致敬。在为患者提供呼吸机、缓解病情的过程中，许多医务人员自己也感染了，这进一步增加了公众对他们的感激之情。

　　但没有人为惩戒人员鼓掌，而他们面临的感染风险同样严重。美国监狱人满为患、卫生条件恶劣，是造成这种情况的原因之一。另一个原因是，监狱里的人——无论是服刑的囚犯还是看守——的健康和福利缺乏关注。仅在纽约市，就有1200 多名狱警检测出阳性，13 名监狱工作人员在大流行初期死亡。一些狱警后来抱怨说，即便新冠症状尚未好转，他们仍然被迫重返工作岗位。其他狱警则声称，主管极力劝阻他们戴口罩，而这一现象不仅限于纽约。在佛罗里达州，《奥兰多守望报》采访了四所不同监狱的狱警，他们自备口罩前来工作，但遭到了上级的斥责。"马歇尔项目"发布的一份关于联邦监狱系统的报告揭露了多起案例，其中工作人员声称他们缺乏防护装备，甚至在接触病毒后仍被迫继续工作。

在 2020 年，就有近十万名惩戒人员检测出阳性，170 人死亡。失去生命的狱警与其他一线工作的伤亡者很类似。比如昆西·辛普森，一名来自皇后区的非裔美国人，在里克斯岛监狱的警卫室值班后出现咳嗽等症状，他不知道自己接替的看守是新冠感染者。辛普森没有手套或口罩，很快就出现了呼吸道疾病。此后不久，他便撒手人寰，留下一个六岁的幼子。

狱警们没有因为坚守岗位而获得掌声，可能是因为疫情开始时，公众对他们工作的人满为患的暴力设施的态度已经转变。在经过了几十年支持惩罚性法律和严厉的判刑政策之后，美国许多地区的人开始接受刑事司法制度的改革。2019 年，纽约市议会批准了到 2026 年关闭里克斯岛监狱的计划，这在十年前是不可想象的。但是，如果更人道地对待囚犯是公共优先事项，大流行期间检察官和民选官员的工作显然没有体现这一点。截至 2020 年 6 月，全美规模最大的五次新冠疫情全部暴发在监狱内部。在俄亥俄州一所超员接近一倍的监狱里，将近四分之三的在押人员被感染。面对这些令人担忧的数字，活动人士以及从事司法援助的律师敦促民选官员释放低级别罪犯和年长的囚犯。一些州的州长做出了回应，释放了数千名即将刑满的被监禁者。但许多州几乎没有动静。"监狱政策倡议组织"和"美国公民自由联盟"进行的一项调查发现："尽管各州掌握了上述信息，且面临着采取行动的呼吁和迫在眉睫的需要，各州的应对措施仍旧混乱且低效，最坏的情况是无动于衷。"[26]

到 2021 年初，尽管感染人数继续上升，许多州的监狱人数已恢复到大流行前的水平。在北卡罗来纳州和威斯康星州等地，面对因疫情死亡的惩教人员，官员们并未重新思考大规模监禁的逻辑、减少投入监狱的人数，而是关闭人手不足的设施，将囚犯转移到其他地方。这导致仍然开放的监狱过度拥挤，进而加剧了囚犯和工作人员对感染的恐惧。"大家十分担心，"北卡罗来纳州监狱看守工会的一名官员告诉《纽约时报》，"像往常一样，他们觉得自己被遗忘了，被抛在了脑后。"[27]

这种被遗忘的感觉，对于在夏洛特惩教所工作的鲍比来说再熟悉不过。夏洛特惩教所正是比尔·柯蒂斯当狱警时工作过的地方，和戴德惩教所一样，在一名囚犯死亡后，这里也引发了媒体的关注。死亡发生在一天深夜，当时看守进行"现场"合规检查，将一个名叫马修·沃克的男子从睡梦中叫醒，命令他收起一件他们声称不合适的物品。放错地方的是一个塑料杯。"你疯了吗……为一个杯子把我叫醒！"沃克怒气冲冲，肢体对抗很快爆发为一场血腥的混战。结束时，有两名狱警受伤，沃克身上则留下十一处钝伤，包括颈部和头部。凌晨 1 点 20 分，他被宣布死亡，随后一份大陪审团的报告得出结论称，沃克的死是"悲惨、毫无意义、可以避免的"。[28]

至于这场小冲突为何最终升级，大陪审团报告提供了相互矛盾的证据。但有一点很清楚，那就是深夜进行监舍合规检查是一个"坏主意"，而这是该监狱一名狱警队长制定的政策。许多狱警担心这会引发暴力。随后，夏洛特惩教所的九名狱警遭到解职，比尔·柯蒂斯将其形容为一次公关活动：佛罗里达州州长里克·斯科特正在竞选连任，在《迈阿密先驱报》曝光达伦·雷尼的故事之后，州长希望向公众展示"他对虐囚的态度到底有多强硬"。柯蒂斯指出，这种强硬是有限的。在看守受到惩罚的同时，夏洛特惩教所的典狱长被拔擢为地区狱政总监。他的一名副手高升为典狱长。发起合规检查的队长要求调至另一所监狱，这一要求得到了满足。

受到处分的倒霉蛋中就有鲍比。他身材精干，目光坚定，绣着"家得宝"＊标识的帽子压低在眉头。鲍比将夏洛特惩教所的监舍合规检查政策描述为"一颗定时炸

---

＊　家得宝（The Home Depot），美国家居建材用品零售商。

弹"，必然会引发暴力。"每个人都说这样下去会有人受伤。"他告诉我。然而，显然没有哪个下属会这么抱怨而不害怕被穿小鞋。鲍比表示，上级传递给一线看守的信号是"不做就换人"。狱警与沃克爆发口角时，鲍比没有在场，直到后来才冲过来提供支援。他认为这一关键阶段应该保存的证据被人抽走或篡改了（大陪审团报告也提出了这一点）。但他还是被开除了。

我想知道是什么原因让鲍比成了一名狱警。他回答说，自己需要一份工作，虽然狱警的薪水很低，但好在有其他福利。较高的工资通常意味着没有福利，而鲍比需要养家糊口。鲍比总结他的就业选择时说："要么有福利但没有工资，要么有工资但没有福利。"在第二次世界大战后的几十年里，美国的工厂工人们经常能鱼与熊掌兼得，享受体面的工资和优厚的福利。但那个时代早已过去，鲍比对此心知肚明，所以他放弃了自尊，接受了他能得到的这份危险、低声望的工作，最终以尊严尽失收场。

更确切地说，这一切本会就此结束，如果不是后来斯科特州长再次当选，公众的注意力被转移，夏洛特惩教所被解雇的看守都得以复职。此举使佛罗里达州的一些报纸对该州惩教署内部缺乏问责制表示愤怒。这种愤怒显然并不是全无道理。根据大陪审团的报告，马修·沃克被殴打后，一名参与混战的小队长站在他身边喊道："你知道我是谁吗？我会杀了你，混蛋！"当医务人员终于赶到时，沃克已经没有呼吸了。与达伦·雷尼的谋杀案一样，没有人为沃克的死付出长久代价，这表明被监禁者的生命一文不值。然而，鲍比想知道为什么媒体的愤怒不是针对那些制定了相关政策的高级官员，而是针对低级看守。他补充道，如果公众真的关心虐囚问题，就应该"提高看守的薪酬，使人们真正想以此为职业"，而不是让他们成为腐败制度的替罪羊。道德败坏的体制会使优秀的看守感到自己毫无价值。

又有哪里的监狱看守不觉得自己毫无价值？人类学家迪迪埃·法桑（Didier Fassin）在《监狱世界》这本关于法国监狱系统的民族志研究中指出，许多狱警对自己的谋生方式非常尴尬，以至于避而不谈。一名看守说："我从不告诉任何人我的工作……这太丢脸了。"另一名坦白称："我没告诉朋友。"法桑调查发现，大多数看守都来自外省的小镇和工人阶级家庭。许多人认为自己的职业赶不上警察，而警察认为他们是"半吊子"。法桑还发现，看守们非但不为自己的职业感到自豪，反而觉得"被工作的环境玷污了"。[29] 换言之，与佛罗里达州和科罗拉多州等地的同行一样，尽管看守们的工作环境反映了公众的意愿和优先事项，但他们觉得自己从事的是有辱人格和道德败坏的脏活（另一项关于法国狱警的研究问道："为什么惩戒人员的形象如此负面，而他所做的只是履行社会赋予他的任务。"[30] 研究表明答案可以追溯到"心理移置过程"，即法国社会对监狱恶劣条件的"罪恶感"（bad conscience）被投射到狱警的形象之上）。

这种感觉虽然普遍存在，但并非不可避免。2015 年，记者杰西卡·本科实地参观了挪威最高安全级别的哈尔登·冯塞尔监狱。该监狱位于松树和蓝莓灌木丛的田园风光中，总计关押着 251 名犯人，其中一半以上的人被判暴力犯罪。但哈尔登的管理者允许他们住在带家具的房间里，门上没有门闩。哈尔登监狱的囚犯被鼓励参加课程，并获允在没有监控摄像机的情况下四处走动，这种理念被称为"动态安全"，旨在通过信任和社会互动而非胁迫和控制来减少暴力。哈尔登只有一间隔离牢房，专门为不守规矩的人保留，配备了一把从未使用过的约束椅。怀疑的人可能会指出，事实上，这种监狱的运行成本比美国最高安全级别的监狱还要高，况且更人性化的监狱是否能成功降低犯罪率尚无定论。但降低累犯率并不是唯一的目标。同样重要的是创建一个让挪威人引以为豪的机构，哈尔登的员工似乎也有同样的想法。"我有一份世界上最好的工作。"[31] 典狱长告诉本科，他的手下很喜欢他们的工作，并希望在监狱里干一辈子。正如评论所言，改变美国监狱的残酷环境不仅关系到被监禁者的尊严，也关乎员工的尊严，需要让他们不必使用恐惧和威胁来强化自己的权威，也不会觉得自己受到了工作环境的玷污。

起初，鲍比确实也为自己的工作感到骄傲。他告诉我，他曾想以此为职业。但最后他认为，低工资和猖獗的腐败使这一想法变得不切实际，他说什么也不认为佛罗里达州的"好人"能够改变现状。他预测，那些从当地新闻得知马修·沃克被杀后急于指责夏洛特惩教所看守的批评者，也会很快忘记监狱的存在。他还将公众对佛罗里达州监狱状况的了解与对垃圾填埋场的认识水平相提并论。鲍比慨叹："你把垃圾放到门口，垃圾就会被运走——你根本不在乎填埋场。你唯一关心的是当它被填满的时候，你必须花钱兴建新的填埋场。"对大多数佛罗里达人来说，惩教署也是如此。在我们见面的餐厅，这会儿正是减价供应酒水的时间，餐厅已经坐满了人，陆续到来的顾客在酒吧里享用啤酒和玛格丽塔鸡尾酒，两边的电视里正在播放高尔夫和棒球比赛。"除非报纸上有消息，否则没有人会关心监狱这档子事，"他说道，瞥了一眼吧台边的顾客，拽了拽绣有"家得宝"字样的帽子，"媒体会说得天花乱坠，听起来就像，你懂的，我们是一群可怕的家伙。"

# 文明的惩罚

3

与大多数州的情况一样，想进入佛罗里达州立监狱并非易事。甚至连找对地方都很困难。我参观过的惩教设施都地处偏远，交通不便，周围遍布林地和沼泽，高墙电网环伺。必须驱车很远才能到达入口。沿途会经过海滩和主题公园、高尔夫球场和度假胜地、棕榈林荫大道和海滨公寓，这些地方每年都吸引着大批游客和"候鸟族"来到这个阳光之州。通常越靠近监狱的大门，车流就越稀少，手机覆盖范围就越不稳定。有好几次，我快速驶过想要去的监狱设施后，才注意到车上的导航定位已经没了信号，但为时已晚。除了沼泽、荒野和一些不怎么欢迎外人到访的标志："未经申请擅自闯入者将被起诉"，周围几乎空无一物。

除了位置偏远之外，我参观过的监狱的建筑风格也极为单调：毫无特色的箱形建筑排列在毫无生机的院落中，平淡无奇，井然有序。透过一排排安全栅栏和佛罗里达州刺眼的阳光，我眯缝着眼，几乎看不到人类活动的迹象：放风场所空空荡荡，一切看起来都静止不动。除了偶尔传来在头顶盘旋的鸟儿的尖叫声，或落在手臂上的蚊子的嗡嗡声，几乎听不到任何声音。那些看起来很普通的建筑单调的外墙表明，这里似乎没什么大事，当然也没什么令人不安或暴力的事件发生。

实地走访之后，我认为，监狱之所以选择与世隔绝的地理位置，外形也乏善可陈，是为了避免引起外界不必要的注意。但后来经了解才发现，这种假设是错误的。历史学家大卫·罗思曼指出，在杰克逊时代 *，"美国人对自己的监狱感到无比自豪，渴望向欧洲游客炫耀，吹嘘美国开创了犯罪和惩罚历史的新纪元"。[1] 作为应邀参观这个新共和国早期监狱的访客，查尔斯·狄更斯于 1842 年参观了宾夕法尼亚州的东州教养所，挨个监舍探访，并与囚犯们自由交谈。后来他在《游美札记》中写道："他们没有向我掩饰或隐瞒任何事情，我想要知道的情况，都是公开地、坦白地提供的。"[2] 在 19 世纪的美国和英国，监狱往往建在显眼的地方，暴露在公众面前。有些监狱以高耸的塔楼和石头拱廊为荣，被比作宫殿。

---

\* 一般认为从 1828 年安德鲁·杰克逊当选总统开始，到 1850 年前后奴隶制问题激化为止。

正如社会学家约翰·普拉特记录的，直到后来，监狱的建筑风格才变得更加简朴，开始建在社会"不引人注目的边缘地带"。[3] 为什么会这样？一种解释是，监狱管理人员从经验中学习到，不要向狄更斯这样的观察家敞开大门。狄更斯赞扬了东州教养所负责人的良好初衷，但抨击了他们设计的"监狱纪律"制度，该制度将人限制在完全孤立的状态。杰克逊时代的改革家认为，单独监禁这种惩戒改造方法将培养罪犯的内省和自律。狄更斯对此不以为然，他将单独监禁描述为一种"可怕的惩罚"，而且来得更加阴险，因为它的破坏具有隐蔽性和伪装性。狄更斯写道："我认为，对神秘大脑进行缓慢而日常的干涉，比起对身体的折磨要坏得多。因为这种惩罚的可怕影响和迹象，不像身上的伤疤那样可以用眼睛看见、用手摸到。"[4] 当时，美国的刑罚体系是由这样一种信念形成的，即监狱的设计可以促进道德提升，将受过惩戒的罪犯转变为守法的公民。到了 20 世纪 80 年代，强调惩罚性的理念开始流行，这使监狱管理人员和政府官员更加倾向于限制外人进入自己的领地。

但监狱向社会边缘的转移也可以归因于其他因素。在普拉特看来，这反映了"文明的惩罚"的胜利——这里的文明不是传统意义上的，而是诺贝特·埃利亚斯描述的那种，即将令人厌恶和不安的事件置于视线之外，推到"社会生活的幕后"。乍一看，埃利亚斯的研究似乎与惩罚没有什么关联。他于 1939 年推出的两卷本《文明的进程》研究了欧洲的社会风俗，追溯了 16 世纪到 19世纪餐桌礼仪和其他行为规范的演变，几乎没有提到惩罚的主题。但近年来，犯罪和惩罚研究者开始利用埃利亚斯的观点来解释当代刑罚实践中的讽刺和矛盾之处。埃利亚斯认为，"文明的进程"核心是内部抑制的兴起，导致社会行动者压抑了人类行为中更"兽性"的方面，并对他人隐瞒此类行为。生理活动（吐痰、放屁）开始被视为一种冒犯行为，应与有教养的人绝缘。"令人不安的事件"，例如在节日盛宴前的餐桌上分割肉食的习俗，也被隐藏起来，以尊重宫廷上层阶级中不断提高的"厌恶门槛"。[5]

　　埃利亚斯没有研究这种情绪的转变会如何改变惩罚的面貌，但他的论点——即隐瞒是文明进程的核心部分——似乎与另一系列"令人不安的事件"密切相关：酷刑和处决罪犯。在中世纪和文艺复兴时期的欧洲，人们经常聚集在一起观看不法分子被押上绞刑架，被肢解、焚烧和绞死。在 19 世纪，这些所谓的惩罚场面变得越来越罕见，许多长期在台上表演的行为，如鞭笞、斩首都遭到取缔，主要原因在于，精英阶层开始认为公开处刑令人生厌。米歇尔·福柯在《规训与惩罚》一书中指出，现代社会转而追求更为精细的惩罚技术，特别是监禁方式的转变，是由控制和观察罪犯肉体的欲望驱动的，这使他们变得温驯和顺从。受埃利亚斯影响的犯罪学家强调了转变的另一个理由，即希望将罪犯的身体**藏起来**，不让体面的公民看到肮脏的惩罚场景。

从理论上讲，体罚被视为肮脏的这一事实是种进步的标志。然而，正如埃利亚斯的追随者指出的，他描述的"文明的进程"并没有表明野蛮暴力会停止，只是意味着它会被降级到更私人的空间。学者大卫·加兰将埃利亚斯的研究引入惩罚社会学中，他认为，只要暴力是在关着的门后暗自展开的，或者经过了某种净化过程，就不会冒犯文明人的情感（国家对暴力的垄断是《文明的进程》的重要主题，这一发展与强调自我克制相一致，都阻止普通公民未经许可做出攻击行为）。在《惩罚与现代社会》中，加兰提出了"文明制裁"的谱系，证明了这一理论。当代美国人都同意，将罪犯绞死在刑台上是不文明的，但在许多州，用不引人注目的方法杀人（如注射死刑）则是合法的。鞭笞囚犯显然逾越了现代美国人的"厌恶门槛"，但隐蔽、隔离的"单独监禁"并不会产生这样的效果。事实上，正如狄更斯在1842年观察到的，单独监禁"这种惩罚的可怕影响和迹象，不像身上的伤疤那样可以用眼睛看见、用手摸到"。这正是如此多的人没有发现它令人反感的原因。加兰说："常规的暴力和痛苦可以被容忍，但条件是，它必须不引人注目、经过伪装，或者以某种方式避开人们的视野。"[6] 重要的不是惩罚的野蛮程度，而是它的可见度以及表现形式。从这个角度来看，佛罗里达州立监狱的偏远并不意外。普拉特观察到，在整个西方世界，"文明的监狱变成了隐形的监狱"，从而隐藏了系统的暴力，使"好人"更容易忽视或忘记高墙后发生的事情。[7]

　　平心而论，并非每个佛罗里达州人都会将此忘在脑后。利用参观各处监狱的间隙，我去了一家咖啡馆，与朱迪·汤普森会面。这名美国非裔女性来自杰克逊维尔郊区贝梅多斯，曾担任梅波特海军基地领导力学院的协调员。她还是一个组织的发起人，主张在佛罗里达州监狱中推行更为公平的量刑政策和更为人道的监禁条件。汤普森带着一堆信件前来赴会。寄信人都是被关在监狱里的囚犯，在听说她的组织后写信来控诉自己遭受的虐待。汤普森表示，信件如雪片般飞来，自己应接不暇。她带来与我分享的只是上个月收到的部分而已。

　　这些由陌生人撰写的信件触动了汤普森的敏感神经。她育有六个儿子，1999年，六兄弟中的老四克里斯因参与抢劫被捕。汤普森告诉我，犯罪过程中没有人受伤，时年二十一岁的儿子也没有携带武器。尽管如此，他还是被判处三十年徒刑。直到那一刻，汤普森对于将监狱变成佛罗里达州增长最快的产业之一的惩罚性立法还没有任何概念。她说："这本不是我生活的一部分。"随后，她开始阅读了解惩罚性措施的浪潮，并逐渐认识到，正是这些措施导致佛罗里达州和美国其他地区的监狱人口激增。在她阅读的书目中就包括米歇尔·亚历山大撰写的《新型种族隔离》。这位法学教授将禁毒战争和其他所谓的种族中立政策（强制最低刑、拦截盘查）描述为种族等级制度的支柱，与民权运动之前黑人经受的种族隔离法一样普遍和有害。《新型种族隔离》强调了这些政策毁灭性的代价，出人意料地十分畅销，并重塑了围绕大规模监禁的辩论。朱迪·汤普森如饥似渴地阅读了这本出版于2010年的著作。一年后，她创办了自己的组织，并将其命名为"被遗忘的大多数"，因为"那些高墙之后的人完全被遗忘了"。在一些城市，大多数年轻的黑人男子都在坐牢，或曾经身陷囹圄。2019年，黑人占佛罗里达州人口的17%，但黑人囚犯几乎占该州囚犯的一半（拉丁裔占另外的40%）。

汤普森从未幻想能够轻易改变囚禁她儿子的体制。然而，她很快发现，一些出人意料的人物也对大规模监禁产生了怀疑。在"被遗忘的大多数"成立后不久，她有机会拜访时任佛罗里达州参议院刑事司法委员会主席格雷格·埃弗斯。埃弗斯是来自潘汉德尔的保守派共和党人，而该地区曾获得全美步枪协会的最佳评级。汤普森拜会这位政治人物是要告诉他，自己正在分发一份请愿书，以帮助理应获得重新做人机会的重罪囚犯更容易获得假释。根据佛罗里达州于1983年颁布的《精确量刑法》，所有罪犯需要服完85%的刑期，这等于在事实上废除了假释。在汤普森认为应该免遭这项法律迫害的囚犯中，就包括她的儿子克里斯，他利用服刑的时间成了一名出色的狱中律师，向其他被监禁的人提供法律咨询（他们叫他"小约翰尼·科克伦"*，汤普森不无自豪地告诉我）。

　　埃弗斯在办公室接见了汤普森。听她说完后，参议员点了点头，告诉她："朱迪，你是在向唱诗班布道。把这些人关起来的确花我们太多钱了。"在全国各地，几十年来一直提倡"法律和秩序"的保守派也开始有类似的认识，即使不考虑道德成本，建设世界上最大的监狱系统需要的财政支出也让他们感到不安。一年后，汤普森赶赴塔拉哈西，参加在州长官邸举行的纪念"黑人历史月"的活动。在离开之前，她见到了时任佛罗里达州州长里克·斯科特。利用这个机会，汤普森走上前去介绍自己的组织，并说她实在无福消受纪念活动，因为有那么多的黑人男子"毫无希望"地在佛罗里达州的监狱中苦苦挣扎。斯科特是一位共和党人，几年后将成为唐纳德·特朗普的铁杆支持者，他并没有生气，而是邀请她见面。之后，汤普森以为这事肯定没有了下文。几周后，

---

* 约翰·李·科克伦（Johnnie Lee Cochran，1937—2005），美国律师，因其在辛普森案的辩护闻名。

她的电话响了，来电者是斯科特州长的助手。在第二次前往州长官邸时，汤普森拖着几个大塑料袋，里面装满了要求恢复假释的签名请愿书。斯科特州长告诉她，修改法律是由立法机构决定的，但在会面结束后，汤普森欣慰地意识到，州长已经听取了自己的意见。

最终，政策制定者开始考虑大规模监禁带来的灾难性影响，在佛罗里达州以及美国各地，自由派和保守派联手推动惩罚性更弱的量刑政策，以减少监狱人口。在随后的几年里，许多州削减或取消了强制最低刑法规，并赋予法官对重罪犯进行判决更大的自由裁量权。2016年，佛罗里达州废除了对持枪犯罪者处以严厉刑罚的"十年、二十年直至终身监禁法"。但是，说服像里克·斯科特这样的政客不要把那么多人以每年人均两三万美元的代价投入监狱，是一回事。毕竟较轻的惩罚可以节省纳税人的钱。而雇用训练有素的工作人员，提供足够的精神健康服务，加强监督和监测，使囚犯得到更人道的待遇（所有这些都要**花钱**），则完全是另一回事。正如耶鲁大学法学教授詹姆斯·福曼指出的，对大规模监禁的批评往往集中在禁毒战争和其他政策造成的破坏上，这些政策导致非暴力罪犯数量增加。这种谴责忽略了一个事实：即使所有非暴力毒品罪犯都获释，美国**仍将**拥有世界上规模最大、以其残忍而著称的监狱系统。

在创立"被遗忘的大多数"这一组织时，朱迪·汤普森并未重视佛罗里达州监狱发生的暴行，主要是她当时还不知道监狱里到底有多残酷。此后，她开始收到一些来信，就像我和她在咖啡馆见面时堆在桌子上的那些信件。在其中一封信中，一名囚犯描述，面对监狱内黑帮的威胁，他找到狱警队长寻求保护。对方回应说，如果他不闭嘴，"就会（用胡椒喷雾）喷我……敲掉我的牙"。我之所以联系汤普森，是想知道戴德惩教所的虐待行为是否异乎寻常。她告诉我，戴德惩教所尽管略显极端，但发生在那里的身体虐待和言语侮辱并不罕见。她说自己收到的大多数信件都来自佛罗里达州北部的监狱。在她看来，越往北走，监狱工作人员的种族多样性就越低，这并非巧合。在杰克逊维尔附近的一所监狱，两名白人至上主义的狱警被判密谋杀害一名黑人囚犯。

多年以来，佛罗里达州监狱的不人道行为很少引起注意。但在达伦·雷尼被谋杀、《迈阿密先驱报》等新闻媒体曝光恶劣的监禁条件后，一小群活动人士开始积极推动变革。其中一位正是乔治·马林克罗特，这名心理治疗师因投诉戴德惩教所中的虐待行为而被解雇。另一位是汤普森，她于2015年3月出席了由参议员埃弗斯在塔拉哈西主持的立法听证会，以解决佛罗里达州监狱内部猖獗甚至致命的暴力问题。像往常一样，汤普森带着囚犯的信件来参加听证会，其中就有马克·乔伊纳于两年前寄来的信。这名囚犯曾在戴德惩教所服刑，在达伦·雷尼惨死几个月后联系过她。乔伊纳在信中描述了过渡监护室对患者施虐的情况，包括用"滚烫的水"折磨雷尼和其他精神病患者。汤普森告诉我，她第一次读到这封信时难以置信，因为这些指控"令人发指"。之后乔伊纳再次写信，提出了同样的指控，那时她意识到他说的是事实。乔伊纳的信中有一段话特别触动汤普森，他将杀害雷尼的狱警逍遥法外与自己因犯罪而被判处终身监禁（乔伊纳被判谋杀罪）相对比。在塔拉哈西举行的听证会上，汤普森决定大声朗读这一部分。乔伊纳写道："我得出的结论是，一个人是否被指控谋杀取决于你是谁。"他继续写道，当一些杀人犯"被判终身监禁于惩教所"：

> 另一些杀人犯则从惩教所领取工资，每天回家，然后择机再犯。我想知道是否有一天，这个州和这个国家的人民回顾这件事的时候……会说，怎么可以这样继续下去？执法部门对此心知肚明，州政府的代表也了解实情，但一切仍在继续。

汤普森读完后，一些狱警作证说，佛罗里达州监狱的条件难以为继：过度拥挤、人手不足、士气低落。他们的话给在场的一些议员留下了深刻印象，也包括参议员埃弗斯，他在春季余下的会期里一直在推动一项全面的监狱改革法案。该法案包括加强监狱的人员配置、增加对虐囚人员的处罚等条款，还呼吁建立一个独立的监督委员会，通过突击检查和在问题恶化之前发现问题来监控惩教设施。

在其他西方国家，这种监控监狱的做法并不罕见。例如，英国形成了三层相互独立的监督：监狱检查局负责对拘留设施进行突击检查；监狱和缓刑监察专员负责调查投诉；当地公民委员会负责额外审查。得克萨斯大学奥斯汀分校教授、监狱管理专家米歇尔·戴奇评论称，这样做不是为了"抓包出糗"，而是为了及早发现问题。"这是预防性措施。"建立强有力的监督机制也反映了一种信念，即如果监狱像银行、核设施等其他大型机构一样接受独立审查，那么公众将得到更好的服务。在美国盛行的则是完全不同的观点。戴奇说，监狱是"最封闭的机构，对公众、新闻界和每个人来说完全缺乏透明度"。从历史上看，美国补救问题的模式不是通过预防机制，而是通过法院颁布的同意令状，针对监狱存在系统性缺陷的州提起集体诉讼。戴奇指出，这种方法的一个缺点是，它只能"在事情已经陷入谷底"之后才能启动。另一个缺点是，改进往往只是短暂的。一旦官员们遵守了法院的命令，注意力就转移到了其他地方。特别是在那些让监狱进行自我监督的州，问题会再次出现。

在由参议员埃弗斯主持的小组听证会上，几名官员谈到了为什么隶属佛罗里达州惩教署的督察长办公室不能进行监督。一名官员说道："现在早就过了还能依赖自我监管的地步了。"[8] 他对虐囚行为的调查遭到了破坏。离开塔拉哈西后，朱迪·汤普森对马克·乔伊纳在信中反映的问题有望解决感到乐观。一个文明国家怎么会允许这种事情继续下去？然而，佛罗里达州众议院提交的改革法案删去了埃弗斯提案中所有有意义的条款，包括建立一个独立监督委员会的建议，理由是这会给该州惩教署贴上"坏标签"。[9] 最后，除了斯科特州长在最后一刻通过行政命令批准的一些无用措施外，没有任何正式法案闯关成功。

与汤普森见面时，我问她，发生这一切后，她认为佛罗里达州领导人有多关心虐囚问题。她叹了口气，指了指最近收到的一堆信，"还不够"。然后她补充道："如果斯科特州长觉得他不必采取行动，那他可能是对的，因为没有受到监禁影响的普通人根本不在乎。"

## 默认委托

普通人应该关心监禁问题的一个原因是，这是一项由纳税人负担的集体事业，由立法者和法官负责管理，由为国家工作的督查负责审计。监狱和看守所无论多么难以接近和隐蔽，都是公共机构。然而，无论是佛罗里达州还是美国其他许多地区，事情并不是那么简单。在从政之前，斯科特州长曾担任营利性连锁医院"哥伦比亚 /HCA"*的首席执行官。除了裁员，斯科特就任州长后提出的减少监狱开支的方法就是将服务外包给私营部门。当哈丽特·克日科夫斯基在戴德惩教所工作时，她的雇主不是佛罗里达州惩教署，而是位于田纳西州布伦特伍德的科里松公司，之后是位于匹兹堡的韦克斯福德公司。对于这些公司来说，惩罚这类脏活只是一门生意，在一个有近十万人被关在监狱里的州，这门生意很可能获利不菲。2012 年，就在达伦·雷尼惨遭酷刑杀害的同一年，上面提到的这两家公司拿到了为期五年、总价值 13 亿美元的合同，为佛罗里达州的被监禁者提供精神治疗和医疗护理服务。

正如我在访问戴德惩教所时发现的，私营化的后果之一，便是将监狱内发生的事情推到幕后，落入那些认为自身没有义务负责的公司手中。在多次请求后，佛罗里达州惩教署最终同意让我在新任副典狱长格伦·莫里斯的陪同下参观监狱设施。然而，当我问莫里斯是否可以和过渡监护室的精神健康顾问谈谈时，他说自己无权决定此事，得去问韦克斯福德，该州已将责任移交给了这家公司。我从莫里斯的办公室打电话给佛罗里达州惩

---

\* HCA（美国医院公司）于 1968 年在田纳西州纳什维尔成立，1994 年与总部位于肯塔基州路易斯维尔的哥伦比亚医院公司合并，成立哥伦比亚 /HCA，目前为美国最大的医院集团。

教署发言人，后者确认我必须获得公司的许可。我接着打电话给韦克斯福德，辗转联系到该公司位于匹兹堡总部的一位媒体公关干事，他告诉我，公司没有人可以与我交谈。我说，因为我已经在戴德惩教所，我很乐意等到有人有空。对方表示不会接受任何采访。

韦克斯福德拒绝回答任何关于戴德惩教所发生的虐囚行为的问题，科里松则显得相对坦率。该公司首席医疗官卡尔文·约翰逊告诉我，公司所有员工都接受过入职培训，以向其介绍一套缩写为"SMART"的公司价值观，即"安全、激励、责任、尊重和团队合作"。他补充说，精神健康顾问如果目睹了不道德的行为，可以通过多种渠道报告，包括拨打匿名热线到公司总部。这对哈丽特·克日科夫斯基显然是条新闻，她告诉我，自己在戴德惩教所工作时从未听说过什么SMART，也不知道匿名热线的存在。除了收到"不要对抗看守"的警告外，她不记得在入职培训期间或之后有过任何指示，更没有人告诉她如果目睹虐待行为该怎么办。哈丽特的说法得到了一些前同事的佐证，其中就有乔治·马林克罗特，他表示，"科里松从来没有就如何界定和报告虐待行为提供任何指导、培训和方案"。

依赖私营部门在监狱中提供精神健康服务的一个危险是，公司有动机隐瞒可能危及合同的问题。另一个是，公司为了将成本降到最低，可能会降低护理的质量。佛罗里达州监狱医疗服务私营化后不久，《棕榈滩邮报》记者帕特·比尔发表了一篇调查报道，详细描述了试验的结果。比尔发现，监狱医疗私营化七个月后，全州在押期间死亡的人数飙升至 206 人，创下十年来的新高。死者中有一名女性囚犯罹患肺癌，但接受的治疗仅仅是泰诺*和热敷。其他囚犯抱怨说，他们的处方止痛药不知为何被换成了更便宜的替代品，比如布洛芬。与此同时，被送往外部医院的重病囚犯数量急剧下降了 47%，这降低了成本，但危及生命。"我们要求手术，但患者苦等不来，"一位医生告诉比尔，"他们在接受手术前就已经奄奄一息了。"[10]

　　比尔在佛罗里达州的发现与其他州的调查结果相似。2012 年，法庭下令的一项调查发现，爱达荷州的一所监狱"提供的医疗和精神健康服务存在严重问题"，在那里，由科里松公司负责看护的患者被扔在脏兮兮的床单上，连续几天无法获得食物和水，并服用了错误的药物。报告将这类缺陷描述为"频繁、普遍和长期的"（科里松公司则认为这一调查结果"是错误的，且具有误导性"）。[11]在肯塔基州，由科里松提供护理服务的监狱一年内有七人死亡，其中一人患有严重糖尿病，感染后被关押在监狱，而不是送往急诊室。随后，几名囚犯的家属提起了诉讼。

　　但私营化不仅危及被监禁者的健康，也可能损害提

---

\*　一般用于缓解感冒引起的发热，以及轻中度疼痛。

供医疗服务的员工的福祉，迫使他们基于医疗成本而非需求做出决定。2014 年，在佐治亚州查塔姆县的一所监狱里，一名叫马修·洛夫林的男子因呼吸急促而昏迷在牢房里。科里松派驻监狱的医生查尔斯·皮尤向该公司地区医疗主管申请将洛夫林送往医院，但遭到拒绝。在接下来的几天里，随着洛夫林病情的恶化，皮尤医生和两名同样受雇于科里松的护士一再请求将洛夫林送往医院，但都未果。最后，皮尤医生安排将洛夫林转诊到某心脏病医生处，希望对方能把洛夫林送到急诊室，那时洛夫林的血压已经下降，再次失去知觉。最终住进医院后不久，他就死了。

"南部贫困法律中心"在关于科里松的调查报告《利润还是囚犯》中，描述了皮尤医生的经历。该调查开篇讲述了另一起案件，涉及俄勒冈州一名叫凯利·格林的囚犯。格林患有精神分裂症，在一次精神病发作中摔断了脖子，但科里松公司的工作人员并没有立即将其送往医院，而是将他从监狱中释放，然后开车送他去医院，以便其他人可以将其收治入院。这种被称为"免费恭送"的安排能够确保该公司不必支付住院费用，却延误了被监禁者的治疗。与马修·洛夫林一样，格林最终也不治身亡。死者的家人坚信，如果格林立即被送往医院，其死亡本可以避免（家人最终起诉了科里松，而该公司否认存在任何不当行为）。

"南部贫困法律中心"在报告中指出，由于监狱医疗私营化，护士、医生和精神病专家经常被迫为支付固定服务费的公司做降低成本的脏活，这意味着"在囚犯护理上每节省一分钱就是为公司多挣一分钱"。[12] 在代表凯利·格林家人向法庭提交的声明中，皮尤医生称追逐利润的压力让人感觉冰冷、窒息。他写道："每周有一两次电话会议，我需要与科里松的地区医疗总监一起参加，讨论谁在医院，以及医院里的患者发生了什么。上面不断要求监控所有住院情况，避免患者住院，要求及时出院，尽量减少住院时间。"[13] 一些工作人员可能因屈服于这些要求而失眠，他们要么对被监禁者的需求变得麻木不仁，要么希望避免与上级交恶。后一种担忧是合理的。马修·洛夫林在佐治亚州去世后，皮尤医生和两名要求将他转移到医院的护士向警长表达了他们对患者安全的担忧。根据"南部贫困法律中心"的调查，这三人后来都被公司解雇了。

约翰·多纳休在其权威研究《私营化决定》中评论道："公共权力的授予伴随着特殊的责任负担。"[14] 该研究考察了在什么情况下将公共服务外包给营利性公司是合理的。虽然私营化可以提高政府的效率，但这并不是判断的唯一标准。多纳休认为，同样重要的是"**对公众价值观的忠诚**"，包括私营化在多大程度上"阻止了投机主义和不负责任，并促进了诚信管理"。

　　根据这一标准，佛罗里达州监狱的医疗服务外包是对公众信任的公然背叛。然而，现实完全不是这么回事。相反，韦克斯福德和科里松提供的正是公众期望的，或者说满足了公众的隐秘需求。毕竟，人道地对待囚犯并不是促使佛罗里达州和其他州的官员接受私营化的原因。省钱才是。一位惩教署官员当时表示："这是对纳税人最有利的决定。"[15] 佛罗里达州与这两家公司的合同规定，它们的支出应比该州此前的预算少 7%。很少有人愿意去问，如何才能在不危及生命的情况下履行这一义务？约翰·多纳休认为，为了阻止牟取暴利，受委托履行公共职能的私营公司应该受到严格监督，尤其是对于那些结果难以衡量的任务。佛罗里达州采取了较为宽松的做法。在监狱护理私营化的前一年，该州裁撤了惩教医疗局，这个成立于 1986 年的独立机构主要负责监测囚犯获得的医疗服务质量。

　　可以肯定的是，这两份外包合同不会明确指出，以弱势患者为代价牟取暴利的行为是可以容忍的。但正如埃弗里特·休斯在其关于"脏活"的文章中指出的，在涉及某些"外群体"的待遇时，有些事情没必要说破，特别是当保持物理距离以及社交距离可以达到同样的结果时。休斯如此谈论这些"外群体"："他们与我们的社会距离越远，我们就越会进行默认委托，让别人代表我们来打交道。"[16] 对韦克斯福德和科里松的默认委托以最低的成本提供了严重低于标准的护理。对这两家公司的首席执行官和股东来说，这种协议有其好处，可以提高利润和营收。对于为凯利·格林这样的人安排"免费恭送"的实地工作人员来说，则是另一回事。

无独有偶，这两家公司在佛罗里达都没有干太久。帕特·比尔在《棕榈滩邮报》上的曝光终于促使立法者呼吁加强监督。2015 年，佛罗里达州的督查发布了一份报告，对科里松在奥卡拉一所女子监狱提供的护理服务质量提出了严厉批评，称那里的患者被切断了精神药物的供应，并被不当地安置在隔离牢房中。科里松选择不与州政府续签合同。两年后，调查人员发现韦克斯福德管理的另一所监狱存在"危及生命"的缺陷，佛罗里达惩教署因而宣布终止与该公司的合同。这些明显的缺陷似乎说服了佛罗里达州的官员采取新的方法。但事实证明，所谓的新方法是重走老路。一份非招标合同很快被授予另一家私人公司，来自佛罗里达州本土的"百夫长"——塔拉哈西的官员认为这家公司更为慷慨，也许是因为其向该州议员们的政治献金。在签署合同之前，该公司向佛罗里达州共和党提供了 76.5 万美元，并向里克·斯科特的政治委员会"让我们开始工作"提供了 16 万美元，这位佛罗里达州前州长于 2018 年竞选联邦参议员并成功当选。

## 无路可走

当然，佛罗里达州还可以通过其他方式降低监狱的医疗支出，特别是先减少监狱收押的精神病患者人数。早在2008年，由一群倡导者和法官召集的特别工作组发布了一份报告，结论称监狱和看守所是"不成功且不够格的安全网"，因为有大批精神病患者在惩教系统和民间社会之间来回穿梭。该工作组发现，每年有多达12.5万名需要立即治疗的精神病患者遭到逮捕，并被投入佛罗里达州立监狱。这些人中的绝大多数被指控犯下了很轻微的罪或者情节不太严重的重罪，而这些罪行是精神疾病直接导致的。[17]

在特别工作组看来，这样的做法不仅有违人道主义，还会造成"患者无家可归、警察受伤人数增加、警察枪击精神病患者的情况增加"。[18]这样做也代价不菲，大量资金浪费在需要巨额运营成本的"后端"服务（如处理大量案件的法院或者人满为患的监狱），而如果从佛罗里达州千疮百孔的精神健康体系中掉出来的人能少一些，这些钱本可以省下来。例如，佛罗里达州每年需要花费25亿美元帮助精神病患者恢复能力，以使他们能够接受审判。与此同时，一半的成年人和三分之一患有严重精神疾病的儿童"无法获得"社区提供的精神病治疗。

公布这些调查结果的工作组负责人是佛罗里达州第

十一司法巡回法庭法官史蒂夫·莱夫曼，其司法管辖区横跨迈阿密戴德县。十七岁时，莱夫曼曾在佛罗里达州的一位政客手下见习。在那里，他收到一封信，提到有一名青少年正在州立精神病院中苦苦挣扎。莱夫曼决定前去医院考察，在那里，他发现这个少年被铐在床上。离开之前，他还看到看守用软管冲洗其他裸体病人，就好像他们是动物园里的动物。几十年后，患有严重精神疾病的人倒是被免除了这种羞辱，却出现在莱夫曼主持的法庭上，面临着要么坐牢、要么重返街头的严峻前景。莱夫曼对这些无望的替代方案感到失望，并敦促当地官员启动一个项目，以将那些对公共安全不构成威胁的精神病患者转去接受治疗。他花了六年时间才争取到资金，该项目很快被誉为成功之举，据称，完成该项目的个人的累犯率仅为6%。在十年的时间里，迈阿密戴德县总计有数千人被转移出刑事司法系统。莱夫曼还发起了另一个计划，以培训警官更恰当地应对处于精神病危机中的人。

　　包括圣安东尼奥在内的其他城市也采取了类似的改革措施。2008年，圣安东尼奥当地法官和警察创立的精神健康危机中心开始将精神病患者从刑事司法系统中转移出去。在十年内，该中心总计治疗了五万人，为纳税人节省了约5 000万美元。尽管这些努力令人钦佩，但在一个任由众多重症精神疾病患者自生自灭的社会中，他们的影响力着实有限，随着时间的推移，问题愈发严重。

《今日美国》的一份报道指出，2008 年金融危机后，美国各州总计削减了 50 亿美元的精神健康服务预算，使大量精神病患者陷入"穷途末路"。最终，许多人都找到詹姆斯·费舍尔这样的人求助，我是在奥兰多遇到的这位助理公设辩护律师。费舍尔告诉我，每天他都会看到因"生存需求"犯罪而被捕的精神病患者，在完全没有能力接收他们的系统中来来去去。几乎所有罪犯都来自贫困社区，那里根本没有他们负担得起的精神健康服务。他说："和我打交道的群体，除了警察外，没有任何资源可以依靠。"

很多精神病患者为了避免坐牢不得不露宿街头。其他人则在佛罗里达州中部的洛厄尔惩教所等地服刑。2019 年 8 月 21 日，一名叫谢丽尔·魏玛的躁郁症患者抱怨说，由于臀部受伤，她在值班时无法弯腰清洁厕所。一群看守把她拖到外面没有监控的地方一顿狠揍，目击者甚至以为他们在捶打一具尸体。尽管魏玛幸免于难，但这次殴打使她瘫痪了。这也表明，戴德惩教所虐囚事件见诸报端后，佛罗里达州监狱系统的情况并未明显改善。在达伦·雷尼去世后的七年里，该系统一直资金不足，看守滥用暴力的事件增加了五成以上。

在其他一些州，倡导者成功推动了改革，使惩教系统不再过分依赖单独监禁，并加强独立监督，从而改善了监狱的条件，使情况不再那么糟糕。然而，联邦监督员史蒂夫·马丁花了几十年的时间来调查各政府机构在监狱中使用暴力的情况，他认为佛罗里达州并不是例外。2020年7月，就在明尼阿波利斯的一名白人警察将乔治·弗洛伊德窒息而死，进而引发全国范围内对种族主义和警察暴行的抗议几周后，马丁写道，美国的监狱中"制度性的暴行根深蒂固且持续不断"。他还指出，监狱中的暴力行为更加隐蔽，主要是因为大多数惩教系统没有收集或公布相关数据，但经验使他相信，这些受害者与严重遭受警方暴力侵害的群体十分类似。在马丁调查的案件中，"死亡的囚犯中黑人比例过高，许多人还有精神障碍"。[19]

在离哈丽特·克日科夫斯基家不远的咖啡馆的最后一次面谈中，她告诉我，自从离开戴德惩教所后，她读了很多关于单独监禁以及揭露监狱何以变成美国最大精神健康机构的书。阅读帮助她理解了自己的经历。她现在明白，在一个把精神病患者视为"用后即弃的人"的社会里，自己目睹的虐囚行径只不过是冰山一角。这使她对达伦·雷尼的愧疚减轻了少许。

分别之前，我提到下次去佛罗里达时打算联系雷尼的家人。"有什么需要转达的吗？"我问哈丽特，而她沉默了。

"我很抱歉，"她最后说道，眼里充满了泪水，"这一切本不该发生。允许这种情况发生的环境本不该存在，对任何人都不该存在。"

此后不久，我把车停在坦帕市中心西拉萨尔街的一栋单层砖砌平房旁边。这里是坦帕最贫穷的社区之一，而这栋窗户上焊着防盗窗、外墙灰暗发霉的房子，坐落在一条两边都是排屋的窄街尽头。在门口等待的是房主安德烈·查普曼，他把我带到了一个小客厅，里面有张大沙发。

安德烈·查普曼是达伦·雷尼的兄弟。他五十多岁，身材高大，胸部厚实，有一双温柔的棕色眼睛，神情安静而隐忍。在我打电话告诉安德烈想更多了解他兄弟的生活后，他同意和我见面。在表示欢迎后，安德烈开始娓娓道来，从他们的童年说起。小时候，全家人常常在周日去街对面的浸信会教堂。通常，他和达伦会跟在父亲格雷迪身边。格雷迪来自佐治亚州，遇到他们的母亲后搬到了坦帕。安德烈说，当时这个社区杂居着黑人工薪阶层以及其他专业人士。此后，这里逐渐变得破败，大量流浪者和精神失常者在脏乱的街区游荡。安德烈强调："我说的是一些严重的精神病患者。"

安德烈告诉我，小时候没有任何迹象预示达伦的下场会如此悲惨。相反，他的弟弟是一名优等生，轻而易举地读完了初中，后来在一个名叫博的叔叔指导下，成了附近闻名的跳棋高手与职业赌徒。"哦，他把街上所有人都打败了。"安德烈笑着回忆道。达伦英俊外向，属于那种"讨女人喜欢的男人"，身边从不缺女伴，这并非完全是好事。在安德烈看来，弟弟的人生转折点出现在二十多岁的时候，当时他爱上了一个在军队服役的女人。一天晚上，两人喝酒后，她掏出枪，朝达伦的胸部开火。子弹打穿了肺部。事后，这位女士恳求达伦不要提出指控，达伦同意了，他以为这将证明自己的真心，让他们的爱情开花结果。但此后不久，这位女士就从达伦的生活中消失了。

"从此他就一蹶不振，"安德烈说，"我认为这有点动摇了他的世界。"然而，安德烈坚称，被情人开枪击中胸部确实改变了达伦，但这并没有剥夺他的正直。为了让我了解他弟弟的性格，安德烈邀请了邻居加入我们的谈话，这是一名上了年纪的妇女，租住在灰色房子的背街单元。她在沙发上坐下，说达伦常去她家帮忙耙树叶和做其他零活。作为交换，她会付一笔不多的钱，或者给他准备一些吃的——卷心菜、玉米面包、花生酱和果冻三明治，他特别喜欢吃这些东西。她说，"我们走得很近"，她将达伦视为家人，是她称之为"拉萨尔街小队"的一份子。近年来，随着老朋友相继离世，小圈子的人数越来越少，她更加想念达伦。"达伦是我的万能帮手，"她说，"他每天都来看我。要是下班时还能看到达伦坐在门廊上，我不在乎自己在哪里。"

安德烈透露，达伦在被捕并送往戴德惩教所之前，一直和他住在这栋房子里。他被捕的原因是持有可卡因。然而，安德烈坚称，尽管达伦吸烟，但他当时并没有吸食可卡因，或者说，他任何时候都没有吸食过毒品。他说："达伦从未抽过可卡因、大麻那种东西。"安德烈对另一点更加强调，那就是他的弟弟并没有像《迈阿密先驱报》报道的那样患有精神分裂症。他说："这是他们在达伦入狱时给他贴的标签。"

我从彼得·斯利斯曼那里听到了不同的观点，他是"佛罗里达残疾人权利"组织的律师，该组织将佛罗里达州惩教署告上法庭，指控其在戴德惩教所对精神病患者进行系统性虐待。斯利斯曼告诉我，根据犯罪记录，没有任何证据表明达伦曾经犯过暴力罪行，但他的确在毒品犯罪方面前科累累，档案中也有他持续存在精神健康问题的证据。斯利斯曼说："在相当多的案件中，没有能力接受审判的被告人会被定罪，并被送往州立医院接受长期治疗。"在斯利斯曼看来，这些记录揭示了为什么监狱是"雷尼先生最不该待的地方"。他说，像佛罗里达州的许多精神病患者一样，达伦本该得到"药物治疗或社区精神健康治疗。"

除了更多地了解达伦的情况，我还想知道他的家人如何获悉在戴德惩教所发生的事情，并认为谁应负有责任。安德烈告诉我，达伦去世时，一名监狱牧师给他打电话表示哀悼，但没有提到虐待事件。他还与一位警探谈过，对方也没有多言。安德烈说："我以为他只是在淋浴时晕倒了。我想他可能心脏病发作了。"迈阿密戴德县验尸官办公室的人甚至懒得把达伦的尸检照片寄给他。科里松公司也没有人伸出援手。由于安德烈从未怀疑发生过任何不当行为，他同意让达伦火化，没有去迈阿密事先检查弟弟的遗体。几个月后，安德烈才接到彼得·斯利斯曼的电话，后者告诉安德烈，他所在的机构怀疑安德烈的弟弟是被烫死的。安德烈闻讯大吃一惊。他是个说话温和、举止沉着的人，不习惯发脾气或做大刀阔斧的判断。然而，他在讲述自己被告知的信息如此之少时，愤恨之色溢于言表。"你们把他当成小白鼠来做实验，却不屑于告诉我他是怎么死的，到底在搞什么鬼？"安德烈摇着头说。尸检报告虽然被爆料给媒体，但媒体称这起死亡事件是意外。他补充道："又是一记耳光。"

　　没人被追究责任这一事实，加剧了这种遭到侮辱的感觉。安德烈说："他们犯了罪，他们得为此蹲大牢。""他们"包括戴德惩教所负责精神健康的人员吗？我问他。安德烈顿了一下，摇了摇头。他说，这些心理咨询师只是为了养家糊口。他并没有责怪他们。相比之下，他对直接涉案的看守和那些位高权重者则决不原谅。在咨询律师后，安德烈和家人对佛罗里达州、科里松公司以及在戴德惩教所工作的一些狱警和监狱官员提起了民事诉讼。诉讼最终达成和解，被告同意支付 450 万美元的赔偿金，但并未完全承认责任。相反，科里松的公关主管玛莎·哈宾认为这是公司慷慨大方以及无可指责的证明。她告诉《迈阿密先驱报》："尽管参与本案的辩护律师都知道，科里松对于雷尼先生的去世不负有责任，但我们还是为和解拿出了十万美元让案子结束。"[20] 对于雷尼一家来说，和解则给了住在这条街上的家族成员一个了结。安德烈后来搬到了南卡罗来纳州。他这次回坦帕是为了看望大女儿莱克西亚。莱克西亚和她的小女儿住在西拉萨尔街的灰色房子里。他说，回到这里后"很多回忆浮上心头"，包括 2007 年父亲格雷迪去世前不久与他的一次谈话。格雷迪的去世对达伦打击很大，他与父亲的关系极为密切。"父亲是他的主心骨。"安德烈说。父亲去世前曾把安德烈拉到一边，叮嘱他照顾好达伦。安德烈回忆道："我爸爸的话是照顾他，看好他。"

在我起身告辞前，安德烈把手伸进壁橱，拿出一个装满家庭照片的鞋盒。他把手伸进那堆照片里，掏出一张，笑了。那是父亲穿着白色 T 恤和牛仔工作服的照片。这是他的惯常装束，是他从佐治亚州农村移居至此的标志（安德烈说，父亲的昵称叫"佐治亚小子"）。安德烈拿出的另一张照片镶在相框里，上面是一名英俊的年轻男子，留着时尚的爆炸头，脸上挂着迷人的笑容。他旁边站着一个穿着无肩带上衣的妩媚女子。安德烈说，这是达伦和他的前妻。他们育有一女，不过女儿在得知父亲的消息后不久就死于心脏病发作，年仅十六岁，而她也是这个家族自格雷迪之后一连串死亡中的最后一个。

安德烈没有向我透露太多达伦与其女儿的关系。但他提到，在她下葬时，他安排将达伦的骨灰放在她的棺材里，现在他们永远在一起了。安德烈盯着照片看了一会儿。"我一直在试着，"他的声音哽咽着，"面对这一切"。然后他放下照片，拭了拭发红的眼睛，坚持把我送到停在外面的车边。

第二部分

# 屏幕背后

# 操纵杆战士

2006 年春，克里斯托弗·亚伦开始在弗吉尼亚州兰利市*反恐空中分析中心一间没有窗户的房间里值班，每次时长十二小时。他需要坐在一面挂满平板显示器的墙前，这些显示器会实时播放在遥远战区上空盘旋的无人机拍摄的机密视频。克里斯托弗发现，有些日子，屏幕上几乎没有令人感兴趣的内容，要么是因为乌云遮蔽了视野，要么是由于看得见的东西平淡无奇，甚至安详宁静，譬如山羊在阿富汗的山坡上吃草，当地人在做饭。其他时候，在他面前展现的是很违和的私密景象：无人机袭击后，遇难者的棺材被抬到街上；男子在饭后蹲在田里出恭（人体排泄物会产生红外热信号）；伊玛目在宗教学校的院子里对一群年轻男孩讲经。盯着屏幕的克里斯托

---

弗暗想，如果这时一枚"地狱火"导弹从天而降，伊玛目向其学生讲述的关于美国信仰之战的一切，就将得到验证。

无人机上安装了红外传感器和高分辨率相机，使人能够从远在弗吉尼亚的办公室里获取这些细节。但克里斯托弗了解到，确定谁是无人机打击的潜在目标，并不总是那么容易。监视器上的画面往往是颗粒状和像素化的，操纵者很容易把一个拄着手杖在路上艰难行走的平民误认成携带武器的叛乱分子。屏幕上的人，看起来与其说是人，不如说是无脸的灰色斑块。克里斯托弗对他们的身份到底能有多确定？对此问题，他的回答是："运气好的时候，如果天时地利人和，就会有一种强烈的感觉，我们看到的人就是要找的那个家伙。运气不好的时候，几乎就是靠猜。"

起初，对克里斯托弗来说，运气好的时候居多。他从不为长时间轮班和高压决策而烦恼，也不为从数千英里外跟踪甚至杀死目标的怪异感而困扰。尽管克里斯托弗和同事更多是在监视和侦察，而非协调打击行动，但有时他们会向指挥官通报在屏幕上看到的信息，比如"六十秒后，根据我们报告的内容，你会看到一枚导弹发射或不发射"。其他时候，他们会跟踪目标数月。他最初几次看到"掠夺者"无人机发射其挂载的致命武器时觉得很不真实：摄像机变焦趋近，激光锁定，导弹击中后形成的焦土升起一缕烟雾。但他也觉得这一幕令人惊叹，肾上腺素激增之余，他会与房间里的其他分析员击掌相庆。

　　克里斯托弗走上无人机操作的道路可谓非比寻常。他在马萨诸塞州的列克星敦长大，家中禁食红肉，更不许孩子玩内容暴力的电子游戏。他父母在 20 世纪 60 年代曾是投身反越战运动的嬉皮士。但克里斯托弗更崇敬自己的祖父，一个沉默寡言、临危不乱的老人，参加过第二次世界大战。克里斯托弗钟爱探险，喜欢锻炼自己身体的毅力，每年夏天一家人到缅因州度假时，他都会在森林中徒步。他还对要求军事化训练的运动（如摔跤）很着迷。就读于弗吉尼亚州的威廉玛丽学院期间，克里斯托弗主修历史，且作为天才运动员广受欢迎，也培养起了独立和冒险的精神。有一年的暑假，他曾独自前往阿拉斯加，在一艘渔船上当甲板水手。

　　2001 年的一天早上，已经念大三的克里斯托弗被父亲的电话吵醒，得知纽约世贸中心双子塔和五角大楼着火了。他立刻想起了自己的祖父。在珍珠港袭击事件后，祖父在欧洲前线当了三年的宪兵。他也想效仿祖父，在国难之际挺身而出。一年后，他在威廉玛丽学院的就业服务办公室看到了美国国家地理空间情报局的宣传册，随即向这家专门从事地理和图像分析的国家安全机构提出了工作申请。

　　从 2005 年开始，克里斯托弗在国家地理空间情报局担任图像分析师，起初研究的是与"反恐战争"无关国

家的卫星照片。入职后不久，他收到了一封群发的电子
邮件，说国防部正在成立一个特遣部队，旨在借助无人
机击败"基地组织"（al-Qaeda）。克里斯托弗响应了招募
志愿者的号召，很快就调入反恐空中分析中心工作。他
认为反恐战争是他这一代人的关键挑战，能够直接参与
其中令他感到兴奋。随着无人机的使用愈发频繁，特遣
部队发挥的影响越来越大，他的自豪感也与日俱增。

　　在特遣部队待的一年多时间里，克里斯托弗曾派驻
阿富汗数月，在那里担任兰利的无人机中心和地面特种
部队之间的联络点。此后，他还为一家私营军事承包商
工作过一段时间。2010 年，另一家参与无人机项目的私
营承包商邀请他担任图像和情报分析师。正当克里斯托
弗考虑对方开出的条件时，一些怪事发生了：他的身体
突然出了问题。除了头痛、夜间寒战、关节疼痛，每隔
几周还会复发一连串类似流感的症状。很快，更多衰弱
的症状出现了：一波又一波的恶心、皮肤溃疡、慢性消
化问题。克里斯托弗向来以自己的身体素质为傲，突然间，
他感到虚弱无力，根本无法为承包商工作。"我连合同都
签不了。"他说。每次他坐下来尝试签字，"我的手都不
听使唤——我发烧了，恶心得想吐"。

　　克里斯托弗回到列克星敦与父母住在一起，试着恢
复身体。他年仅二十九岁，却处于崩溃边缘。他说，"我
感觉非常非常不舒服。"克里斯托弗也咨询过几位医生，

但始终无法确诊。无计可施之下，他甚至尝试了禁食、瑜伽和中草药。最终，虽然健康状况有所改善，但他的情绪持续低落。克里斯托弗感觉了无生趣，整天笼罩在阴霾中。一到晚上，他就梦见自己近距离实时看到无辜的人被残害、杀戮，看到他们的身体被肢解，他们的脸在痛苦中扭曲变形。在一个反复出现的梦中，他被迫坐在椅子上观看暴行实施。每当他想转移视线，他的头就会被扭回到原来的位置，所以只得继续看下去。

克里斯托弗说，"就好像大脑在告诉我：这是你错过的细节。现在，请你在梦里好好看看"。

## 后果

就在克里斯托弗·亚伦进入无人机项目的几年前，从美国陆军退伍的埃里克·费尔申请到了在伊拉克担任审讯员的工作，并被分配到巴格达郊区的阿布格莱布监狱。入侵伊拉克后，美国占领军开始在那里关押被拘留者。2004年4月，一组泄露给媒体的照片曝光了大量被拘留者受到的残忍虐待。照片中，赤身裸体的囚犯被堆成金字塔状，被倒吊起来，或被拴着狗绳四处游荡，而美国士兵则面带微笑，竖起大拇指。这些照片让许多美国人震惊不已，也让小布什总统下不来台。尽管照片与其说法相互矛盾，但这位总统坚称，"我们不用酷刑"。费尔对此倒是见怪不怪。他虽然没有被指派在虐囚行为最严重的囚室工作，但也亲手实施过很多严厉惩罚。在一次审讯中，费尔将囚犯的头狠狠撞向墙。他还曾将其他被监禁者置于"压力姿势"＊，并目睹了"巴勒斯坦椅"之类的刑具使用——被拘留者会被捆绑在椅子上，身体向前推，双手放在背后。后来，身为长老会信徒的费尔出版了一本回忆录叫《后果》，描述了他回国后经历的信仰危机和挥之不去的噩梦。"我是个施虐者，"他写道，"我没有走出困境，也没有找到归路。我无法被救赎。我不相信自己会得救。"[1]

　　像费尔这样的施虐者用粗俗而直观的方式弄脏了自己的双手，这反过来又让许多美国人感到被玷污。相比之下，无人机项目中的飞行员和传感器操作员对着监视器屏幕进行"精确"打击，似乎要干净得多。正如记者马克·马泽蒂在其著作《美利坚刀锋：首度揭开无人机与世界尽头的战争》中指出的，远程遥控的杀人行为，似乎是"肮脏、面对面审讯的对立面"。[2] 在布什的继任者奥巴马的督促下，美国转变了酷刑审讯的政策。就职总统后，奥巴马决心减少美国对其他国家的军事介入，并改变"反恐战争"的道德基调——他很快弃用了这一

---

＊　一种酷刑方式，让囚犯伸直腿向前或跪着，双手铐在头顶上，身体后仰四十五度，长时间不准动。

容易被过度解读的说法。在第一个任期开始时，奥巴马签署了一项行政命令，禁止使用酷刑，并呼吁关闭关塔那摩监狱，那里的被拘留者遭受了"水刑"和其他所谓的强化审讯。然而在任期内，奥巴马也大幅增加了无人机实施的定点清除行动，在活跃冲突地区以外授权进行大约 500 次致命打击，这一数据是布什时期的十倍。

早些时候，当抓捕和审问恐怖嫌疑人的做法开始被秘密的"杀人名单"和针对性暗杀取代时，就连一些鹰派观察家也质疑美国是否知道正在杀害谁，以及公民是否了解以他们的名义所做事情的严重性。负责追捕本·拉登的中央情报局前官员理查德·布利告诉马泽蒂："每一次无人机袭击都是一次处决。如果我们要宣判死刑，就应该有公共问责，并就整个事情进行公众讨论。"[3] 在丘奇委员会*揭露了中情局和其他政府机构在冷战期间包括一系列暗杀企图在内的"非法、不正当或不道德"活动后，过去二十多年来，美国一直禁止有针对性的暗杀，并于 1976 年签署了行政命令加以明确。该规范能一直保持到 2001 年，既因为政策制定者了解这项命令，也出于法律和道德考虑。但是，如果像布利所坚持的，推翻这一规范是一件值得严肃讨论的事情，那么你将永远不会

---

\* 成立于 1975 年，是美国参议院情报特别委员会的前身，旨在调查政府的情报活动。

从公开辩论中知道这一点。无论是在奥巴马还是在其继任者唐纳德·特朗普的领导下，无人机战争升级几乎没有遭到国会或民众的反对。2016 年，特朗普在竞选时批评了扩张性对外干预，并承诺要结束这种干预。与此同时，特朗普明确表示，在他的领导下，美国进行法外处决将比在奥巴马任内更加不受约束，不仅要打击激进分子，也不会放过他们的家人。在特朗普执政的头两年，美国在也门、索马里和巴基斯坦（三个不宣而战的地区）发动的无人机袭击比奥巴马整个任期内的还多，阿富汗空袭造成的平民伤亡人数激增。美国军队指挥官还被允许自由打击更广泛的目标，其中包括伊朗将军卡西姆·苏莱曼尼，这位伊朗军方的二号人物于 2020 年 1 月 3 日遭美军"收割者"无人机发射的导弹袭击身亡。联合国法外处决、即决处决或任意处决问题特别报告员阿涅斯·卡拉马尔表示，此次定点清除违反了国际法，可能会开创一个令人担忧的先例。她说："很难想象，针对西方领导人的类似袭击不会被视为战争行为。"[4]

当卡拉马尔这样的人权卫士表示担忧时，公众却保持了沉默。"9·11 事件"后采用的严厉审讯方法引发了对酷刑和无限期拘留的道德问题的激烈辩论，无人机战争却几乎没有在公众讨论中出现过。对此的一种解释是，自越南战争结束以来，美国人距离以他们的名义进行的战争越来越远。如果在冲突肆虐的遥远战场上存在任何道德问题，公众很容易就会忽视。在极少数情况下平民确实会密切关注，就像布什时代关于酷刑的辩论，但愤怒和谴责也只针对个别犯罪者，而不是针对他们身处的制度。例如，在阿布格莱布虐囚案中，罪责落在了查尔斯·格拉纳和林迪·英格兰这样的低级别预备役军人身上，前者因虐待伊拉克被拘留者而被判处十年监禁，后者则被判处三年监禁并开除军籍。没有高级官员被追究责任。正如美国监狱中的暴行通常被描述为由少数虐待狂看守所为，美国军事行动中的暴力也可以归咎于个别害群之马，从而转移人们对战争制度的注意力，使其得以保持道德的正当性。

关于无人机项目的实质性辩论受阻的另一个因素是，该项目被重重秘密包裹。据美国官员称，无人机发射的激光制导导弹造成的附带损害极小，仅用于对国家安全构成"紧急威胁"且无法俘获的高级别目标。然而，就和无人机项目的许多秘密一样，死者身份并未向公众公开。哥伦比亚法学院"人权诊所"和"萨那战略研究中心"2017年联合发表的一份报告指出，自2002年以来，在巴基斯坦、索马里和也门发生的700多起无人机袭击事件中，美国政府只正式承认了20%。非政府组织曾要求对存在"平民伤亡和潜在非法杀戮的可靠证据"的袭击做出解释，但美国政府也没有回应。[5]

批准发动无人机袭击的标准，平民死亡的人数——

所有这些都被隐藏起来。据追踪美国无人机项目的伦敦独立机构"调查新闻局"称，从开始收集数据到 2020 年底，美国无人机袭击在官方承认的战区外造成的死亡人数介于 8 858 至 16 901 之间，其中包括多达 2 200 名平民。但这些袭击大多发生在记者无法进入的偏远地区，公众很少有所耳闻。美国政府官员用来描述无人机袭击的语言（"精准""外科手术式的"），强化了无人机已将战争变成不会流血的演习这一看法。

由于战争缺乏透明度，普通公民甚至无法了解美国轰炸了谁，以及为什么发动轰炸等基本事实。但也可以说，这种不透明性使公民不必过多考虑这场得到许多人默许的无休止作战行动。正如埃弗里特·休斯可能会指出的，遥控杀人行为获得了来自公众的"无意识授权"，借此解决美国上下面临的棘手问题：对"反恐战争"的幻想业已破灭，但公众未必希望放弃武力打击。尽管美国人被战争弄得筋疲力尽，但许多人已经习惯了这样一种想法，即美国可以在全球范围内行使其军事力量。他们可能还认为这是必要的，既可以保卫自身的安全，也可以投射美国的力量。

由于在无人机作战中不会有美国士兵面临死亡风险，忽视这种打击行动也就变得更加容易。与入侵伊拉克这样损耗数万亿美元和数千美国人生命的地面战争相比，无人机营造出一种诱人的前景，即只要按下某个按钮，恐怖主义就可以被彻底消灭。这是一场没有风险的战争，至少对美国人来说也不会有后果，这使"好人"很容易将定点清除这种肮脏的行径抛诸脑后。

一些分析人士认为，按下按钮的"操纵杆战士"也不会经历任何后果，因为距离和技术使战争失去了道德的严肃性，将杀戮变得像玩电子游戏一样轻松。借用欧文·戈夫曼的术语，无人机操作员与比尔·柯蒂斯这样的狱警和埃里克·费尔这样的军事审讯员不同，后者做的"事人工作"需要每天与"人体材料"互动。而无人机操纵这种与现实隔绝、不接触个人的案头工作，通过技术过滤，使参与者对其行为的后果失去敏感性。2010年，时任联合国法外处决、即决处决或任意处决问题特别报告员的菲利普·奥尔斯顿警告说，无人机操作员"远离战场数千英里，完全通过电脑屏幕和远程音频传输进行操作，有可能发展出一种类似玩电子游戏的杀人心态"。[6]

这一理论是合乎逻辑的，但其形成过程并非基于实际参与远程作战行动的无人机飞行员提供的信息。军事心理学家与图像分析师和传感器操作员谈论他们的经历，并发现了不同的情况。在一项调查中，赖特—帕特森空军基地航空航天医学院的研究人员韦恩·查普尔和莉莲·普林斯采访了141名参与远程作战行动的情报分析员和军官，评估他们对杀人的情绪反应。四分之三的受访者非但没有表现出无所顾忌的超脱感，反而出现了与杀人有关的消极情绪——愤怒、悲伤、悔恨。许多人在很长一段时间内（一个月或更久）经历了这些"负面的破坏性情绪"。美国空军进行的另一项研究发现，"杀伤链"*中的无人机分析员比地面作战的大多数特种部队接触了更多触目惊心的暴力——看到"房屋和村庄被摧毁"，看到人被活活烧死。

研究表明，对于盯着屏幕看的分析员来说，遥控杀人并不那么良心清白，而是肮脏且令人不安的，但在某些方面又有别于常规战争。无人机操作员从未踏上战场，没有接触过最近几场战争中经常导致退伍军人脑部损伤和创伤后应激障碍的路边炸弹，也就不会反复想起在巡逻的街道上引爆简易爆炸装置、悍马车被炸毁的惨痛经历。

那么，无人机飞行员到底经历了什么？一天上午，为了解情况，我参观了内华达州的克里奇空军基地。克里奇位于拉斯维加斯以北约64公里处，一丛丛山艾树和仙人掌环绕着狂风劲吹下的简易机场。该基地是900多名无人机飞行员和传感器操作员的大本营，他们操纵MQ-9"收割者"无人机执行任务。这里也有一个由随军

---

\* 通常指信息化战争中"发现、定位、跟踪、瞄准、交战、评估"六个步骤组成的闭环过程。

心理学家、牧师和生理学家组成的"人因绩效团队"。该团队旨在解决无人机项目中不断累积的压力和倦怠问题。

"人因绩效团队"的所有成员都拥有进入无人机飞行员工作的地面控制站所需的安全许可，部分原因是为了让团队成员能够对飞行员的工作有所了解。团队中一位名叫理查德的心理学家（和与我交谈过的大多数飞行员一样，他要求不透露全名）直言，工作两周后，当机组人员"准备打击"时，他也进入了地面控制站。作为前海军陆战队成员，理查德看到闪烁的监视器屏幕时，感到肾上腺素在上升。然后他忘记了这件事。几周后，他参加了儿子乐队的音乐会；当国歌响起，他抬头凝视星条旗时，回忆不期而至。"我抬头看着国旗，但我看到的是一具尸体。"理查德说。他很震惊，但他不能对家人说什么，因为那次行动是保密的。

可是操纵无人机的战士每天都穿梭于这样的边界。轮班结束后，无人机飞行员和办公室职员一样，独自开车各回各家。一分钟前，他们还在打仗；一分钟后，他们就要去教堂礼拜，或去学校接孩子。一名叫杰夫·布赖特的退役飞行员在克里奇工作了五年，他向我描述了这种转换令人手足无措的性质。"我刚刚向敌人头上投了炸弹，下班二十分钟后就收到一条短信：能在回家的路上买些牛奶吗？"他说。布赖特喜欢参与无人机项目，并相信自己做出了贡献，但他也告诉我，他所在部队的其他飞行员都在艰难应对压力；有人离婚，也有人自杀。

　　与办公园区的员工不同，由于保密限制，无人机操作员无法透露他们一天的工作情况。与普通士兵不同，他们无法得到在战斗区形成的团体凝聚力的支持。理查德告诉我，他在美国海军陆战队时，"能感受到深厚的友情和团队精神"。虽然无人机操作员可以和同事走得很近，但轮班结束后，他们回到家里，看到的是一个与战争越来越隔绝的社会。这种隔绝在克里奇尤为显著，基地周围的沙漠灌木丛很快让位于宣传拉斯维加斯现场表演秀和赌博胜地的广告牌，而许多服役人员都住在这座赌城。参观完基地一小时后，我在拉斯维加斯大道上闲逛，看着游客在百乐宫喷泉、豪客摩天轮等地标性建筑前自拍，然后前往一间间酒廊、夜总会、赌场和自助餐厅。浮华光景凸显了一个怪异的事实，即四十五分钟后，一场战争将以这些狂欢者的名义打响。

　　克里奇的无人机操作员回家之前，有的会顺便去"飞行员事工中心"，这是一座低矮的米色建筑，配有一台桌上足球机、几把按摩椅，以及飞行员和传感器操作员可以与牧师谈话的小房间。一位叫扎卡里的牧师告诉我，他接触到的飞行员最沉重的负担不是创伤后应激障碍，是内心的冲突让他们的良心沉重。其中有一名飞行员曾这样问他："我只是好奇，对于我实施的杀戮行为，上帝会说些什么？"尽管距离战场很远，但无人机操作员经常暴露于屏幕上"令人心痛的"景象面前，有时是他们瞬间做出的决定直接导致的，有时则源于他们的无能为力。这些景象可能会导致他们丧失精神承受力，并更容易遭受一种截然不同的战争创伤。扎卡里将其描述为"道德伤害"。

这个术语并不新奇。它首次出现在精神病医生乔纳森·谢伊于1994年出版的《越南的阿喀琉斯》中，该书引用荷马史诗《伊利亚特》，探讨了越战退伍军人所受创伤的性质。谢伊将《伊利亚特》解读为"阿喀琉斯人格毁灭的故事"，当指挥官阿伽门农背叛了阿喀琉斯关于"什么是正确"的认识，引发了幻灭和"做他自己认为不好的事情"的欲望时，阿喀琉斯的人格就发生了变化。可能有人会认为，经历这种幻灭不像遭受枪击或目睹战友死亡那样痛苦。谢伊对此并不认同。他写道："我将通过对越南退伍军人的研究来证明，道德伤害是战斗创伤的重要组成部分。只要'什么是正确'的认识没有幻灭，退伍军人重返平民生活后，通常可以从恐惧和悲伤中恢复过来。"[7]

"9·11事件"后，"道德伤害"一词开始在关于战争精神创伤的文献中频繁出现，但含义略有不同。谢伊强调的是权威人物对正义的背叛，而一个新的研究小组扩大了关注对象，将"实施、未能阻止或目睹了违反内心深处道德信仰的行为"导致的痛苦包括在内，正如2009年《临床心理学评论》期刊上的一篇文章指出的。[8] 换言之，道德伤害是士兵们在战争中因实施或目睹有害行为而背叛自己时所受的创伤。这一定义是在伊拉克和阿富汗战争的背景下形成的。在这些混乱的战斗中，士兵们很难区分平民和叛乱分子，交战规则也相当模糊而易变。

《临床心理学评论》上那篇文章的作者之一是希拉·马根。这位研究员在波士顿一家创伤后应激障碍诊所为退伍军人提供咨询时，开始思考战争的道德负担。与大多数退伍军人事务的心理学家一样，马根接受过专门训练，专注于创伤恐惧的余波，创伤可能源于简易爆炸装置炸毁士兵的悍马车，或是小规模冲突导致战友死亡。现在一般认为，创伤后应激障碍与此类"生命威胁"事件之间存在因果联系。然而，在她观察到的许多案例中，退伍军人痛苦的根源似乎在别处：不是侥幸逃脱敌人的袭击，而是他们目睹或实施了逾越自身道德底线的行为。

当然，并非只有士兵才会冒这种风险。我在戴德惩教所采访的心理咨询师都在与他们目睹但未能阻止的恐怖事件有关的内心冲突作斗争。"她是什么样的人？"洛维塔·理查德森看到囚犯被铐在椅子上殴打却没有干预后，不禁扪心自问。"为什么我没有多做一点？"哈丽特·克日科夫斯基在了解"淋浴疗法"后问自己。我采访过的许多狱警都提到，他们做了自己知道不应该做的事情，比如比尔·柯蒂斯曾把一名男子摔倒在地，差点把后者的头骨磕碎。任何在工作中"实施、未能阻止或目睹了违反内心深处道德信仰的行为"的人，都有遭受道德伤害的职业危险。对大多数干脏活的人来说，情况便是如此。

在为退伍军人提供咨询时，马根对杀人造成的情感伤害特别感兴趣。战斗中的士兵自然可以杀人，但在波及没有自卫能力的平民时，杀戮便不再被认可。她告诉我："我听到有人谈及自己杀人的经历，他们以为自己做出了正确的决定，却发现被无人机炸毁的车里坐着一大家人。"为了弄清杀人引发的道德负担到底有多重，马根开始对数据库进行梳理，其中可以追溯到对越南战争退伍军人的调查，他们被问及服役期间是否曾杀人，某些士兵还被问及杀害了哪些人：是战斗人员或战俘，还是平民。马根想知道杀人与酗酒、关系问题、暴力爆发、创伤后应激障碍等不良后果之间是否有关系。结果是惊人的：她发现，即使剔除了不同的战斗经历这一因素，杀人也是多种心理健康症状和社会功能障碍重要的独立预测因子。[9]

后来，马根在旧金山的一家退伍军人医院管理精神健康诊所时，召集了几组退伍军人聚在一起，谈论他们曾经实施的杀戮行为。和在军队时一样，这依然是一个禁忌话题，临床医生也只得尽可能委婉地提及。为了缓解紧张气氛，每次治疗开始时都会播放一部纪录片中的场景，其中一名老兵说："在那里，要么杀人，要么被杀。没有什么能真正帮你应付战争。"之后，马根会向房间里的退伍军人提出一系列问题，以了解杀人如何影响他们的生活。一些人愤怒地回应。其他人则保持沉默。但许多人抓住机会，谈论他们因为害怕被指责而从未与任何人（甚至是配偶和家人）说过的可怕经历。马根小组中的退伍军人没有谈论太多与创伤后应激障碍相关的恐惧和过度警觉。大多数情况下，他们表达了自我谴责和内疚。"你会为自己的所作所为感到羞愧。"其中一人说。其他人则称自己不值得被宽恕和被爱。马根发现，时间的流逝或地理上的距离并没有削弱这些感觉。她讲述了一个无人机飞行员的故事，此人被自己投向远方受害者的炸弹所困扰。事实上，困扰他的正是与受害者之间的距离——他不是与敌人展开公平的战斗，而是以一种缺乏勇气的方式杀人。显然，并非所有无人机飞行员都有这种感觉。但这个故事强调了马根的观点——在造成道德伤害方面，比距离的远近更重要的是退伍军人对自己所作所为的理解。她说："你如何概念化自己的所见所闻和所作所为，会产生很大的不同。这才是问题的关键。"

　　与创伤后应激障碍不同，道德伤害不是医学诊断，这个词试图捕捉战争的磨难对人的身份认同和道德品质有何改变。这也是它为何会引起退伍军人的共鸣，因为他们不认为自己的创伤可以被简化为医学疾病。"创伤后应激障碍作为一种诊断，往往会使退伍军人的不安情绪非政治化，将其转化为精神障碍。"泰勒·布德罗如是说。这位海军军官曾在伊拉克服役，回国后对战争的道德性产生了怀疑。"'道德伤害'一词最有用之处在于，它将问题从精神健康专业人员和军方手中转移，并试图将其置于其所属的地方——社会、社区和家庭，而这些才是应该提出和争论道德问题的所在，从而将'患者'重新变为公民，将'诊断'转变为对话。"[10]

　　并非所有人都欢迎这种转变。"道德伤害"的含义和严重程度仍有争议。赖特-帕特森空军基地航空航天医学院的韦恩·查普尔告诉我，"这不是一个被军方或心理学界广泛接受的术语"。他还补充说，他认为无人机操作员也同样如此。这有点令人惊讶，因为查普尔参与撰写的研究报告揭示，许多无人机战士在执行打击后都会与未纾解的负面情绪作斗争，感到"矛盾、愤怒、内疚、后悔"。但也许这并不那么令人惊讶。战争可能会对道德造成伤害这一观点，对军队中的许多人来说是种指责和威胁。查普尔有力地将道德伤害描述为"故意做你认为不正确的事情"，比如在阿布格莱布监狱肆意虐待囚犯。马根等研究人员所用的定义则更加平实，但对军方来说，可能也更具颠覆性：士兵在做指挥官和社会要求他们做的事情时，会受到道德伤害。

## 道德危机

我见到克里斯托弗·亚伦时，他已经花了几年时间从无人机项目的痛苦经历中恢复过来。在离他当时的住处不远的一家酒吧里，我们初次见面便聊了很久。克里斯托弗三十多岁，浓密的黑发梳成马尾辫，举止间透着一种平静的、禅宗般的气质，这是通过瑜伽和冥想磨炼出来的。但他的眼睛里依然流露出担忧，声音里有一定的谨慎，特别是当被问及具体任务的细节时（他告诉我，自己不能谈任何机密的事情）。在酒吧里，我们聊了两个小时，并约好第二天午餐时继续对话，以便他有充分的时间调整好。第二天，就在我动身赴约时，手机响了。克里斯打来电话，要求另定时间。前一天会面引发的焦虑，加重了他夜间背部的疼痛。

无人机项目中的一些分析师立即意识到，他们的工作留下了情绪残余。就克里斯托弗而言，他对"反恐战争"的强烈支持逐渐被怀疑取代，世界观也发生了转变。现在回想起来，这种逐步出现的幻灭是从阿富汗回来几个月后开始的。尽管他为参与无人机项目感到自豪，但也开始怀疑战争目标何时才能实现。就在这个时候，经理问他是否想获得中央情报局常驻人员的身份，而成为职业情报人员需要接受一项用于筛选员工的测谎仪测试。克里斯托弗同意了，但在测试进行到一半时，他的手臂突然麻木，感觉被对方的问题吓坏了，于是突然起身离开现场。第二天，克里斯托弗告诉经理，自己决定放弃。

克里斯托弗后来去了加州旅行，租了一辆摩托车，沿着海岸线一直骑到阿拉斯加，他在那里一座小岛上的修道院待了一周，睡在被云杉树环绕的木制小教堂里。克里斯托弗一家信奉东正教，而这段经历再次坚定了他的信仰。回到东海岸时，他感到精神焕发。但因为手头拮据，他不得不在他认为唯一会雇用自己的公司申请了一份工作。这是一家参与无人机项目和阿富汗战争的军事情报承包商。

事到如今，克里斯托弗的理想主义早已不复当年。2008 年底，当承包商派他再次前往阿富汗时，他的理想主义进一步破灭。他第一次去那里是在 2006 年，当时"反恐战争"似乎在加速击溃基地组织和塔利班。现在，在克里斯托弗看来，局势停滞不前，甚至还在倒退。尽管无人机的打击次数比以前"高出四五倍，但我们实际上正在失去对该国广大地区的控制"，他说。奥巴马总统领导下的战争升级已经开始。

克里斯托弗前往阿富汗时，随身带着乔治·奥威尔的名著《一九八四》。他在高中时读过这本书，和大多数人一样，他记得这是一本关于极权主义警察国家的反乌托邦小说。这一次，他脑海中浮现的是小说中的抵抗运动领袖艾曼纽尔·果尔德施坦因写的《寡头政治集体主义的理论与实践》。在该书中，果尔德施坦因描述了一场由"训练有素的专家"在大洋国"模糊的边界"发动的"持续"战争，这是一场不透明的、低强度的冲突，其主要目的是攫取资源并使冲突永久化。（果尔德施坦因评论道："发动战争的目的总是为了更好地发动下一场战争。"）[11]克里斯托弗有一种奇怪的感觉，那就是"反恐战争"正在变成一场持久战。

随着幻灭感加深，克里斯托弗之前认为战争中不可避免的事件，开始对他产生更大的影响。他回忆起那些图像"太过粗糙或不连贯"，根本无法准确判断打击目标。他记得曾与同事开玩笑说："我们有时都不知道自己看到的到底是一群孩子还是一窝小鸡。"克里斯托弗还回想起，有人要求他"对他们怀疑的一个大院进行评估：在该国偏远地区有一位身份待定的塔利班低级别指挥官。在过去的两三天里，我们也看到其他人进出同一大院。他们过来说，'我们准备在那里投炸弹。除了那位塔利班指挥官之外，院子里还有其他人吗？'我只能说没有，因为他们不想听'我不知道'。两天后，当人们在街上举行葬礼时，我们可以通过"掠夺者"无人机观察，结果看到，送葬队伍抬着三具棺材，而不是一具"。

克里斯托弗并没有向其他人透露自己的疑虑，但朋友们注意到了他的变化，其中包括克里斯·穆尼。2009年克里斯托弗从阿富汗回来时，是他在机场接的机。穆尼和克里斯托弗从大学就一直是朋友，而那时的克里斯托弗自信热情，光彩照人。"他很有人格魅力"，穆尼说，他依然记得两人一起公路旅行时，克里斯托弗的精力和自信有多让他惊讶。然而，在机场，穆尼几乎认不出自己的朋友。克里斯托弗面如死灰，仿佛带着严肃的面具。他们去吃晚饭，其间一名顾客无意中听到了他们的谈话，走到克里斯托弗面前感谢他为国家做出的贡献。穆尼说，克里斯托弗向那人道谢，但语调平淡。穆尼没有刨根问底，但他知道事情很不对劲。"简直判若两人。"他说。

重新关注道德伤害，这种努力旨在审视一直潜伏在我们战争叙事中的道德问题，并解决退伍军人和情报分析员在"反恐战争"开始之前就意识到的创伤根源。退役陆军中尉戴夫·格罗斯曼曾任西点军校心理学教授，他在1995年出版的《论杀戮》颇具影响力，书中引用了历史研究和前战斗人员的个人叙述，认为杀人的心理代价往往是毁灭性的。退伍军人写的小说和回忆录中充满了被杀人事件困扰的人物。例如，在蒂姆·奥布赖恩的《士兵的重负》中，叙述者坦言无法忘记自己如何用手榴弹把越南人炸得支离破碎，身体摊在人行道上，鲜血从脖子上汩汩流出。后来，叙述者表示，他其实并没有杀死那个人，但的确在原地看着对方死去，"我的在场就足以让我深感负罪"。[12] 文学可以唤起内心的冲突，并在良心不安的退伍军人脑海中循环。

20世纪70年代初，一些精神科医生在反战越南退伍军人（VVAW）组织的"讨论小组"中听取士兵谈论此类事件。在这之前，罹患精神创伤的士兵往往被军方视为懦夫和装病者。（"二战"期间，乔治·巴顿将军曾在医院厉声斥责一名士兵："你发神经，见鬼，你就是个该死的懦夫。"[13]）耶鲁大学精神病学家罗伯特·杰伊·利夫顿曾旁听"讨论小组"的活动，并在1973年出版的《战争归来》中描述了杀人和暴行的毁灭性后果，他努力将这些退伍军人重新塑造成值得同情的形象。利夫顿认为，讨论小组的参与者并非因为胆怯，而是为卷入了一场可鄙的战争而感到内疚和愤怒，"这是一场肮脏而不可估量的战争"，他们从战争中归来，"在派遣他们的人和他们自己眼中，都是被玷污的……"道德和政治困境跟越南退伍军人的精神创伤密不可分，利夫顿进而提出，旨在结束战争的反战运动可以减轻他们的内疚感，促进康复。[14]

20世纪80年代，《精神障碍诊断与统计手册》（DSM）正式收录"创伤后应激障碍"，许多人希望借此引导社会公众更诚实地反思战争引发的道德混乱。创伤后应激障碍最初定义的潜在症状中，不仅包括幸存者的内疚感，还有对"生存所需行为"（即士兵违背自身道德准则的行为）的内疚。[15]然而，随着时间的推移，军事心理学家将注意力转移到了迫击炮袭击和路边炸弹造成的脑损伤上，正如大卫·莫里斯在《罪恶时刻》一书中指出的，像利夫顿这样的改革派提出的道德问题被简化为"临床医生执业手册中的注脚"。[16] 原因之一可能是，关注此类伤害以及使退伍军人成为受害者的有害行为，对军队的威胁较小。另一个原因是，负责退伍军人事务的临床医生没有接受过应对退伍军人道德痛苦的培训，"可能会在不知不觉中通过非语言暗示，表明战争中的各种不作为或行为太过恐怖或令人憎恶"，2009 年《临床心理学评论》发表的一篇关于道德伤害的文章如此指出。[17] 对于从伊拉克和阿富汗返回的军人来说，这种对话尤其难以避免，因为他们卷入的镇压活动经常涉及近距离杀戮和非战斗人员。这篇文章的作者、波士顿大学临床心理学家布雷特·利茨表示，"最近的一项研究指出，导致士兵寻求创伤后应激障碍治疗的事件中，约有 35% 是道德伤害事件"。

无人机项目的创建似乎意味着，士兵们有望免于高强度（和高危险）的近距离作战。但是，远距离作战可能会引起其他方面的不安。在常规战争中，士兵向有能力回击的敌人开火，他们冒着生命危险杀人。当风险完全是一边倒、战场上盛行的生存法则（"要么杀人，要么被杀"）不再适用时，会发生什么？美国空军退役飞行教官兼指挥员谢恩·里扎在他的《无心杀人》一书中引用了法国哲学家加缪的名言："除非你准备赴死，否则你不得杀人。"[18] 里扎断言，无人机行动不会使战士死亡和受伤，从而将他们变成了暗杀者，这是一种被剥夺了荣誉感的战争形式。退役陆军上校、曾担任科林·鲍威尔参谋长的劳伦斯·威尔克森也持这种观点，他担心远程作战会侵蚀"战士伦理"，即战斗人员必须对应承担一定的风险。他说："如果一方或另一方的战士完全免于伤亡，能够不停杀人，他就是杀人犯。因为你杀的不一定是想杀你的人，而且在杀人时绝对不会受到伤害。"

与常规士兵不同，无人机操作员没有资格获得"铜星勋章"或饰有"英勇"（valor）首字母的战斗徽章。2013 年，时任国防部长莱昂·帕内塔宣布，将向为国防做出重要贡献的远程作战操作员颁发特殊的"杰出战事勋章"。这项提议引发了退伍军人的大量报怨，一些人将此奖章斥之为"任天堂游戏"奖章。面对强烈反对，军方搁置了该计划，最终同意授予这些网络战士饰有"远程"（remote）首字母的徽章。这些负面反应揭示了军队内部和整个社会的看法，即无人机项目中的"操纵杆战士"不如真正踏上战场、冒着生命危险的士兵那般光荣和勇敢。这也显出一种讽刺意味，使"操纵杆战士"地位低下的正是无人机战争吸引政客和公众的原因：它使美国能够在其他国家开展致命的军事行动，却无需面对造成额外伤亡的风险。在伊拉克和阿富汗的持久冲突损失了数千亿美元和数千条生命之后，远程杀人的无人机操作员在很大程度上成为美国社会的代理人，公众希望军事行动造成的本国人员伤亡和经济成本最小化。

弗吉尼亚州兰利空军基地是第480情报、监视与侦察（ISR）联队的所在地，该联队总计部署有六千多名网络战士。他们在被称为作战指挥室的地方工作，这里灯光昏暗，配备了大量显示器，播放着无人机在众多战场上空盘旋的画面。许多列坐在屏幕周围的士兵都是二十多岁；如果不是穿着军靴和迷彩服，他们可能会被认为是股票交易员或谷歌公司的员工。但他们做出的决定会带来更严重的后果。根据一个空军随军研究小组对三个不同基地的调查，近五分之一的情报、监视与侦察分析员说他们"感到自己对敌方战斗人员的死亡负有直接责任"的次数超过了十次。一名分析员告诉研究人员："我们中的一些人看过、读过、听过成百上千次血淋淋的事件。"

调查发现："总的来说，负责远程情报、监视与侦察的人员对自己的使命，尤其是对成功保护美军和联军感到自豪。"但许多人同样遭受着情绪麻木、与亲友难以相处、失眠，以及"与任务相关事件的侵入性记忆"等不良症状。

在克里奇空军基地，军方开始采取一些措施来缓解分析员的压力：缩短轮班时间，使用柔光灯，配备随军牧师和心理学家。但随着无人机在打击"伊斯兰国"和其他敌人的战斗中扮演越来越重要的角色，情报、监视与侦察分析员的工作量也增加了。在我拜访期间，担任该部队军医处长的卡梅隆·瑟曼中校称，2013年至2017年年中，美国中央司令部公开承认的导弹袭击数量大幅上升，但无人机部队的规模保持不变。他说："同样数量的飞行员执行同样小时数的任务，但生死攸关的决定数量却增加了十倍，所以他们的工作当然会更加困难。你会经受更重的道德负担。"

坐在我对面的瑟曼华发早谢，态度直率。这间会议室没有窗户，墙上挂满了远程作战飞行中队的海报。在场者还有心理学家艾伦·奥格尔，他参与撰写了第480联队的调查报告。奥格尔说，该联队的成员在创伤后应激障碍量表上"得分不高"，因为很少有人遭遇过路边炸弹和其他所谓的生命威胁事件。他告诉我，更折磨他们的似乎是某种"道德伤害"。

情报、监视与侦察联队的两名成员向我描述了工作如何改变了他们。史蒂文有着一张孩子气的脸和一双多愁善感的眼睛，他来自南方的小镇，高中毕业后就直接参军了。他告诉我，四年后自己对死亡的消息不再有情感波动，即使在非常亲密的祖母最近去世之后也是如此。不断接触杀戮使他麻木。史蒂文说："你看到的死亡比你在生活中看到的正常事物还多。"在作战指挥室，他目睹了"伊斯兰国"犯下的累累暴行。在一次任务中，他在一个能见度很高的日子里监视一个大院，只见十名身穿橙色连体衣的男子被押到外面，排成一排，一个接一个被斩首。史蒂文说："我看到了血，我可以看到人头滚落。"然而最终，最令他困扰的不是见证敌军的恶行，而是自己做出了具有致命后果的决定。即使目标是恐怖分子，"夺走另一条生命仍然很诡异"，他说。距离并没有减轻这种感觉。"即使隔着屏幕，但杀戮仍在发生，而且是因你而起。"

另一名前无人机操作员告诉我，屏幕会出乎意料地放大与目标的亲近感。在一篇未发表的论文中，他将这种现象称为"认知的战斗亲密感"（cognitive combat intimacy），一种通过高分辨率图像密切观察暴力事件而形成的关系依恋。在一个段落中，他描述了这样的场景：一名操作员实施空中打击，炸死了"恐怖分子的帮凶"，但放过了对方的孩子。之后，"孩子走到父亲的残骸旁，将尸体残块拼成人形"，这令操作员惊骇万分。随着时间的推移，无人机的技术得到了改进，这使得执行此类打击在理论上更加容易，但也使远程战士目睹的场景更加鲜活、更有冲击性。该论文总结道，操作员越是注意到打击目标的日常生活，比如穿衣服、吃早餐、和孩子玩耍，承受"道德伤害的风险"就越大。

希拉·马根的发现与这一观点相呼应。在一项研究中，她发现杀害过战俘的越战老兵心理创伤率特别高。马根认为原因是受害者对他们来说并不陌生。"如果受害者是战俘，你会了解他，"她解释道，"与他形成某种关系。你在观察他，与他交谈。可能对于无人机操作员来说也是如此，他们很了解打击对象：他们观察过这些人，所以存在某种不同的亲密关系。"

对克里斯托弗·亚伦来说，他最难接受的是，自己内心曾享受过这种可怕的力量——在某种程度上，他觉得杀戮很令人兴奋。在随后的几年里，随着情绪日益低落，他退出了无人机项目，陷入笼罩着羞愧和悲伤的长期消沉之中，对朋友避而不见，对亲密关系失去兴趣。他告诉我，自己一直在自杀的边缘挣扎，并努力正视自身遭受的深重创伤，这种反思直到2013年才真正开始，当时他前往位于纽约莱茵贝克的欧米茄学院，参加由一名越战退伍机枪手主持的退伍军人静修会。

静修会期间阴雨绵绵，这样的天气恰好与克里斯托弗阴郁的心情吻合。小组讨论也不令人振奋，退伍军人在谈论他们的困境时会当众哭泣。但自从离开无人机项目以来，克里斯托弗第一次感到不必掩饰自己的真实感受。每天早上，他和其他退伍军人会一起冥想，开始新的一天。午餐时，他们并排吃东西，这种做法被称为"保有空间"。晚上，克里斯托弗沉沉入睡，不再做噩梦。这是多年来他睡得最安稳的时候。

在欧米茄学院，克里斯托弗与一名来自明尼苏达州的越战老兵成了朋友，日后还邀请对方去缅因州。2015年秋天，在朋友的建议下，克里斯托弗参加了波士顿退伍军人和平分会的一次会议。此后不久，他先是与该组织的成员、后来在和平活动人士组织的跨宗教会议上谈论自己在无人机袭击后目睹的葬礼游行，出殡队伍中的棺材比他预期的要多。挖掘这些记忆是痛苦的，有时他的身体会变得十分僵硬。但这也是一种治疗，一种将他与更大社群联系起来的社会交往形式。

在一次跨宗教会议上，克里斯托弗提到，他和同事们过去常常怀疑自己是在玩"打地鼠"游戏，杀死一名恐怖分子，又看到另一名恐怖分子出现在原地。他逐渐将无人机项目视为一场无休止的战争，其短期的"成功"只会在长期内播下更多仇恨，并将资源转移给从无人机项目中获利的军事承包商。在其他场合，克里斯托弗谈到了"责任的分散"，即无人机项目涉及一连串的机构和决策者，很难知道每个参与者都做了什么。他怀疑，这正是军方想要的方式，使定点清除行动得以进行，而任何人都不会感到自己有责任。然而，与之相反，克里斯托弗感到过度的悔恨和罪责，他确信定点清除很可能使事情变得更糟。

克里斯从谈论自己的经历中得到的解脱，对彼得·约曼斯来说并不陌生。这位临床心理学家曾与希拉·马根一起接受培训，并对道德伤害采取了基于分享见证的实验性治疗。治疗最初是在退伍军人每周的例会上进行的，十周后，参与者邀请社区成员参加了一个公开仪式。约曼斯告诉我，治疗的一个目标是帮助退伍军人卸下羞耻心的负担。另一个目标则是把他们变成道德代理人*，向同胞传达战争真相，从而扩大承担道德责任的对象范围。

约曼斯在费城退伍军人医疗中心工作，一天晚上，我前往该中心三楼的一个小教堂参加了仪式。教堂的舞台上坐着一些退伍军人，其中有一名身材矮小、棕色胡须蓬乱的男子，他闭着眼睛坐着，双手交叉放在膝盖上。他的名字叫安迪。当被邀请发言时，安迪告诉听众，他在一个暴力的家庭中长大，因为目睹哥哥和妹妹遭受虐待，他萌生了"保护无助者"的渴望。高中毕业后，他应征入伍，被派往伊拉克担任情报人员。一天晚上，他在位于"逊尼派三角地带"†的萨马拉附近执行任务时，从一栋房子的二层窗户爆发出一连串枪声。安迪说，他"呼叫空中部队"对其进行打击。当烟雾从被夷为平地的房屋中散去时，里面并没有定点清除的目标。"我看到的是十九个男人、八个女人和九个孩子残缺不全的尸体，"安迪强忍着泪水说，"有面包师和小商贩，大男孩和小女孩"。

---

\* moral agent，或译为"道德行为者"。

† 位于伊拉克巴格达西北部，主要由逊尼派阿拉伯人居住，以巴古拜、拉马迪、费卢杰三个城市为基点。

"我几乎每天都会重温这段记忆，"他继续说道，"我向你们坦白这一现实，希望能得到救赎，让我们都对战争真正的代价感到惊畏。"

安迪回到椅子上无声啜泣，小教堂里陷入死一般的寂静。与约曼斯共同主持每周例会的一神普救派牧师克里斯·安塔尔邀请听众围绕发言的老兵组成一个圆圈，向他们传递和解的信息。几十人走上前，手拉着手，跟着安塔尔念诵道："我们把你们送上危险的道路，我们把你们置于可能发生暴行的地方。你们看到的一切，你们所做的一切，你们未能做到的一切，我们都将一同承担。"之后，听众再次被邀请上前，这一次拿着老兵们在仪式开始时放在银托盘上的蜡烛。安迪的托盘上有三十六支蜡烛，每支蜡烛代表一名在那次空袭中丧生的人。

在会后的晚餐中，约曼斯和安塔尔告诉我，他们认为听众参与仪式至关重要。社会对战争愈发袖手旁观，使安迪这样的退伍军人不得不独自承担战争的代价，这加剧了道德伤害。安塔尔补充说，在他看来，要想解决道德伤害问题，就必须认识到美国的军事行动不仅伤害了士兵，也伤害了伊拉克和其他国家的平民。

对安塔尔来说，让平民也意识到道德责任，既是一项宗教使命，也是个人的使命，因为他本人在阿富汗担任随军牧师的时候也受到了道德伤害。他在坎大哈机场参加了将阵亡美国士兵灵柩装上飞机的仪式，注意到无人机在远处起降，感到良心的颤动。当安息号吹响时，阵亡士兵的名字被郑重宣布，而无人机战役的受害者身份则秘而不宣。这之间的对比让他很不安。安塔尔告诉我："我觉得有些不对劲。"2016年4月，他辞去了军官职务，在写给奥巴马总统的一封公开信中解释说，自己不能支持"不负责任的杀人"政策，该政策赋予行政部门"以秘密理由随时随地杀人"的权力。在后来提交给哈特福德神学院的博士论文中，安塔尔反思了秘密无人机计划和对特种作战部队日益依赖造成的"道德危机"，认为这使平民"对以他们名义实施的暴力了解更少、承受的风险更小，也更漠不关心"。因此，他写道："退伍军人往往承受着社会宁愿忽视或忘记的痛苦。与此同时，美国军队几乎遍布所有国家，拥有前所未有的拨款和杀伤能力。"[19]

　　无人机项目的保密性，使公众从服役人员那里更多了解其所见所为变得更加重要。但这也使服役人员在分享他们的故事时面临更大的风险。律师杰西琳·拉达克为涉嫌侵犯国家安全的吹哨人提供法律援助，她告诉我，她代理的几名前无人机操作员因谈论自身经历而遭到报复（其中一名客户在镜头前与电影制片人交谈后，联邦调查局对他的房子突击搜查，并展开了刑事调查）。克里斯托弗·亚伦开始公开谈论自己的过去时便联系了拉达克，担心同样的事情也会发生在自己身上。最初，什么也没有发生。但2017年6月，他的电子邮箱遭遇黑客入侵，一连串匿名威胁涌进收件箱。这些充满敌意的信息称克里斯托弗为"人渣"，并警告他"闭上大嘴巴"，同时也发送给了他的父亲。接二连三的威胁最终促使克里斯托弗聘请律师，试图查明骚扰的幕后主使（与他共事的律师专门从事网络诽谤相关业务），并联系了联邦调查局和警方。

这次经历让克里斯托弗感到震惊，但并没有阻止他继续公开谈论自己的经历。有一次，克里斯托弗被邀请在名为"无休止战争的忠实见证人"的活动上发言。这场活动在宾夕法尼亚州兰斯代尔市一所门诺派高中的校园里举行。小礼堂的舞台上挂着一条用来纪念无人机行动的百纳被。被子上总共有三十六块补丁。每一块补丁上都写着一个死于美国无人机袭击的受害者姓名。克里斯托弗穿着棕色外套，表情肃穆地走向讲台。他伸手调整话筒，感谢活动组织者邀请他讲述自己的故事。在分享之前，他要求听众"为我杀害或协助杀害的所有人"默哀片刻。

# 5

## 另外的百分之一

如果说克里斯托弗·亚伦投身无人机项目是出于理想主义，希瑟·莱恩博的理由则更为实际。对她来说，军队不是什么事业，更像是救命稻草，是一张单程票。她担心若非如此，自己势必陷于困境，苟且余生。

希瑟出生于宾夕法尼亚州的哈里斯堡，在那里一直生活到六岁，直到父母风雨飘摇的婚姻以苦涩的破裂画上句号。之后，她与双胞胎妹妹跟随母亲辗转于一系列临时住所，最终定居在宾州的莱巴嫩，一个被玉米地和奶牛场包围的小镇。与伯利恒和艾伦敦一样，莱巴嫩的钢铁厂也曾兴盛一时。等到希瑟的家人迁居于此时，外国的廉价进口商品已经彻底摧毁了当地的钢铁行业。原来的工厂变成了刺目的废弃荒地，围着一圈篱笆，两侧是贯穿小镇的铁轨。除了钢铁之外，该镇最有名的特产是黎巴嫩香肠，一种深色、用果木熏制的熟食，广受欢迎。

有一年除夕夜，当地人灌制了一根长约3.66米、重约90公斤的黎巴嫩香肠，吊到空中加以展示。还有一年，一个摄制组专程前来，深入其中一家熏制工坊，向观众展示了黎巴嫩香肠的生产过程。该系列节目的名称好巧不巧，正是"脏活"。

几家小餐馆，一些大卖场，乡村公路穿过周围的田地，消失在农村的腹地：这就是莱巴嫩和邻近几个县的全部了。希瑟是一个富有想象力的孩子，会写诗，很早就对艺术萌生了兴趣。对她来说，小镇沉闷乏味，实属穷乡僻壤。她觉得自己是个怪胎。在当地高中，希瑟和妹妹被同龄人无情地嘲笑，那些都是开拖拉机、听乡村音乐的农家孩子。希瑟更钟情于垃圾摇滚和朋克摇滚的狂吼呐喊，狂野的旋律承载着她的敏感不安和深入骨髓的疏离感。

如果换个成长环境，或者换作另一种家庭出身，希瑟最终可能会读一所小型文理学院来缓解她的孤独。然而，从小家里总是入不敷出，对这个女孩来说根本无从选择。高中毕业后，她在镇上的一所社区大学短暂就读，选修了艺术专业，但很快发现这纯粹是在浪费时间（课程质量几乎没有比高中好多少）。她还在当地一家酒吧找到了服务员的兼职，并在那里遇到了她的男友，一名海军老兵，也是酒吧的常客。当对方邀请她搬去一起住时，希瑟认为自己时来运转，决定抓住这个机会。"我当时想，

'噢，太好了。'"她回忆道。几个月后，男朋友醉醺醺地回家，让她立刻滚出去。

破碎的恋情让希瑟心碎，更让她害怕：她怕永远被困在凋敝的小镇，在糟糕的关系和没有前途的工作中无限循环。一天早上，正是这种恐惧让她驱车前往附近的一家露天购物中心，那里有征兵中心的柜台。

在希瑟对未来的憧憬中，参军从未占据一席之地，但她急于换个环境，并希望能改变命运。她最初的计划是加入前男友曾服役的海军，认为这样就能被派往遥远的异国他乡，但不巧，那天海军服务台后面没有人。她转而与空军的招募人员聊了好久，后者邀请她成为可部署地面站的图像分析师。希瑟不知道这意味着什么，但听起来令人心驰神往。在军队职业能力倾向测试（ASVAB）中获得高分后，她被分配到得克萨斯州一个酷热的情报基地，负责分析"收割者"和"掠夺者"等无人机馈送的信息。2009年1月，她被调到位于内华达山脉山麓的比尔空军基地，从萨克拉门托往北开车需一小时。刚到那里的第一周，希瑟协助两名参谋中士在阿富汗完成一项任务，他们在一条坑坑洼洼的土路上追踪到了目标。"我们要把他干掉。"其中一人说。希瑟盯着他们挤在狭小的拖车中，抬头凝视挂在墙上的电脑监视器。她看到屏幕闪烁了一下，应该是尸体渗出的血液释放的热信号。这毛骨悚然，但也令人兴奋。"我想，准没错，我们把那人炸飞了！"她说。

图像分析员负责协助确定何时需要进行此类袭击，并为在地面镇压叛乱的士兵执行侦察任务。一天晚上，希瑟用网络电话与驻扎在她负责监控的阿富汗地区的一名海军陆战队队员聊天。希瑟给对方出主意，建议其在圣诞节给女友买什么礼物。对方则感谢希瑟为部队作战提供的帮助。后来，这名士兵询问希瑟是否读过介绍阿富汗历史文化习俗的情报文件。希瑟表示没有看过，这位战友当即发来了一些，并认为这有助于提高她的工作能力。

希瑟收到的文件内容相当乏味：阿富汗姓氏列表、不同方言和民族部落的描述。然而，看着看着，一阵不安涌上希瑟的心头。在此之前，她对阿富汗的了解主要源于她在基础训练期间观看的圣战视频。那些令人不寒而栗的镜头，凸显了与美国交战的恐怖分子的残忍冷血。她说："我还以为那里的每个人都是基地组织成员。"而图像分析员的工作强化了这一印象。无人机监视的目标从来没有具体的名称。想想看，希瑟从来没有见过他们的脸。她在视频中只能看到目标身体的模糊图像。偶尔，希瑟和她的同事开玩笑说，监视目标不是真正的人，他们是姜饼人 *。

在接下来的几个月里，希瑟开始注意到以前没有留

-----

*　西方圣诞节食品。

意的事情——一个男人在修补房子的墙壁，一家人围着炉火。她也开始与内心的疑虑搏斗。在她监视的任务中，有许多美军士兵和平民丧生。希瑟开始质疑当地人与恐怖主义的关系。在她目击的一次袭击中，目标原本是一名携带迫击炮的男子，受害者却是一名怀抱小孩的妇女。

希瑟一度设法靠自己来缓解这些想法引发的不安情绪，在下班后去酒吧喝得酩酊大醉。最后，她决定去咨询军队的心理医生。她告诉对方，自己开始怀疑工作的意义，甚至怀疑它的道德性。希瑟承认，她不确定无人机是否总能击中相应目标。事实上，她知道通常不会。

心理医生打电话给希瑟的顶头上司，建议将其调离岗位，去从事一段时间的文职工作。该请求被拒绝了，理由是她需要执行任务。希瑟继续担任图像分析员，情绪持续低落。有时，在完成了打击任务后，她会躲进卫生间，锁上门，然后哭泣。到了晚上，她开始强迫性磨牙。一天早上，她感到下巴一阵刺痛；一颗臼齿硬是被磨裂了。她又去找心理医生，后者在评估了她日益恶化的精神状态后，将希瑟列入自杀观察名单。

## 迫于经济压力

希瑟·莱恩博于2008年底，即奥巴马当选美国总统后不久，在军队服役。换言之，她入伍的时候，"9·11事件"

后发动的军事行动开始从新闻头条中淡出，美国人对以他们的名义进行的无休止战争不再感兴趣。

大多数情况下，公众确实把这些战争抛在了脑后。但也有例外，有一些人还在坚持。有时在上班的路上，在靠近空军基地的入口，希瑟注意到一小群抗议者在大门附近挤成一团，大多是胡子花白、拄着手杖的"婴儿潮"一代，很多人上了年纪，穿着羊毛夹克和皮凉拖。抗议者试图引起她的注意，高呼口号，高举横幅，有时还抓着溅满假血的婴儿玩偶。

抗议活动的常客中，有一名叫托比·布洛梅的妇女。她住在旧金山湾区的小城埃尔塞里托的一栋平房里，房子周围树篱环绕，装饰着和平标志。布洛梅家的窗台上贴着一张海报，上面写着"母亲对战争说不"。草坪上竖着的标志则写道："停止无人机杀戮，停止武器销售！"即使是前门的门铃，也向来访者传递着信息："为了和平，请按响我"。一天下午，在按下门铃后，我看到了一名身材高大、皮肤白皙、年逾半百的妇人，她打开门邀请我进去。

布洛梅来自南加州，在越战时期长大。她第一次了解越南战争是通过翻阅《时代》和《生活》等大众杂志，上面刊登了反映越南平民悲惨遭遇的照片。越南村庄遭到美军扫射和烧毁的画面给她留下了不可磨灭的印象，但直到很久以后，布洛梅才成为政治活动人士。2003 年，她参加了在旧金山举行的反对伊拉克战争的示威游行。在那里，女权主义和平组织"粉红代码"（Code Pink）的活动人士递给她一张传单，号召女性在华盛顿特区待上一个月，从事"反战工作"。布洛梅从未听说过这个组织，但传单上的信息似乎在召唤她。在与丈夫商量后，她决定休假一个月（她是一名理疗师），动身前往华盛顿。

从那以后，布洛梅一直在湾区等地组织和平示威。她一边喝茶一边向我介绍，客厅里堆满了和平标志和抗议道具，包括散落在地板上的各种小型骨灰盒，上面分别标有美国无人机袭击的国家（索马里、也门、伊拉克）名称。厨房桌子上盖着一张塑料布，旁边是一罐油漆，布洛梅正在用其描画另一套道具：十五个真人大小的硬纸板人像，代表最近在阿富汗无人机袭击中的受害者。她计划第二天把它们拉到比尔空军基地，进行抗议和守夜活动。

这次抗议规模不大，参加者不过数十人。布洛梅将其归因于民众的冷漠和虚假信息的泛滥。她叹了口气说，与越南战争期间不同的是，美国人不再能看到被美军炸弹夷为平地的房屋照片。相反，这个国家告知普通民众，美军只在很少有人定居的偏远地区进行"精确打击"。对于每天都在思考这些打击可能造成的伤害的和平主义者来说，这显然令人沮丧。但布洛梅没有绝望。她告诉我，自己一直秉持这样一种观点：和平是通过微小的行动逐步实现的，每一次抗议只要能改变一个人的想法，就可以被视为成功。她最希望改变的，是美国新型虚拟战争前线的"办公桌"战士。布洛梅认为比尔基地的无人机操作员是受害者，他们受到了"重度洗脑"才选择参军；但他们也是刽子手，按下了可能导致无辜平民丧生的按钮。"人毕竟是他们杀的，所以他们有责任。"她说。抗议的目的之一，就是让现役士兵接触到战争的关键信息，从而促使他们自我反省，或许会改变心意。这就是为什么布洛梅和其他抗议人士选择在基地入口处附近集结造势，并用引人注目的横幅和道具与前来报到的军人对峙。"无人机可曾听到地上垂死的孩子们的哀嚎？"在一次示威活动中出现过这样的条幅。布洛梅承认，许多经过的汽车都对此视而不见。但她也遇到过心生愧疚的前无人机操作员。他们告诉她，"看到外面的和平活动人士后"，他们才开始以新的方式思考这一切。她说，几乎每次抗议时，都会有人摇下车窗索取宣传册或向他们挥手致意。

　　鉴于希瑟·莱恩博对无人机行动大失所望，人们可能会以为她也是对"粉红代码"抗议者挥手致意的军人之一。但情况相反，她透过太阳镜瞪着他们，对这些人的自以为是感到愤怒。希瑟非但不感激抗议者的存在，反而认为这是一种侮辱，似乎她和战友需要一群来自伯克利和旧金山的和平活动分子才能唤醒自己的良知。

希瑟说："他们认为我们根本不在乎，只不过是一群被洗脑的机器人。他们会说，'你知道自己在到处杀人，但你不在乎，你没有良心。'但他们不了解我们。他们不知道我们会看到什么样的鬼东西，他们不知道我们大多数人回家之后最想做的事情就是自杀。"

"这就是为何下班后我们都会喝得烂醉，吐槽这一周的任务有他妈的多糟糕，"她继续说道，"回家路上，我开车经过这些抗议者，等到晚上一睡着就会做噩梦。"

令希瑟意难平的不仅是抗议者对自己的痛苦视而不见，还有她从抗议者身上感受到的某种优越感，这种情感受到社会阶层差异影响。"粉红代码"的队伍主要由托比·布洛梅这样受过教育的中产阶级女性组成，她们有钱有闲，可以去抗议美国发动的战争，而不必担心如何支付账单或维持生计。参与无人机项目的年轻人都是希瑟这样的高中毕业生，或来自萧条的农村地区，或来自像宾夕法尼亚州莱巴嫩这样穷困的城镇。对他们来说，抗议是一种难以想象的奢侈。正如在越南战争期间，一些回国的士兵受到来自富裕家庭、获得延期服役的大学生羞辱，希瑟也对那些享有特权、不必陷入她的处境的人的评判深恶痛绝。"我可以保证，你们中没有一个人曾落到这该死的境地，要么杀人，要么看着你在乎的人被杀。"她谈到"粉红代码"示威者时说道。希瑟认为，抗议者对军队这样的等级组织内部的权力运行模式视而不见，却对低级别士兵高呼反战口号，而这些士兵对无人机行动的规模与范围几乎毫无发言权。"他们在对无法控制事态发展的人发动人身攻击，"她怒气冲冲地说，"我们根本无法左右那个基地的无人机计划"。

事实上，有些人可能会说，希瑟和她的同事们有很多控制权。如果有足够多的人辞职或出于良心拒服兵役，肯定会引起军方的注意，尤其因为无人机项目对操纵者的消耗率极高，使得招募服役人员相当困难。此外，与被迫卷入越战的年轻人不同，没有人强迫希瑟参军。她选择了这样做，加入了1973年美国结束征兵制后出现的全志愿军（all-volunteer force, AVF）。传统观点认为，理查德·尼克松总统拥护这一改变是为了遏制反战运动的势头，随着反对越南战争的情绪蔓延，抵制征兵运动也深入人心。但正如历史学家贝丝·贝利表明的，尽管尼克松看到了结束征兵的政治利益，但最终说服他改变体制的声音并不来自反战的左翼大学生，而是来自马丁·安德森这样的右翼经济学家。这位米尔顿·弗里德曼\*的弟子领导了白宫委员会，呼吁将兵役重新定义为个人选择（弗里德曼也位居委员之列）。安德森及其同僚认为，相较于国家，自由市场能够为美国提供更为专业的战斗部

---

\*  美国经济学家，芝加哥经济学派代表人物，主张自由放任资本主义，其
   理论对美国及其他国家的经济政策有极大影响。

队。这一观点引起了保守派的共鸣，他们认为征兵是具有误导性的政府工程，是对个人自由的僭越。

几十年后，这一论点不仅吸引了保守的经济学家，也吸引了许多信奉自由主义的大学生，其中就有选修了政治哲学家迈克尔·桑德尔深受欢迎的哈佛公开课"公正"的常春藤联盟本科生。桑德尔在其著作《公正》中指出，当他在课上问学生们是喜欢征兵入伍还是喜欢全志愿军时，几乎所有人都选择后者。大多数人都同意，如果公民自愿而非强迫参军，对每个人来说都会更好。在同一次公开课中，桑德尔提出了另一个问题：允许富裕的公民出钱让贫困的公民为他们打仗是否公平？他告诉学生们，这个想法不是凭空而来的。南北战争期间，雇人替自己在联邦军队中服役是合法的，这使数万名富裕的美国人（包括 J. P. 摩根和安德鲁·卡内基在内）得以免服兵役。几乎所有学生都认为这是不公平的，构成了"某种阶级歧视"。

桑德尔接着又提出了一个问题："如果内战的征兵体制是不公平的，因为它允许富人雇人打仗，那么，同样的反对意见不也适用于志愿兵制度吗？"[1] 在全志愿兵役制度下，参军的新兵是由纳税人集体雇用的，他们可以获得一系列物质福利，如入伍奖金、教育机会等，以换取他们的服役意愿。理论上，那些选择服役的人是自由的，但如果这个选择很大程度上是由原本无法获得这些福利的公民做出的，那会怎么样呢？桑德尔说："如果社会中的一些人没有更好的选择，那么入伍的人实际上是迫于经济需要而参军的。在这种情况下，征兵制和志愿兵役制度之间的区别，不在于一个是强迫的，另一个是自由的，而在于强迫形式的不同——前者是法律效力，后者则是经济压力。"

在受教育和工作机会相对平等的社会中，经济压力可能不会决定谁最终在军中服役。但在高度不平等的社会，情况大不相同。桑德尔说："只有当人们可以在合理的范围内选择体面的工作时，我们才能说他们为了报酬而参军反映出他们的偏好，而非选择余地有限。"[2] 他接着引用了国会议员查尔斯·兰热尔的话。这名参加过朝鲜战争的老兵曾在伊拉克战争期间发表专栏文章，呼吁恢复征兵，理由是军队提供的入伍奖金和教育机会很大程度上吸引的是穷人和有色人种，他们不参军就无法获得这些福利。兰热尔指出，在纽约，"七成以上的志愿兵是从低收入社区招募的黑人或西班牙裔"。[3]

这种现象到底有多典型？对于在美国发动或参与的历次战争中伤亡士兵的社会经济状况，五角大楼方面并未给出官方统计。美国入侵伊拉克后，学者道格拉斯·克里纳和弗朗西斯·舍恩开始自行追踪，收集了"二战"以来美军伤亡人员所在县的社会经济状况数据。数据显示，"二战"期间，高伤亡率社区和低伤亡率社区的家庭收入中位数大致相同。到越南战争出现了差距，伤亡人员集中的社区收入比平均水平低 8 200 美元。在伊拉克战争和阿富汗战争期间，因为征兵制被废除，差距进一步扩大，达到（通胀系数调整后）1.1 万美元。而受伤士兵的情况差距同样明显。遭受非致命伤的士兵中，来自最贫穷社区的人数"比来自最富裕社区的高出 50%"。[4] 因为受伤的退伍老兵更有可能返回较贫穷社区，生活在这里的居民比富人区居民更容易观察和感受到战争的影响。

共同牺牲的理想深深植根于美国文化，早在殖民时代就得到了托马斯·潘恩等人的肯定。潘恩宣称，响应为国从军的号召，"地不分南北，人不分贵贱，无人能免"。[5] 在当代美国，这种理想也举足轻重，克里纳和舍恩总结道。他们认为，存在"军事牺牲下的两个美国"：一个是承担战争责任的工人阶级社区，另一个是逐渐免于相关代价的富裕社区。他们的研究发现，这种不平等的关键特征是，它是无形的。大量的美国人（包括约57%的自称共和党人）都没有注意到这一点，在这两位学者进行的一项调查中，受访者相信所有社会经济群体做出的牺牲是均等的。赞同这一观点的受访者大多认为，服兵役纯粹是个人选择，与社会经济条件无关。

可以肯定的是，共同牺牲的理想在实践中从未像在理论上那样忠实执行。殖民时代的美利坚通过了二百多项法律，以免除特定公民在与英国军队作战的民兵中服役。贝丝·贝利指出，这些措施"使经济富裕的人和社会地位高的人受益"，很大程度上将负担留给了"穷人和地位低下的人"。[6] 但共同牺牲曾经不仅仅是流传的无稽之谈。第二次世界大战期间，许多名人和运动名将都在军队中服役，有数千名常春藤联盟的高才生投笔从戎，其中哈佛的在校生和毕业生总计有 453 人牺牲，这一数字仅略低于西点军校。"二战"期间的兵役制，大体遵循历史学家安德鲁·巴切维奇称之为"帕特森公理"的原则。该原则由时任战争部副部长罗伯特·帕特森提出，即在民主国家中，"所有公民都有平等的权利和义务"，保卫国家的责任"应该由所有人共同承担，而不是强加给少数人"。[7] "9·11 事件"后，巴切维奇在其著作《背信弃义》中指出，这一原则让位于反映出美国社会不平等的全新制度安排。在美国最近发动的战争中，实际只有 1% 的公民参军服役。巴切维奇表示，这些老兵是"另外的百分之一"，他们的命运似乎与华尔街富豪大相径庭——2008年金融危机后，"百分之一"就与这些富豪联系在一起。正如巴切维奇指出的，承担国防责任的百分之一与收入最高的百分之一绝无重叠。他说："很少有富人送自己的子女上战场。离开军队的人也很少能跻身富豪阶层。"[8] 巴切维奇是一名退役的陆军上校，他的儿子死于伊拉克。社会上层人物有时会在体育赛事上向退伍军人做出的贡献表达感激之情，但这并不能打动他。根据他引用的一项民意调查，军人在美国"十大最差工作"中排名第三。

无需共同牺牲不仅仅是显失公平这么简单。这也是"好人"得以远离战争，由不富裕的公民为其而战的关键原因。与桑德尔一样，历史学家大卫·肯尼迪也想知道这与南北战争期间盛行的有偿代服兵役制度有何不同。他说："绝大多数美国人无需承担服役的风险，他们实际上雇用了最弱势的同胞来做最危险的事情，而大多数人则毫发无损地专注于自己的生活。"[9]

在战场上冒着生命危险的士兵，至少在从事这项危险的事业时得到了一些尊重。他们的流血牺牲换来了荣耀和认可。然而，坐在电脑终端前的网络战士很少获得这种认可，他们的心理和情感创伤更加隐蔽。在希瑟·莱恩博到达比尔空军基地不久后，她被分配的任务是监视阿富汗的一个塔利班据点，向地面的海军陆战队发出警报，以防有简易爆炸装置或武装分子伏击。这些都可以通过"全球鹰"无人机搭载的高清光电探头看得一清二楚。这项工作压力很大，尤其是因为精心伪装的武装分子和简易爆炸装置很容易躲过摄像机的视线。在一次轮值期间，一群海军陆战队士兵从直升机上下来，冲向一处似乎没有危险的营地。但他们进入后遭到了武装分子的伏击。希瑟目睹了攻击的实时画面，眼睁睁看着一名海军陆战队士兵血溅当场。

几个月后，另一支车队遭到简易爆炸装置的攻击，其中一辆燃料卡车被点燃，导致更多"友军"死亡。希瑟再次实时观看了现场直播。之后，她在家里上网，点击了一则关于这起事件的新闻报道。文章列出了遇难士兵的名字，其中一名死者身后还留下了妻儿。这时，希瑟忍不住开始抽泣。

一周后，在部队的一次聚会上，希瑟再次崩溃，而这次是当着主管的面，后者试图安慰她，说她在"为正义而战"。在新兵训练期间，这句口号被反复灌输给希瑟。新兵被告知他们的使命是拯救生命，保护美国免受"恐怖分子"和"头缠毛巾的家伙"袭击。无论是否另有所想，希瑟还是将这一信息内化于心了。她相信自己和战友在为正义而战。但在聚会上，主管的话让希瑟觉得十分空洞。她想知道这次任务是否值得，结果很令人失望，美军在铲除塔利班方面没有取得任何进展。她后来说："那个车队的行动毫无价值，那些家伙死得毫无意义。"

希瑟这时还未想到，攻击行动是否会造成无辜阿富汗人的伤亡。她说："我只为那些如果有更好的技术或许就能救出来的人难过。这并不是出于对所谓敌人的同情，而是出于对美国人民的保护。"在那位海军陆战队朋友发来了阿富汗地区的相关背景文件后，情况开始发生变化。和克里斯托弗·亚伦一样，希瑟负责监视行动，而不是协调打击。但她报告的内容可以决定是否发射导弹，现在她意识到，无辜平民可能因此死亡。有时，最令她不安的不是打击本身，而是硝烟散尽后，看着幸存者收集残骸或从废墟中挖出尸体。她说："我们不能实施轰炸后立马飞走。我们必须全程追踪。炸弹击中目标后，我们会等到温度降低，然后就能看到身体的各个部位。你可以识别，比如，可能是死者的下半身，也可能是一条腿。有时你会坚持下去，看着家人来收尸……捡起这些断肢，把遗骸包在毯子里。"[10]

　　除了晚上磨牙之外，希瑟还会与母亲聊天来缓解这些画面带来的不安，在得知她的情况后，母亲开始定期打来电话。电话拉近了这对同在苦苦挣扎的母女的距离。在一次谈话中，希瑟得知母亲被诊断患有转移性乳腺癌。这时的希瑟已经到了饮酒入睡来麻痹自己的地步。在得知母亲的病情后不久，她申请因特殊困难提前退伍，以便能够回到宾夕法尼亚州，既照顾母亲又减轻自己的痛苦。

　　也许是因为她去意已决，军方最终批准了。2012年3月，在比尔空军基地服役三年后，希瑟打好行装，回到老家。她的情绪变得异常脆弱，母亲和孪生妹妹几乎完全认不出眼前的人。离开莱巴嫩时，希瑟还是十九岁的少女，圆圆的娃娃脸，蓝色的眼睛又明又亮。现在，她面容憔悴，棱角分明，下巴绷紧，脸颊凹陷，有黑眼圈，明显长期睡眠不足，而这是频繁做噩梦造成的。在梦中，她被恶灵跟踪。就像无人机监控画面上的目标一样，这些生物隐约看起来像姜饼人，有着粗短的四肢和圆胖的肚子，它们拥有神秘的力量，能够不显形地跟随她。希瑟确信，这些看不见的生物是精灵（jinn），中东民间传说中由无烟之火创造的恶魔。她猜测它们是来复仇的，不仅在她头顶上盘旋，还向她最爱的人揭示自己痛苦的根源。在一幕梦境中，希瑟赫然发现汽车挡风玻璃上贴了一封匿名信，是写给她父亲的。希瑟的父亲是电脑程序员，住在宾夕法尼亚州的卡莱尔镇。她认为爸爸"聪明得要命"。希瑟对童年最美好的回忆是他们一起徒步穿越覆盖着雪的树林，或在他的房子里修理墙板。她说，父亲很和蔼，常常关心和鼓励孩子，"教会我们牢记自己的道德义务、如何做出道德决定、如何尊重他人"。"你父亲知道你做了什么吗？"在梦中，她的汽车挡风玻璃上贴着这样一张便条。"这他妈是谁写的？"希瑟感到奇怪。然后她意识到附近潜伏着一个姜饼人，不由得失声尖叫。

## 暧昧之人

无人机项目并不是唯一可能造成这种伤害的工作。2008年，也就是希瑟入伍的同一年，弗朗西斯科·坎图开始接受训练，他将前往一个不同的战场。其前线不是在伊拉克或阿富汗，而是美国南部边境。在那里，美国边境巡逻员负责监控从墨西哥和中美洲流入的毒品和移民。在坎图接受这份工作之前，他的母亲，一名墨西哥裔前公园管理员，试图加以劝阻。她提醒儿子，他的外祖父就是在一个世纪前越境而来，以逃离墨西哥革命导致的社会动荡。坎图没有退缩，他既被当地风景的浑朴之美吸引，也对眼前的这份工作很感兴趣。他相信这是理解美国边境独一无二的方式。坎图告诉母亲，如果真要拘押移民，自己的双文化背景将大有裨益，他就能"用他们的母语以及自己掌握的墨西哥知识与他们交谈"，使其放松心情。

在名为《边界成河》（*The Line Becomes a River*）的回忆录中，坎图描述了在边境度过的三年半时间里，他的信念是如何分崩离析的。接受入职培训时，教官快速播放了墨西哥贩毒集团处决警官的恐怖画面，并警告房间里这些要做巡逻员的人："这就是你们要面对的未来。"[11]然而在现场，坎图遇到的却尽是些"小人物"：为毒贩运送毒品，遭到残酷剥削的马仔；为了摆脱极度贫困和暴力，冒着生命危险越境的妇女儿童。巡逻员发现，在沙漠中移民有时会喝自己的尿液以避免脱水。他们还遇到了爬满蚂蚁的腐烂尸体。坎图擅长追踪并拘留移民，但这种熟练的代价不菲。他开始强迫性地磨牙，做奇怪而可怕的梦，梦中满是尸体和紧追不舍的狼。

为了理解自己的种种梦境，坎图查阅了各种书籍，包括战争记者大卫·伍德写的《我们做了什么》。该书讲述了饱受道德伤害的伊拉克战争退伍军人的遭遇。伍德解释道：长期以来，道德伤害与创伤后应激障碍被混为一谈，而前者是一种更为微妙的伤害，其特征不是记忆闪回或惊吓反射，而是"歉疚、悔恨、悲伤、羞耻、苦涩和道德困惑"，它们并不表现为身体反应，而是表现在梦境和怀疑这样微妙的情感反应中。这一概念引起了坎图的共鸣。他在 2018 年初出版的回忆录中总结道："人并非只有在战斗中才会遭受道德伤害。"[12] 回忆录出版时，坎图做好了接受边境巡逻队前同事批评的准备。然而，批评却来自政治光谱的另一端。在奥斯汀等城市的读书会上，移民权利活动人士呼吁抵制他的书。一些人称他为"纳粹"。[13]

　　如果坎图写了本为边境巡逻队歌功颂德的书，类似的谴责并不令人惊讶。但他描绘的景象显然不留情面。在一段文字中，他描述了边境巡逻队员在移民的私人物品上小便。在另一段落中，他列出了一些成员用来描述他们围捕的非法移民的肮脏话语，如"人渣"，以及与"战俘"一词英文缩写相同的"土老冒"（POW）。不过，在坎图读书会上露面的活动人士，并没有从这些段落中发现悔恨的迹象，更不用说揭露制度性种族主义有害影响的意图。他们认为这本书是人性堕落的证据，并将愤怒的矛头指向了作者。

诋毁坎图的相关活动背景是特朗普引发的骚动，这位时任美国总统以"强奸犯"和"畜牲"的标签攻击非法移民，公开鼓励边境巡逻人员以非人道的方式对待移民，同时派遣移民与海关执法局（ICE）人员进行围捕。坎图的回忆录面世之际，恰逢美国新闻媒体揭露相关丑闻：根据一项被称为"零容忍"的政策，超过 2 700 名儿童（其中一些是婴幼儿）被迫与父母分离。后来，法院的文件显示，其中 545 名儿童（包括 60 名五岁以下儿童）的父母在两年多后仍未找到。* 面对民意的强烈反弹，特朗普政府最终撤销了家庭分离政策，但在日益军事化的美墨边境地区继续采取严厉的威慑手段。2018 年 12 月，两名危地马拉儿童在被美国边境巡逻队羁押期间死亡。特朗普政府后来通过了一项名为"留在墨西哥"的新政策，迫使数万名中美洲寻求庇护者留在墨西哥临时营地，等待他们的案件得到处理。在这种背景下，愤怒的批评者认为边境巡逻队以及移民与海关执法局的探员都是无可救药的邪恶分子，实属"美国盖世太保"，是一群穿着制服的暴徒，手上沾满鲜血。

这种愤怒无可厚非。但给坎图等边境巡逻人员贴上

---

\* 受害者的年龄显然对时任美国司法部长杰夫·塞申斯等官员不是问题，他告诉边境沿线的检察官："我们需要带走那帮孩子。"——原注

"纳粹"的标签之前，不妨先看看一位真正经历纳粹蹂躏的作家的反思。在一篇题为《灰色地带》的文章中，意大利小说家普里莫·莱维着重描述了死亡集中营的分工，在那里，最肮脏、最有辱人格的工作，如清扫骨灰、挑选被杀死的同胞等，往往被委派给囚犯，他们执行这些任务以换取特权（额外的一小块面包，免于一死的希望）。纳粹采取这种策略的一个原因是缺乏人力。另一个原因是道德问题。正如莱维观察到的，对于纳粹来说，仅仅杀死受害者是不够的。纳粹还想玷污他们，"让他们背负罪恶感，双手沾满鲜血，尽可能让他们妥协，从而建立共谋关系，使他们无法回头"。[14]

在莱维看来，这是"纳粹最邪恶的罪行"，受害者在强迫他们合作的"灰色地带"中被剥夺了无辜，落入"毫无选择（特别是道德选择）的处境中"。[15] 应该如何评判履行这些职责的"特权囚犯"？莱维认为，那些基于自身意愿选择与纳粹合作的人，允许自己成为"体制罪责的载体和工具"，"当然分有罪责的配额"。但最终，莱维呼吁悬置评判，建议"以怜悯和严谨的态度"反思他们面临的绝望处境和艰难选择。[16]

莱维描述的情况是极端的，在某种程度上也独一无二。在非极权主义的环境中，道德选择的空间无限大，拒绝合作的代价也不那么严重。但作为文章主题的"身处灰色地带的暧昧之人"，由于其恶劣的环境而被迫扮演妥协的角色，与其他人并没有太大不同（莱维不厌其烦地强调这一点，他说，他们的精神在我们所有人身上都得到了"反映"，"我们都是用黏土塑造的混血儿"）。"灰色地带"也是对权力的思考，"存在于所有形式的人类社会组织中"，可以在任何环境中使用，以确保将脏活分配给相对弱势的群体和个人。莱维被送到集中营时"希望这些不幸的同伴至少能团结起来"，换言之，他希望无助的体验能使囚犯联合在一起，抵制与权力合作。他在离开集中营时，观点却发生了天翻地覆的转变。莱维总结道，绝望使他的狱友更容易受到当局哄骗，受害者和加害者之间的界线有时会变得很模糊。尽管集中营的情况非常极端，但莱维的文章可以让我们思考，权力的不平等如何导致社会秩序底层的人成为不公正体制的"载体和工具"：缺乏权力会增强他们行使权力的欲望；也因为他们受到的压力比纳粹囚犯面临的强迫更微妙，例如经济压力。

在这种压力下干脏活的人，有时确实存在做出道德抉择的余地。当哈丽特·克日科夫斯基得知达伦·雷尼的遭遇后，她本可以辞职。她也可以像乔治·马林克罗特在听说患者遭到看守踢打后那样，报告此事，并要求追究肇事者的责任。拒绝与当局合作当然存在风险，但不会像莱维描述的"地狱般的环境"那样，让戴德惩教所的精神健康工作人员送命。然而事与愿违，存在选择余地这一事实，也会加深干脏活的人的共谋感和自责。哈丽特·克日科夫斯基之所以保持沉默，归根结底是因为她不想与看守对抗，也不想丢掉饭碗。这些理由都合情合理，但足够道德吗？哈丽特不确定，这就是为什么她一直在想，自己到底是体制的受害者还是共犯者。我遇到的其他心理咨询师也和哈丽特一样困惑，他们也希望继续领到薪水而没有报告虐囚行为。乔治·马林克罗特在公开谈论踩踏事件后失去了工作，他认为，应该考虑的是保护患者免受伤害的责任，而不是自己的饭碗。这个原则性立场令人钦佩，也为医学伦理学家和人权观察组织所认同。然而，值得注意的是，马林克罗特坚持这种原则的风险相对较小，毕竟他是个富裕家庭出身的单身汉，而哈丽特则是需要抚养孩子的贫苦母亲，缺乏经济保障。经济压力使哈丽特和她的几位同事在戴德惩教所的灰色地带中表现得更加谨慎，他们的处境岌岌可危，被相互矛盾的内心冲动牵引。

在一些边境巡逻队员当中，也出现了类似的矛盾，并非所有人都对移民跨越边境追求更好生活的梦想和渴望感到陌生。坎图在回忆录中写道，他向母亲提到，边境巡逻训练学校的新兵近一半和他一样是拉丁裔。"一些人从小就讲西班牙语，一些人就在边境长大。他们加入边境巡逻队不是为了压迫他人，而是因为这里有机会为国效力、工作稳定、收入有保障。"[17] 在这方面，他的同学绝非异类：2016 年，美国边境巡逻队中拉丁裔占多数。在特朗普当选并承诺雇用更多探员后，《洛杉矶时报》的记者访问了位于加州因皮里尔河谷的一所边境巡逻学校，与学员深入交谈。他们中的大多数是拉丁裔，其中包括像迈克尔·阿劳霍这样的人，他的叔叔当年就曾非法越境。为什么要加入边境巡逻队？因为经济压力。《洛杉矶时报》指出："该县的失业率在全加州高居第二，达到17%。""这个地方每个人都会对这样的工作感兴趣，"阿劳霍解释道，"他们知道这是为数不多的香饽饽。"[18]

在一项针对美国移民归化局墨西哥裔移民官员的研究中，人类学家乔赛亚·海曼发现了类似的情况。这些官员大多生长在美国西南部的贫困地区，那里的劳动力市场高度分化，他们从小就目睹父母在折扣店和包装棚里干着边缘性工作。在这种背景下，能在移民归化局谋得一席之地无疑非常理想；这是一份"好工作"，尽管可能会给社交带来不便。身为拉丁裔，为移民归化局这种机构工作的道德风险更大，会招致背叛和不忠的指责。海曼采访的一位人士提到，曾有密友告诉自己，"你在抓我的老铁"。[19]弗朗西斯科·坎图的书出版后，一些评论家指责他是"叛徒"。这与一些黑人狱警听到的指控如出一辙，黑人囚犯嘲笑他们在系统性压迫有色人种的刑事司法系统中工作。

可以肯定的是，并不是每一个从事边境治安工作的人都是因为缺乏其他选择。还有一些人是出于理想信念投身其中，并对移民毫不怜悯。2019 年，《纽约时报》发表了一篇关于边境巡逻队士气下降的报道，原因是特朗普的政策引发了强烈反对。一名探员抱怨，人们称他为"儿童杀手"；另一人则表示，他和同事避免去那些可能有人向他们的食物吐口水的餐厅。[20] 这是将哭泣的儿童赶进拥挤的拘留营需要付出的代价，在营地，被拘留者缺衣少食、没有净水和医疗服务。不过，尽管一些探员对自己被迫扮演的角色表示担忧，但更多人似乎并没有经历内心交战，反而支持特朗普政府的严厉政策。《纽约时报》称，边境巡逻队是镇压移民的"自愿执行者"，这一态度在边境巡逻队的一个"脸书"私人群组中体现得十分明显，其成员使用冷酷无情的种族歧视语言嘲笑移民及其国会同情者。"呵呵。"在一篇关于被边境巡逻队拘留致死的十六岁少年的帖子下，有人这样留言。

发布此类留言的探员不值得同情。即使是感到内心矛盾的边境巡逻队员，也"当然分有罪责的配额"。与莱维文章所关注的对象不同，这些边境巡逻队员不会因拒绝执行命令而被杀害。有人可能会说，罪责尤其适用于像坎图这种原本存在其他职业选择的大学毕业生。正如其在回忆录中承认的，坎图自愿选择了加入边境巡逻队，因此，至少在最初，他选择了实施无端的残忍行为。坎图的母亲也这样认为。"你不仅仅是在观察现实，而是在参与其中，"她告诉他，"你不可能在体制中待那么长时间而不受牵连，不吸收其所释放的毒液。"坎图事后感到了懊悔，但这对受害者来说并没有什么安慰。就像无法安抚普里莫·莱维一样。在谈到集中营里的纳粹合作者时，莱维写道："大多数迫害者在实施暴行的同时，或（更经常）在作恶之后，意识到他们的行为是不义的，或许还体验到自我怀疑或不安，但这种痛苦不足以使其摇身一变成为受害者。"[21]

但正如坎图的回忆录表明的，制度的残酷不仅仅是个别探员行为的总和，也是政治家制定的政策的产物，且受到许多公民的拥护。虽然活动人士将美国移民与海关执法局、美国海关与边境保护局斥为"无赖机构"，但他们执行的议程在特朗普的支持者中很受欢迎。在帮助特朗普于 2016 年当选的"让美国再次伟大"（MAGA）集会上，这些机构不乏崇拜者，在他的整个总统任期内都是如此。尽管自由派发现，这些集会上的排外主义令人震惊，但许多人很快就忘记了特朗普并不是第一位对移民残酷镇压的总统。当特朗普的"零容忍"政策引发轩然大波时，坎图在《纽约时报》上发表专栏文章指出，移民被迫骨肉分离，这只是残酷无情的漫长故事中最新、最显眼的一章。其根源可以追溯到 20 世纪 90 年代，当时克林顿政府曾派遣边境巡逻队前往埃尔帕索等城市逮捕非法移民。镇压不仅没有阻止越境行为，反而使其更加危险，绝望的移民开始在沙漠中跋涉，许多人都未能幸存。据记者曼尼·费尔南德斯报道，2000—2016 年间，仅美国边境巡逻队就记录了六千多名非法移民的死亡事件。

这些都发生在特朗普上任之前。例如，将移民儿童关押在无照拘留中心的政策始于奥巴马在任时期，他通过移民令驱逐的人数超过了小布什总统，实际上超过了前任总统的总和。这些不人道的政策几乎没有引起众怒，因为公众很容易对这些令人不快的后果视而不见、充耳不闻，而这也许并非巧合。

坎图在他的专栏文章中写道，"大多数美国人对边境发生的事情仍然是眼不见、心不烦"，"充满敌意的沙漠"被留给了一些人，他们"远离公众视线，干着阻止越境者的脏活"。[22]

没有人因为希瑟·莱恩博在无人机项目中服役而称其为纳粹。但在退役几年后的一天，她告诉我，很多人都看不起她。我面前的希瑟又高又瘦，浓密的黑发披散在肩上，眼神略显哀怨。她穿着牛仔短裤和橄榄绿背心，手臂上露出宛如迷宫般的文身，其中一个是她离开比尔空军基地那天文的，是个法语单词"À rebours"，意为"逆流"，这个口号让人想起她在军队中被迫压抑的个性。叛逆的性格让她在十几岁的时候就喜欢上了垃圾摇滚，在比尔空军基地服役期间，她对切尔西·曼宁产生了认同，这名前情报人员对伊拉克战争逐渐失望后，向"维基解密"泄露了数十万份机密文件。在希瑟的上级看来，曼宁是个叛徒。但希瑟觉得曼宁是个勇士，她冒的风险正是许多暗自怀疑所作所为是否道德的士兵所回避的。希瑟本人也是如此。她告诉我，自己在比尔空军基地工作期间曾短暂考虑过申请成为依良心拒服兵役者，但看到曼宁被送上军事法庭，且被指控为可判处死刑的"通敌罪"，不想落到这般下场的她变得犹豫。曼宁的听证会开始时，希瑟决定打破沉默，前去参加米德堡法院外的示威活动，以表达对曼宁的声援。在场的是来自不同和平组织的活动人士，其中就包括此前提到的"粉红代码"。希瑟走到演讲者排成长队的地方。"嗨，我是希瑟·莱恩博，曾在无人机部队服役"，轮到她时，她这样开场，但被一阵嘘声打断。

就像那些在坎图的读书会上呼吁对其加以抵制的活动人士，抗议者对希瑟说的话并不感兴趣，而是大加谴责。这种反应激怒了她。"我想说，'去你妈的！'"希瑟说。她感到的内疚、她所做的噩梦，这一切并没有换来同情。后来，希瑟开始怀疑宣扬自己的信念到底有什么意义。几个月后，她决定给《卫报》写一篇社论，以再次公开发表自己的观点，这些疑虑重新浮现。这篇专栏文章写于一连串被噩梦打断的不眠之夜，它是这样开头的："每当我读到政客为无人机辩护的言论时，都希望能问他们几个问题。我首先想问的是，你们见过多少妇女和儿童被地狱火导弹活活烧死？"[23] 她继续写道：

> 公众需要了解，即使在万里无云、光线完美的晴天，无人机提供的画面也通常不够清晰，无法探测到携带武器的人。我们总在怀疑自己是否杀对了人，是否伤害了不该危及的人，是否仅仅因为图像不清或角度不好就夺走了无辜平民的生命。

希瑟接着表示："同样重要的是，公众还必须了解，是人类在操作和分析无人机采集的情报。我可能没有在阿富汗战争实地，但连续几天在屏幕上观看了冲突的大量细节。我很清楚看到某人死亡时的感受。几乎无法用恐怖二字加以形容。"

希瑟认为，分享自己的观点可以帮助公众了解无人机战争的隐藏成本。这也能让她发泄悲伤的情绪。离开军队大约一年后，她得知一名战友在军事基地外的公寓自杀身亡。这名士兵曾是"年度最佳飞行员"，被誉为模范军人。不久之后，希瑟认识的另一名无人机分析师也自杀了。希瑟在她的社论中提到了这些自杀事件，以及折磨她和许多同事的"抑郁、睡眠障碍和焦虑"。

希瑟发布这些想法的平台并不是随意选择的。另一位吹哨者爱德华·斯诺登正是通过《卫报》透露，国家安全局正在秘密监视美国公民的私人电子邮件和电话通信。斯诺登揭露的情况引发了关于大规模监控的全国性辩论，从国会大厅延伸到美国电话电报公司和谷歌等电信公司的董事会。希瑟并没有不切实际地认为自己的文章会产生类似效果。尽管如此，她告诉我，她希望这篇文章至少能引发一些思考和对话，并提高人们对退伍军人的痛苦的认识，他们的创伤虽然没有常规士兵那么明显，但同样倍受折磨。

文章出现在网上的那天，希瑟打开笔记本电脑，点击《卫报》网站的链接，开始滚动浏览读者的评论。几个小时内，就有数百人跟帖。她读得越多，越感到震惊。一名读者写道："希瑟，感谢你的诚实，但你应该被抓起来等待审判。"这是左派的反应，他们不需要说服就知道无人机袭击是错误的，并将她这样的人视为战犯。右派则谴责她是叛徒和爱哭鬼，认为她作为"安乐椅战士"没有理由抱怨。希瑟的文章非但没有促进对话，反而引发了指责，涌现的敌意跨越了意识形态的光谱。过了一会儿，她啪的一声关掉笔记本电脑，心烦意乱。在接下来的日子里，她避免上网，因为朋友们警告说，到处都是关于她的恶言。最终，负面关注消失了，让位于同样恼人的东西：沉寂。

乔纳森·谢伊在《越南的阿喀琉斯》中称，帮助退伍军人从道德伤害中康复的最佳方式是将其公共化，让士兵有机会"向那些用心倾听且会向社区其他成员如实复述的人讲述自己的故事"。[24] 这就是我在费城参与退伍军人事务部组织的活动时体会到的原则。在那里，退伍军人被邀请向平民讲述战争真相，前来的听众则倾听并承认自己背负的共同责任。

但如果社会不愿意倾听呢？如果人们对以自己的名义进行的战争，缺乏埃弗里特·休斯所称的"了解的意愿"，向他们传递战争真相时，他们会翻白眼或者迅速转移话题，又该如何？媒体和人权组织对无人机计划最常提出的批评是缺乏透明度，妨碍公民了解真相。时任美国公民自由联盟国家安全项目法律副主管的贾米勒·贾弗认为："公众根本没有评估政府决策所需的信息，过于广泛的保密措施使公众辩论陷入僵局，破坏了民主进程。"[25]

贾弗等批评人士认为无人机计划缺乏透明度，这确实如此。正如哥伦比亚大学法学院人权诊所和萨那战略研究中心 2017 年发布的报告指出的，美国政府对定点清除行动"始终过度保密"。作为对这些批评的回应，奥巴马政府最终同意采取一些透明度有限的措施，包括要求情报官员披露无人机在也门和北非等地杀害的平民人数。2019年，特朗普政府取消了这些"多此一举的报告要求"，[26]几乎没有遭遇国会或公众的抗议。特朗普还取消了限制无人机只能打击高级别武装分子的规定。对此，美国上下同样未置一词。

　　这些沉默的反应凸显出无人机战争的"文明"——正如诺贝特·埃利亚斯定义的，常规暴力只要不引人注目、经过了伪装，就可以被容忍。一些人指出，与地面入侵和常规轰炸相比，无人机的杀伤力微不足道。如果只衡量致死人数和附带损害情况，这一点不可否认。然而，无人机战争的相对"人性化"本身就是一种危险。耶鲁大学历史学和法学教授塞缪尔·莫因认为，这使美国官员能够"将战争描述为一种美德"，称军方竭力将致死人数保持在较低水平，即便他们在"全球广大范围内"发动了监视和清除行动，且这些军事行动是为了维持美国的全球霸权（很少有美国人会反对这一点）。莫因坚称："美国在战争中对暴力的遏制和最小化，特别是在涉及平民死亡的情况中，只会使人们更难批评美国对其他国家使用武力。"[27] 矛盾的是，正因为无人机和特种作战部队的影响比传统战争更小、造成的平民伤亡更少，质疑其使用也变得更加困难。无人机给美国发动的战争带来了一抹"道德光辉"，使无休止的战争前景看起来更加光明。

　　艺术家兼地理学家特雷弗·帕格伦表示，事实上，无人机项目并不会受到常规曝光的影响。"9·11事件"后，这个被秘密据点吸引的挑衅者开始拍摄美军无人机和秘密军事基地。通常的做法是在靠近隔离区的无标记道路上行驶，并在高倍望远镜上安装摄像机。帕格伦偷偷拍摄的照片似乎颠覆了官方的保密政策，记录了许多基地的存在，如位于内华达州的沙岩机场，"9·11事件"后，被称为"酷刑出租车"*的抓捕组从这里将被拘留者运往各个秘密地点。但他拍摄的照片实际上并没有揭露多少秘密活动。相反，帕格伦开始创作寓言，模糊、空灵的图像，强调了他用相机瞄准的秘密世界的不透明性。在更醒目的照片中，有一张拍的是内华达州的天空，上面点缀着微弱的黑色斑点，可能会被误认为鸟类。但实际上，这是"收割者"和"掠夺者"无人机，它们或漂浮在乳白色云带的边缘，或被日出时炫目的光芒掩盖。帕格伦的作品暗示，武装无人机以几乎无法察觉的方式渗透到景观中，使我们无法清晰地看到它们，甚至不能注意到它们的存在。

在2009年出版的《地图上的空白点》一书中，帕格伦认为，当谈到机密国防行动的"黑色世界"时，路易斯·布兰代斯大法官的著名格言——"阳光是最好的消毒剂"——只不过是聊以自慰的幻觉。帕格伦认为，秘密非但不会被公众曝光，反而倾向于"形塑周围的世界"，创造了秘密预算、秘密证据规则和"黑色世界"员工必须签署的保密誓言，以防止有害信息曝光。[28] 在书中，帕格伦讲到一个秘密试验点，一些工人突发恶疾，皮肤

---

\* 即伪装成民用飞机的引渡航班，将"反恐战争"中被抓获的人送往美军海外据点，使其遭受酷刑折磨。

出现奇怪的皲裂。他们怀疑是接触有毒化学物质所致。在工人死亡后，有人提起了过失致死的侵权诉讼。这场诉讼中没有原告的名字，因为所有人都签署了保密誓言（政府成功地援引"国家机密"特权以阻止证据披露，诉讼被驳回）。帕格伦认为，"黑色世界"不仅仅是隐藏在黑暗中的基地，更是一个巨大的、不断膨胀的知识和信息仓库，无论多少阳光都无法穿透。

前景一片黯然。但即使帕格伦也承认，政府并不能完全隐藏"空白点"。他的艺术作品和书的主题之一是，保密包含着内部矛盾。如果不以某种方式宣布这些物理位置的存在，它们就无法被隐藏。帕格伦说："地图上的空白点勾勒出了它们试图隐藏的东西。""黑色世界"的秘密标识正是这样引起了他的注意。在成为艺术家之前，帕格伦在加州大学伯克利分校获得了地理学博士学位。有一天，在做档案研究时，他注意到，美国地质调查局的档案中有大片土地被涂抹，这些"空白点"引起了他的兴趣。就像政府文件的涂黑部分有时会引起调查记者和历史学家的注意一样，被隐藏的物体可能会以这种方式无意中引起人们的注意。帕格伦断言："通常情况下，这些地点的轮廓都一览无余。"[29]

尽管政府竭力隐瞒，但事实是，无人机项目并不是那么秘密。它的存在隐藏在众目睽睽之下，比帕格伦拍摄的秘密基地更容易被普通公民接触到。要想知道美国无人机袭击造成了多少人死亡，只需访问英国非营利机构"调查新闻局"的官方网站，便可以浏览详细的估计数据。尽管谈论自己的经历可能会惹来麻烦，但一些无人机操作员还是这么做了。尽管保密限制会使报道无人机项目变得困难，但许多有胆识的记者还是找到了方法：例如，麦克拉奇报业集团的乔纳森·兰迪利用绝密情报告诉大家，无人机发射的导弹通常击中的是低级别武装分子，而不是政府声称的对国家安全构成紧急威胁的恐怖分子。（一位曾担任关塔那摩首席检察官的前空军律师告诉兰迪："感谢给我治病的医生，没有使用军方对紧急的定义。一次普通感冒就足以让你挂掉。"[30]）美国非营利新闻机构"截获"（*The Intercept*）的记者瑞安·德弗罗利根据另一批机密文件发现，在阿富汗东北部的一次无人机行动中，受害者绝大多数是未具名的路人。

诚然，美国人很少听到那些生活在美国无人机巡逻地区平民的声音，但想找到这方面的信息其实并不难。纽约大学法学院全球正义诊所、斯坦福大学国际人权与冲突解决诊所于 2012 年发表了一份题为《无人机下的生活》的报告，采访了巴基斯坦某地区 130 多名亲历美军无人机作战行动的目击者和幸存者，其中就有哈利勒·汗。一天，美军无人机发射的导弹击中了德达海勒镇疑似武装分子集会的地点。事发后，哈利勒赶到了现场。他告诉研究人员，之后的大部分时间里，他都在收集"尸体残骸，将其放进棺材里"，死难者多达数十人，而这次会议其实是部落长老聚集在一起以解决采矿纠纷的。报道中援引一名村民的话说："他们总是在头顶上看着我们。""我们什么都不敢做。"另一人则抱怨道。无人机一刻不停盘旋在上空，发出的嗡嗡声导致当地村民"情绪崩溃，一看到无人机就跑进室内或躲起来，晕厥，做噩梦，产生侵入性想法，对巨大的噪声惊吓过度"。一些村民非常害怕，拒绝送孩子上学。其他人则避开拥挤的地方。[31]

如果肯动脑筋花时间，找到这样的报告其实并不难。但很多人根本没有这个心思。帕格伦关于五角大楼"黑色世界"的摄影集《隐形》中收录了作家丽贝卡·索尼特的一篇文章，她指出："帕格伦描述的地图上的空白点，也相应存在于人们的头脑和公共对话中。"[32]从希瑟·莱恩博发表在《卫报》网站上的文章引起的反应来看，这些空白点与其说是出于保密，不如说是许多"好人"选择不去充实细节，因为他们更喜欢被蒙在鼓里。

当我遇到希瑟时，她已经不再与这个她觉得并非真正想倾听的社会分享真相了。相反，她专注于自身的康复，借助瑜伽和冥想，以及旨在帮助人们克服创伤和情感痛苦的实验性按摩疗法。在这一点上，希瑟似乎在模仿她的父亲。她说，父亲总是通过自省而非寻求他人的认可来获得满足。但她有时很难应用到自己身上，在选择参军那天也是如此。这一决定不仅是因为她想离开家乡，还因为她渴望得到外界认可。希瑟相信，加入军队后，她就能证明所有嘲笑和怀疑自己的人都错了，证明自己能在一个洋溢着爱国热情的小镇获得一席之地。在这里，许多家庭的阳台上悬挂着美国国旗，军人受到尊重。在她想赢得尊重的人中，还有她的父亲。希瑟在参加新兵集训之前去看望了他。当她向父亲透露自己决定为国效力时，希瑟本以为他会为此骄傲。但出人意料的是，父亲温和地警告她："记好了，军队的任务就是打仗和杀人。"

第三部分

# 屠宰车间

# 6 影子人

弗洛尔·马丁内斯从小和外祖父母生活在墨西哥中北部，一家人住在圣路易斯波托西州一所没有水电的小土坯房里。房子位于半山腰，周围景色优美，但是弗洛尔他们穷得叮当响。外祖父是个暴戾的酒鬼，一喝醉就会发酒疯，威胁要杀死弗洛尔的外祖母。弗洛尔还记得，小时候她经常跑来跑去，把刀和枪藏起来，不让他看到。十二岁的某一天，她蜷缩在椅子后面，眼睁睁看着舅舅为了制止外祖父持刀施暴，将其打倒在床上。

同一天晚上，弗洛尔得知外祖母决定离开圣路易斯波托西，而母亲将在两周后把她接去另一个城镇。这个消息令弗洛尔感到震惊，直到那一刻，她还以为外祖母就是自己的母亲。"不，不，"外祖母解释道，弗洛尔出生后不久，她母亲就去另一座城镇的一户富裕家庭做全职管家，根本没时间照顾孩子。此后不久，弗洛尔发现，母亲已经与一名男子组建了新家庭，这个男人将带她们迁居美国得克萨斯州中部的兰帕瑟斯，以过上更好的生活。在随后的几个月里，母亲和继父先后动身前往美国，弗洛尔的生活则被两岁和四岁的同母异父弟弟占据。在母亲和继父攒够支付给蛇头的偷渡费用之前，这对兄弟一直由弗洛尔照顾。为了寻找食物，她会在凌晨四点起床，溜上一艘驳船，从当地的垃圾场收集被丢弃的食物（腐烂的香蕉、发霉的玉米饼）。

　　生活危机四伏，但弗洛尔并不为自己感到难过，她确信命运终会好转。这种乐观情绪在她成长的下一阶段受到了考验。在她十五岁生日到来之际，蛇头出现了，要带她和弟弟前往得克萨斯。到达边境后，蛇头打算划木筏横渡宽阔的格兰德河。不会游泳的弗洛尔不得不拼命抓紧手边的一切。然后她听到蛇头喊道："移民警察！移民警察！"直升机在头顶盘旋，迫使他们掉头。在躲进灌木丛后，他们再次渡河，这一次成功了，但本应前来接他们前往兰帕瑟斯的人却未出现。弗洛尔和弟弟被带回墨西哥，丢在一家破旧的寄宿处，里面住的尽是些毒贩和妓女。一天晚上，她大着胆子去卫生间，结果看到一名瘾君子正在注射毒品。弗洛尔姐弟在那里待了六个星期，躲在肮脏的房间里，睡觉和一日三餐都在里面解决。直到弗洛尔的母亲又寄了些钱，蛇头才最终把他们带到了兰帕瑟斯。

　　最终，弗洛尔与母亲团聚，母亲住的廉价宾馆位于一个广阔的牧场外围，她的继父在那里找到了一份工作。牧场的主人是一对美国夫妇，他们非常欢迎弗洛尔，称她为"茜茜"，并鼓励她去学校学习英语。相比之下，弗洛尔的继父就没那么客气了，他告诉她，如果她想和他们在一起生活，就得付出代价。他心中想的是性。面对弗洛尔的拒绝，继父依旧恬不知耻，"你以为你妈妈会护着你吗？"他语带嘲笑，提醒弗洛尔别忘了她从小就被遗弃。继父块头很大，可以轻易制服她，但弗洛尔并不害怕。从小到大挣扎求生的经历，以及目睹外祖母忍受的虐待，让她充满无畏的反抗精神。弗洛尔对自己发誓，只要继父伸手碰她，就一定要反抗。果然，一天晚上灯灭后，她感觉到继父把手放在她的腿上。弗洛尔大喊起来，继父捂住她的嘴，但她扭动着挣脱了，开始疯狂踢打。骚动惊醒了母亲，她走进房间问发生了什么事。"妈妈，他在碰我！"弗洛尔尖叫道。母亲冷冷瞪了她一眼，仿佛有错的是她，然后狠狠打了她一巴掌。弗洛尔的头撞在墙上，鲜血从嘴里流了出来。

　　在这之后，弗洛尔明白继父说得没错，没有人会来保护她。但她继续拒绝他的求欢，还在床单和枕头之间藏了一把刀，以防他再次溜到自己的床上。屡次尝试未果后，继父非常沮丧，让她卷铺盖滚蛋。弗洛尔飞一般逃离牧场，感到一阵轻松。她想，自己终于自由了。但几个小时后，她开始挪不动步。日落西山，弗洛尔蜷缩在天桥附近的路堤上休息，一边看着天空变暗，汽车飞驰而过，一边想自己会在哪里过夜。在最后的日光消失之前，一辆货车在她面前减速。司机摇下车窗，用西班牙语和她搭话，他和他的墨西哥家人住在附近，可以收留她几天。

在之后将近一年里，弗洛尔都与这家人住在一起。在此期间，弗洛尔联系了母亲，告诉她自己的下落。同时，她还要求母亲提供她决定联系的另一个人，即她生父的地址。弗洛尔听说他也住在得克萨斯州，她觉得这个时候联系他不会有什么损失。在母亲找到与她父亲姓名相符的地址后，弗洛尔寄出了一封信。大约一周后，一个肩膀宽阔、胡须蓬松的高大男子来到了收留弗洛尔的那户墨西哥人家门前。弗洛尔伸手拥抱他时，几乎不敢相信这就是自己的父亲，因为他实在太高了。父亲和她拥抱后，开车带弗洛尔去了他在布拉索斯县的家，那里是得克萨斯农工大学的所在地，有大片灌木丛和农田，以及一些工商企业，其中就包括一家名为"桑德森农场"的公司拥有的家禽养殖场。

在 2018 年出版的《上帝保佑得克萨斯》一书中，得克萨斯土生土长的记者劳伦斯·赖特，创造了一个短语来描述这个"孤星之州"多达 160 万的非法移民。他称他们为"影子人"（shadow people），并表示这些人就像牛仔和牧场一样无处不在。赖特说："在得克萨斯州生活的人不可能不知道这些影子人。他们走着一条我们其他人几乎不承认的路。[1] 他们拥有的一切随时随地都可能被夺走，又会陷入贫困、暴力和绝望，而正是这种处境驱使他们离开祖国，冒险过着地下生活……这些影子人提供了美国边境州尤其依赖的廉价劳动力。他们算不上奴隶，但也缺乏自由。"

在布拉索斯县，影子人从事着各种卑微的低薪工作，他们有的是农场工人和洗碗工，有的是景观和建筑工人。还有一些人在布赖恩镇，为桑德森农场的家禽屠宰场工作。在父亲把她带到布拉索斯县几年后，弗洛尔在那里申请了一份工作，不是用真名，而是用"玛丽亚·加西亚"，她获得的假绿卡上的名字（弗洛尔·马丁内斯本身也是化名）。工厂并未对这份伪造的文件给予太多注意，立即雇用了她。据弗洛尔说，当时很多工人都没有身份证件，这对屠宰场的主管来说不是什么秘密，主管会定期警告工人，如果胆敢抱怨，就立刻打电话把他们交给移民局。

弗洛尔最初在屠宰场工作的时间并不长，不是因为主管真的通知了移民局，而是因为在她开始工作几个月后，她无意中听到管理层准备招聘更多的主管。弗洛尔把这个信息传给了一个可能会对此感兴趣的人——她的丈夫曼努埃尔。两人在约会几年后刚刚结婚。曼努埃尔

最终得到了这份主管的工作，但这给弗洛尔带来了一些
尴尬，既因为曼努埃尔知道她的真名，也因为在此期间，
他成为美国公民的申请已经获得批准。这个消息意味着
弗洛尔可能很快就会获得真正的绿卡。在绿卡送达后，
继续以"玛丽亚·加西亚"的身份在屠宰场工作似乎很
愚蠢，因为移民官员可能会被招来检查证件。在与曼努
埃尔讨论之后，她决定辞职。

　　弗洛尔当时以为，也许有一天她会回屠宰场工作，
就不需要那么躲躲藏藏，尽管她其实也为离开而如释重
负。传送带（即所谓分割流水线）上悬挂的白条鸡匀速
旋转，而她的工作是将其腺体切掉。去头的肉鸡看起来
很瘆人。更糟糕的是，空气中弥漫着鸡粪和生内脏的混
合恶臭。她要连续几个小时吸入这种特殊的味道。

　　辞职后，弗洛尔花了几年全心全意抚养她和曼努埃
尔的三个孩子。最小的女儿上学后，她又开始到处找工作。
第一份工作是在得克萨斯农工大学的自助餐厅兼职做沙
拉。一天，一位顾客注意到了弗洛尔，对她的勤奋和乐
观印象深刻，问她是否愿意来为自己工作。他在当地有
一家"福乐鸡"快餐连锁店，弗洛尔很快就学着用英语
接单，对于这门自己一窍不通的语言，她不得不临时抱
佛脚。但弗洛尔毫不气馁，很快被提升为小组长，然后
是班长，然后是分店经理。唯一的问题是，弗洛尔的收
入仍然仅仅略高于最低工资标准。她认为自己应该得到

更好的待遇，就去找老板谈判。"哦，亲爱的，你已经取得了很大的成就。"他说，然后解释道，要想加薪就必须流利地说英语。

家禽屠宰场的生产线工人时薪在 11 美元到 13 美元之间，与一些工厂的工作相比，这样的收入很微薄，但优于弗洛尔能找到的其他工作。于是，她最终抛开了屠宰场工作中令人反感的记忆，申请回到那里工作。这一次，她被分配到"活体吊杀"车间，工人们把活鸡从板条箱中吊出来，把鸡脚钩在金属钩环上，而这些金属钩环固定在贯穿工厂的传送带上。肉鸡一旦被送上传送带，就会先后被电流击昏，被自动割喉器割断脖子，再浸入滚水完成脱毛。如果有鸡活着从热水池里出来（这种情况时有发生），就需要有工人用刀子手动割断鸡脖。弗洛尔第一次看到这一幕的时候，忍不住流泪，发誓这辈子再也不吃鸡肉了。然而，大多数时候她在痛苦中度过，根本无暇去想那些鸡。"活体吊杀"流水线上每分钟通过的活鸡数量是 65 只，这种疯狂的速度需要工人一次举起两只鸡，一只手一只，然后立即伸手去抓下一对。对当班的大个子男人来说，连续几小时重复这个动作都很累人，更不要说对于身材娇小、手也很小的弗洛尔了。几天后，她因为疼痛而麻木的前臂失去了感觉。晚上，她靠吞服止痛药来减轻脖子和肩膀的抽痛。

最终，疼痛导致弗洛尔向主管提出调岗。她被换到

"双包装"流水线，加入了另一组工人的行列，负责把肉鸡塞进生产线另一端的塑料袋里。这项工作不需要使那么大劲，但重复性劳损更严重，因为袋子经常粘在一起，工人们在把鸡放进去之前需要用指尖把袋子捻开。弗洛尔的手腕和手指开始疼痛，左手尤为严重。过了一段时间后，她去了一趟屠宰场的医务室。"我受不了了，请帮帮我。"她恳求道。她又被转到了去骨流水线，这一次左手的负担减轻了，但很快另一只手就疼痛难忍。

疼痛持续不断，但身体上的痛苦并不是弗洛尔最烦扰的。更令她沮丧的是随之而来的言语和情感虐待。工厂的主管从未问过她感觉如何。相反，他们会斥责她。"你就是不想工作！"其中一位呵斥道。他们唯一关心的就是以最大速度运行生产线，像训任性的孩子一样，对工人们大吼大叫。弗洛尔曾遭受种种苦难，也是个乐观主义者，但这种羞辱的语气刺到了她的痛处，使她想起了外祖父对外祖母的呼来喝去。最屈辱的折磨是要求去洗手间，这需要离开生产线。虽然工人们有三十分钟的午休，在轮班时还有短暂的调休，但在此期间，女厕所里十分拥挤。如果她们要求在其他时间去洗手间，通常会受到责备。弗洛尔了解到，由于害怕主管，一些女同事在工作服下面多穿了一条裤子，以便在忍无可忍的时候，直接在生产线上排尿。弗洛尔曾经目睹更严重的欺凌事件并从中幸存，她毫不害怕，在必须如厕时往往没有征得同意就大摇大摆地去洗手间，这种不服从命令的行为换来主管的怒目而视。

讽刺的是，弗洛尔自己嫁给了一位主管，她开始在家里向丈夫抱怨。"你为什么给工人们这么大压力？"她会问曼努埃尔，恳求他为他们说情。但他无动于衷。他会说："你不是例外，你要面对它。"丈夫告诉妻子，她的压力根本不是个事，想想他自己和其他主管受到的来自上级的压力，上级在会议上一再催促他们更加努力地推动工人提高效率。

## 肉体折磨

我第一次见到弗洛尔·马丁内斯是在瓜达卢佩圣母堂，这是一个社区中心，与得克萨斯州布赖恩的一座土坯教堂隔街相对。该中心正在举办一个工作坊，对家禽工人进行权利教育。有来自北卡罗来纳州的危地马拉人，来自阿肯色州的墨西哥人，该州是泰森食品公司的大本营，也是美国主要的家禽产地。休息时，工人们聚在外面用西班牙语聊天，并享用工作坊组织者准备的自制玉米卷饼和玉米粉蒸肉。

为什么很少有土生土长的美国人受雇在家禽工厂工作？2017年，播客《美国生活》播出了一集节目，邀请亚拉巴马州阿尔伯特维尔的一些居民参与讨论这个问题。

阿尔伯特维尔小镇位于该州东北角，有两家养鸡厂，与其他家禽产地一样，曾在 20 世纪 90 年代兴盛一时。在大约十年的时间里，鸡肉因其胆固醇低被作为牛肉的替代品成功得到推广。在阿尔伯特维尔等地，大量鸡肉消费意味着就业机会，但这些工作主要流向了墨西哥人和危地马拉人，移民的到来激起了当地人的不满，他们想知道为什么没有雇用更多美国人。"这地方有很多人想要工作，"一名叫帕特的女士抱怨道，她在 20 世纪 70 年代开始在一家工厂包装肉禽内脏，"他们就是不雇用美国人"。[2]

亚拉巴马州一些有影响力的政客也持这种观点，其中就包括时任联邦参议员的杰夫·塞申斯。作为移民的强烈反对者，他对这一问题的立场受到其家乡家禽业劳动力的构成变化影响。（塞申斯的密友、反移民组织"数字美利坚"的创始人罗伊·贝克在接受《美国生活》采访时表示："要不是因为在亚拉巴马州家禽养殖场的经历，我真的怀疑塞申斯会不会把移民问题作为自己的标志性政见。"）塞申斯出席过阿尔伯特维尔市政厅召开的一次会议，与会居民大肆发泄他们对移民涌入社区的不满。这足以让他相信，宽松的移民政策导致外国人"夺走了为数不多的工作，让美国人失业"。

对于大多数美国人来说，这些工作是否真的有吸引力还是个未知数。然而，在某种程度上，移民的涌入的确是造成它们不受欢迎的要因之一。和其他地方一样，在阿尔伯特维尔，养鸡厂的工作变成了"移民干的活儿"，其地位因雇用外国出生的工人而下降，这些工人的涌入，对该行业所有员工的薪酬和议价能力施加了下行压力。帕特从事内脏包装的工厂就是一个很好的例子。虽然存在工会，但亚拉巴马州承认工作权，新入职员工不需要加入工会，许多移民也不会加入，这导致工会人数占比下降到 40%（曾经高达 94%）。帕特的薪水也下降了；在《美国生活》的节目播出时，她每小时赚 11.95 美元，如果考虑到通货膨胀的速度，大约少了一半。2002 年，家禽屠宰场工人的平均工资比制造业工人低 24%。到了 2020年，这一数字变成 40%。从理论上讲，鸡肉越来越受欢迎本应使工人获得更大的议价权，并迫使公司提高工资。但帕特这样的当地人认为，资方的压力被拒绝加入工会、从不抱怨低工资的移民工人化于无形。

长期关注这一动态的经济学家菲利普·马丁，研究了移民进入某些利基劳动力市场*（采摘蔬菜、打扫酒店房间）如何使这些工作对土生土长的美国人来说变得更艰苦、更不具吸引力。马丁认为："只要存在移民劳工，雇主就不会被迫升级改造，使脏活对美国人的吸引力越来

---

* "利基市场"（niche market），又译为缝隙市场、针尖市场等，指那些被市场的统治者或者占据优势地位的企业忽略的细分市场。

越小。"[3]移民因此蒙受了带有种族主义色彩的社会污名，低技能的美国工人担心自己被更加逆来顺受的外国人取代，由此产生的阶级焦虑加剧了脏活的肮脏性。帕特说："这让我们都觉得会被排挤出局。"[4]

诚然，对移民的态度更偏向自由主义的美国人并不这样看，而是把外国出生的工人视为足智多谋的奋斗者，认为他们能吃别人吃不了的苦。因此，自由派更有可能对这些移民大加赞扬，而不是将他们视为肮脏的闯入者。然而，当他们的工作涉及供大规模消费的动物屠宰时，情况就不一样了。毕竟，规模化地杀害工厂化农场饲养的动物，与许多问题有关：虐待牲畜、过量使用激素和抗生素、破坏环境，而这些都是自由派深恶痛绝的。正如作家乔纳森·萨福兰·弗尔在其畅销书《吃动物》中所言，工厂化养殖出来的是"饱受折磨的肉体"：它们是从过度催肥的转基因鸡、牛和猪身上切下来的，这些可怜的动物被塞进肮脏、疫病肆虐的畜棚，从生到死不见天日，遭受着无法形容的痛苦，而这些都是为了使少数大公司的利润最大化。[5]

弗尔在书中暗示，吃这种肉的家伙是折磨动物的共谋，这一信息引起了越来越多注重健康和生态的消费者共鸣，他们更愿意购买来自家庭农场的有机肉，或者选择成为素食主义者。但是，如果说食用工厂化养殖的肉类是可悲的，那么，对于那些为大型公司工作并直接参与杀戮过程，站在活体吊杀以及整体分割流水线上的工人来说，这一切意味着什么呢？只要他们出现在对肉类工业的曝光中，往往被描述为无情的畜生，而不是值得钦佩、足智多谋的奋斗者。《吃动物》有一节名为"新型施虐狂"，弗尔在其中描述了泰森食品公司的一家工厂，工人"经常直接割下活鸡的脑袋"。[6]他还描述了获颁肯德基"年度最佳供应商"的另一家工厂，工人们对待宰的鸡又是踢打践踏，又是摔到墙上，还会把口嚼烟吐到鸡眼睛里。这些故事表明，如果在这个行业工作，你很可能会变成施暴者。不过弗尔也承认，工人们自己也经常受到严重虐待。当然，这种承认很少出现在诸如"善待动物组织"（PETA）等公益组织的网站上。这些组织发布了"施虐狂工人"虐待农场动物的偷拍视频，并主张以刑事重罪起诉肇事者。"善待动物组织"网站登载的一则视频和博客帖子宣称："当人间地狱被曝光时，你会在视频中一再地看到对无法忍受的痛苦和赤裸裸虐待的漠然。"[7]

无论是右翼还是左翼，都可能会轻视在美国屠宰场工作的体力劳动者，尽管基于不同的原因。在许多文化中，直接接触动物血肉的工人向来都被视为肮脏的。历史学家威尔逊·沃伦指出："在德川幕府时代的日本，屠夫被归为"秽多"，即不洁之人，被隔离在城市某些专门划出的区域生活和工作。在印度，与动物尸体打交道的人是贱民的一部分。"[8] 在法国和英国，虽然人们不会大加谴责，但直接杀害动物也会带来道德污点。哲学家约翰·洛克在 1693 年出版的颇具影响力的文集《教育漫话》中指出，屠夫往往被排除在陪审团之外，理由是"以虐待和杀害低等动物为乐的人也不会对同类怀有同情或仁慈"。[9]

两个多世纪后的 1906 年，美国出现了一部尖锐揭露肉类加工业内幕的作品。厄普顿·辛克莱的《屠场》出版时，为本地社区提供服务的乡间屠夫已经被大型肉类加工公司取代，后者利用当时刚刚出现的铁路冷链，将肉类从遥远的农场运到芝加哥等大城市的集中屠宰场。（彼时尚未颁布反垄断法，这些公司会遏制竞争，使利润最大化。）辛克莱的小说取材于芝加哥一家屠宰场。尽管这是一部虚构作品，但在动笔之前，作者在芝加哥实地调查了七个星期，使这本书从令人痛苦的现实主义中汲取了力量。和弗尔的《吃动物》一样，《屠场》描述了大规模屠宰牲畜的可怕细节。工人们主宰着"一条死亡之河"，换班时，浑身溅满鲜血。[10] 但与弗尔不同，辛克莱的主要目标不是引起人们对虐待动物的关注，而是为了展现工人的困境，身为社会主义者的辛克莱希望能作出改变。他告诉出版商："我计划写的这部小说旨在阐述，为了利润而剥削人类劳动的系统如何伤害人的心灵。"[11]《屠场》的主角尤尔吉斯·鲁德库斯是立陶宛移民，来到芝加哥追求美国梦。他年迈的父亲在一家肉类加工厂工作，后因肺部感染而死，尤尔吉斯却无力为其举行正式的葬礼。他本人也在工厂受伤后被解雇。屠宰场的工人经常暴露在不安全的环境中，得不到基本的便利设施，如冬天没有暖气、不能上厕所。辛克莱在一段中写道："甚至连给人洗手的地方都没有。"[12] 类似的段落还有很多，它们暗示，在肉类加工行业工作不仅危险，而且很脏。

《屠场》最初在一家社会主义报纸上连载，引起了轰动，书中描述了死老鼠和感染肺结核的牛被绞碎后卖给不知情消费者的细节，使读者感到震惊。肉类的销量急剧下降。西奥多·罗斯福总统因而邀请辛克莱在白宫共进午餐。罗斯福赞同屠宰业是邪恶的托拉斯——他也对辛克莱的社会主义理想颇为欣赏——很快就派遣调查人员去调查芝加哥屠宰场的状况。这项调查推动了《肉类检查法》和《纯净食品及药物管理法》的通过。须知辛克莱当时年仅二十七岁，前几部作品都遭到恶评，销量也很惨淡。这样的反响自然令他飘飘然，但也发人深省。《屠场》一书的出版，使辛克莱成为那一代人中最著名的"扒粪"者，但这并没有打消他的疑虑，即一旦人们对食用受污染肉类的恐惧减轻，大型肉品公司就会像以前一样无情盘剥工人。辛克莱遗憾地总结道，激怒读者的不是工人受到的虐待，而是吃腐烂肉的风险。他后来不无感慨："我想打动公众的心，不料击中了他们的胃。"[13]

厄普顿·辛克莱于 1968 年去世，此时，对芝加哥屠宰场工作环境的担忧已从头条新闻中悄然淡出。其后几十年间，屠宰业的工作环境之所以得到改善，不是因为公众的呼吁，而是出于工人的要求。美国食品加工包装厂工人联合会（UPWA）是推动这些进步的主要力量，他们成功地将一个种族和民族分裂被故意煽动的行业整合起来。20 世纪初，肉类加工厂的劳动力主要是东欧移民。到了 20 世纪 30 年代，芝加哥屠宰场中三分之一的工人都是非裔美国人。许多黑人工人最初是为顶替罢工者工作而被招入这个行业的，被安排在最辛苦、最不受欢迎的岗位上。在轮班时和下班后，盛行的"社会和文化隔离"阻止了不同种族的工人相互交流，更不用说在罢工问题上共进退了。[14] 美国食品加工包装厂工人联合会竭力弥合分歧，举行种族融合集会，废止屠宰场附近的酒吧和旅馆的种族隔离措施，并鼓励黑人担任工人代表。种种努力并没有被报刊忽视，《芝加哥卫报》便盛赞该工会"战胜偏见"的斗争。[15] 在"二战"后的几十年里，工会的努力也开始得到回报，屠宰行业的工资水平比制造业工作的平均水平高出 15%。

但在屠宰场工作仍然不轻松。这项工作肮脏而艰苦，因为要杀害动物而引发公众广泛的厌恶。但几十年来，屠宰场工人能够过上体面的生活，并行使其集体谈判权，这一切似乎意味着《屠场》中的故事已成往事。好日子一直持续到 20 世纪 70 年代初。当时，一家名为艾奥瓦牛肉加工公司的屠宰企业开创了一种全新的生产模式。该公司没有将工厂设在城市，而是设在农村地区，为了更靠近农场和牧场，以降低运输成本。同时，这些地区也倾向于反对工会，从而可以降低劳动成本。当位于内布拉斯加州达科塔市的主力工厂发生罢工时，艾奥瓦牛肉加工公司大量引入墨西哥的罢工破坏者作为反制措施。这一举措是该公司新实施的"低工资战略"的一部分，使其比竞争对手更占优势。很快，竞争对手纷纷开始效仿这一战略，肉类加工工人的好日子就此终结。到 1990 年，屠宰业的平均工资比制造业的平均工资低了 20%。与此同时，这份曾经稳定的工作彻底取消对技能的要求，变成越来越危险的临时工作，工伤率也随之飙升。

　　刀具割伤、肌肉撕裂、手指肿胀：美国屠宰场的工人自己也是弗尔所说的"饱受折磨的肉体"。一名肉类加工工人谈到他忍受的残酷条件时说："我的伤疤到处都是：手臂上、心灵上、思想上和灵魂上。我明白了，对于肉类加工厂厂主来说，我只是个该死的垃圾。"[16] 在许多屠宰场，每年的员工流动率超过了 100%。农村地区的工厂如何才能找到足够的健康劳动力来替代换掉的工人？如果没有像"基础工人移民联盟"这样的游说组织帮助大量低技能移民入境，屠宰场经营者可能会陷入无人可用的窘境。该游说组织的成员中，便有美国肉类协会。肉类加工公司有时会招募第三方承包商，将来自塞拉利昂等战乱国家的移民和难民带到美国。据估计，到20世纪90年代，该行业有四分之一的劳动力是非法移民，他们处于社会的边缘地位，更不可能维护甚至了解自己的权利。2005年，一份人权观察报告显示，工业化屠宰场工人的基本权利遭到蓄意侵犯，这与该行业对移民劳工的依赖密不可分。该报告发现："本报告中描述的所有侵权行为，如未能预防严重的工伤和疾病、拒绝向受伤工人提供赔偿、干涉工人的结社自由，都与该行业大多数工人的弱势移民身份以及雇主利用这一弱点直接相关。"[17]

正如我们所见，干脏活的工人有时来自美国的穷乡僻壤，例如美国许多监狱所在的"农村贫民窟"。就家禽屠宰场而言，干脏活的人则来自其他国家，作为影子人受雇于一个在美国食品体系和一日三餐中越来越重要的行业。从1960年到2019年，美国人均鸡肉消费量增加了两倍多，鸡肉超过牛肉和猪肉成为美国最受欢迎的肉类。到2019年，超过2万家鸡肉快餐连锁店在美国开业，这是一个价值340亿美元的行业的一部分。"影子人"站在产业链条看不见的一端，这根链条从美国的工厂化农场到工业化屠宰场，一直延伸到超市出售的冷冻肉块，以及"福乐鸡"和"肯德基"的点单窗口。正如埃弗里特·休斯可能会指出的，这些工人为社会解决了一个问题，为了让快餐连锁店的顾客满意，他们从事着令人讨厌但必须有人去做的工作，而很少有美国人有这样的胆量或能力。

## 种植园资本主义

在得克萨斯州布赖恩——我正是在这里遇到的弗洛尔·马丁内斯——举办的工作坊上，我一再听到这种看法。一名叫胡安的危地马拉工人告诉我，在他工作多年的一家位于北卡罗来纳州的家禽工厂，偶尔会有白人前来试工，但工作到午休就会撂挑子不干。"他们说，'我还没疯到要整天都站在这里。'"，胡安笑着说。与在场的其他工人一样，胡安是应"劳工权利中心"的邀请来参加工作坊的，该中心是一家总部位于布赖恩的支持工人的非营利组织，旨在帮助移民捍卫他们的权利。讨论进行到一半的时候，与会者开始聚餐，享用墨西哥炸豆泥和新鲜玉米粉蒸肉。之后，一群工人走上前来表演短剧。他们身穿工作服、戴着发套和橙色乳胶手套，并排站在齐腰高的桌子后面，假装这是家禽加工厂的生产线。他们模拟各种任务，快速移动双手，一遍又一遍地重复同样的动作，一名男性主管站在一旁，不时用西班牙语高喊："快！动起来！"其间，一名女工要求去洗手间。她说，"我内急。"主管喊道，"憋住！"女工回答，"憋不住了。"主管吼道，"叫你憋住！"

　　事后，我与参加演出的一名工人交谈，她自称雷希纳（因为不想使用真名），出生于墨西哥，年过五旬，涂着鲜艳的指甲。一旦开始谈论自己在布赖恩家禽工厂工作两年的经历，她脸上顽皮的笑容就消失了。离职时，雷希纳两只手都患上了腕管综合征。她的大腿还因为被一名工人在搬运沉重的箱子时意外撞到而受伤。雷希纳表示，表演这个短剧让她十分痛苦。但痛苦的来源与其说是身体上的，不如说是情感上的，她想起了自己站在流水线上需要上厕所却被命令等着的经历。这种情况经常发生，导致她的膀胱出现问题。最后，她不得不垫着卫生巾上班，以防在流水线上尿湿裤子。

　　"按道理，我有权利上厕所，但我不想丢掉工作。"雷希纳沮丧地说。当我问她采取这些预防措施的感受时，她良久不语。"悲伤，气愤，无力"，她说，然后哭了起来。作为一名单亲妈妈，她还有几个孩子需要抚养。雷希纳对于羞辱自己的上司唯唯诺诺，只是因为囊中羞涩，担心失去工作。她擦干眼泪后说："迫于生计，我们只好在那里工作。"

　　几周后，我再次来到布赖恩，采访了其他几名目前或曾经在家禽屠宰场工作的生产线工人。她们都是墨西哥移民，都需要养家或者拉扯孩子。在被问及为什么进厂工作时，所有人的回答都与雷希纳说的大差不差：因为需要用钱，而且这份工作要比制作汉堡或在汽车旅馆里打扫厕所工资更高。在布拉索斯县很难找到好工作，对拉丁裔来说尤其如此，他们的贫困率为 37.4%。在讲述自己的经历时，除一人之外，其他女工都当着所有人的面掉泪。

正如她们的眼泪暗示的，工厂的工人不仅会受到虐待。她们还感到自己的人格遭到侮辱与贬低，在人类学家安吉拉·斯图西关于家禽业的民族志《勉强糊口》中，被调查者也很熟悉这种感觉。在 1945 年之前，与猪肉和牛肉不同，家禽产业规模较小，主要集中在密西西比州等南部各州。斯图西在那里进行田野调查后发现，"二战"前，从事这一行业的劳动力主要是白人妇女。到 20 世纪70 年代，白人女性已经被非裔美国人取代。黑人进入曾经实行种族隔离的屠宰场，使许多白人选择离开。到 21世纪初，从事这一行业的黑人工人开始与拉丁裔移民一起工作，而家禽业突然成了一个利润丰厚的行业（2020 年，禽蛋类成为密西西比州最主要的农产品，创造了 28 亿美元的收入）。但很少有利润流入工人的腰包，斯图西将家禽业描述为"种植园资本主义"体系，其特点是劳动力由有色人种主导，他们在剥夺人性的环境下工作，而这些公司的老板和高级管理人员绝大多数是白人。与种植园一样，少数族裔工人受到监管人员的残酷对待，监管人员对他们实行完全控制。艰苦的工作给工人的身心都留下了创伤。斯图西总结道，在家禽屠宰场工作"不仅会引起身体的疼痛，上司的长期虐待也会伤害员工的精神，威胁员工的尊严、自我价值和正义感"。[18]

研究奴隶制的历史学家可能会对"种植园资本主义"这一术语提出异议。然而，当我听到布赖恩家禽屠宰场的工人描述其忍受的侮辱时，这个短语却一直浮现在我的脑海中。"他们就差用鞭子来打你了。"雷希纳说，一边打着响指，模仿那些差遣她的主管。其他人说，他们被当作"机器"对待，一旦身体出现问题，就会像一次性用品那样被无情丢弃。这是弗洛尔·马丁内斯的朋友莉比娅·罗霍的观点。我在第二次去布赖恩时与她相识。罗霍在工厂工作了十八年，这段经历让她肩膀劳损，手腕受伤，右臂无力地垂在身旁。她告诉我，伤病迫使自己最近停止了工作。现在她担心没有人会再雇用自己。

我从胡安妮塔那里听到了类似的故事。她是一个无证移民，跟丈夫以及三个孩子一起住在布赖恩的一个活动房屋公园。在活动房里，百叶窗被拉上，小厨房的炉子上两个大锅冒着滚滚蒸汽，让屋里异常闷热。胡安妮塔在切菜调味的间隙还要照顾孩子们，其中一个才学会走路，哭闹着要吃东西，她用一瓶冲调的可可奶对付了过去。另外两个瘫坐在房间角落里的一张破沙发上看电视。住的地方太狭小，加上有好几张嘴需要喂养，这也就是为什么胡安妮塔刚开始在家禽工厂工作时，对其他年长同事的警告充耳不闻。他们提醒她："你还年轻，不应该在这里工作。"这份工作的时薪为 12.2 美元，对她来说可不是小数目，还提供医疗保险（尽管工人必须自掏腰包支付四分之一的费用）。"在迎新会上，我想，'太好了吧！'"她说。

胡安妮塔被录用后不久，就在工厂的卫生间里滑倒了，这里的地板上满是污垢。她的左手触地，很快就变得疼痛难忍。厂里的医生用绷带包扎她的手腕，告诉她需要限制活动。但她没有因此得到主管的同情。随后，她被分配到的工作需要以极快的速度将鸡胸肉打包到托盘上，这明显与医嘱不符。她开始怀疑主管在密谋把自己赶走。有一次，胡安妮塔的手实在疼得厉害，去护士那里拿绷带包扎，迟了两分钟才到岗。"你总是迟到，你的工作量不达标！我不能容忍这样。"主管责骂道。她哭了起来，因为疼痛难要求回家休息，他威胁要解雇胡安妮塔。"我不在乎你的感受：要么留下来继续干，要么就卷铺盖走人。"他厉声说。

后来，在另一个部门工作时，用来消毒生鸡肉的化学品意外溅到了胡安妮塔的眼睛里。这造成了严重刺激和眼睛流泪，工厂的护士让她去奥斯汀看专科医生，而医生说她需要手术。胡安妮塔告诉我，这次以及随后与眼睛有关的治疗，都必须自掏腰包。回到工作岗位后，眼睛的问题继续困扰着她，但工厂的护士坚称这种情况与工作无关。在我们谈话时，胡安妮塔拿出一个装满病历的文件夹，展示了公司开具的一份医生报告，护士在上面写道："没有工伤，是过敏。"胡安妮塔怒视着这份文件说，"我从来不过敏。"她又翻出了另一份医疗文件，来自负责该工厂医保计划的第三方。这是一项"不利福利裁定"，其结论是，她的左手、左手腕和肩膀损伤也与工作无关。

胡安妮塔说："他们想让我离职，这就是他们在你受伤时的常规做法。"她告诉我，自己的医疗保险似乎只覆盖工厂诊所发的廉价药膏和绷带。最后，胡安妮塔还是离职了。我们见面时，她已经失业，不确定还能否再工作，因为她既没有证件，身体又有伤。她的眼睛虽然已不再流泪，但视力大不如前，尤其是在明亮的阳光下。这就是为什么活动房里的百叶窗被拉了下来。胡安妮塔说，桑德森农场公司对待她"就像对待一次性垃圾"。

## 透明化行动

参观完胡安妮塔居住的活动房公园后，我转天驱车前往位于布赖恩的桑德森农场公司，看能否与其经理和主管谈谈流水线工人的待遇。厄普顿·辛克莱在写《屠场》时，对此类事件感兴趣的外来者只需在芝加哥等城市的街道上逛一逛，就可以到屠宰场参观。"他们说每个英国

人都会去芝加哥的畜牧场"，英国作家吉卜林正是这样的
"局外人"，他在1899年出版的《旅行书简》中生动描述
了绵延数街区的牲畜圈中屠宰的猪和牛。吉卜林写道："在
离城市约六英里的地方就能找到，一旦看过这些屠宰场，
你将永远不会忘记。"[19]

　　一个多世纪后，美国的屠宰场变成了类似监狱的存
在，迁移到社会"不引人注目的边缘"，既是为了利用
良好的营商环境，也是为了远离公众视线。桑德森农场
在工业园区内，开下高速公路后，沿着一条蜿蜒的道路
来到尽头，可以看到一扇金属门，大门上方的标志宣布，
再往里走就将进入私人产业。我去的那天是个阴雨天，
沿着道路爬上一座缓坡后，是被另一扇安全门隔开的停
车场。不远处有一座巨大砖房，两面被雨水淋湿的旗帜
垂在入口处的杆子上。一面是有五十颗星的美国国旗，
另一面是只有一颗星的得克萨斯州旗。当我来到安全门
前时，一辆半挂式卡车从我身旁驶过，车上堆满用金属
网包裹的板条箱，这些早上装满叽叽喳喳的活禽运过来
的板条箱此刻是空的，任由细雨溅落其间。它们是唯一
的迹象，表明这栋大楼的墙后在大规模屠杀动物。

　　拥有并经营该工厂的桑德森农场公司是世界上最大
的家禽生产商之一，也是密西西比州唯一入选《财富》
1000强的企业。该公司于1947年成立，作为家族企业，
最初为劳雷尔镇的街坊供应雏鸡和饲料，之后于1987年

上市。20 世纪 90 年代，桑德森农场公司将业务扩展到其他州（佐治亚州、路易斯安那州、得克萨斯州），这些地区的共同特征是工会力量薄弱，以及同样重要的，环境法很宽松。布赖恩的这间工厂于 1997 年开业。十五年后，非营利组织"环境得克萨斯"发布一份报告，称其为该州最大的水污染源，向溪流中排放了总计 544 吨的有毒物质。这绝非个案。根据"环境完整性项目"2018 年发布的一份报告，标准规模的屠宰场每天排放 150 千克氮，大致相当于一个 1.4 万居民的城镇未经处理的污水含氮量。报告发现，一些家禽养殖场经常违反当地的污染物排放限值，却往往不受惩罚。还有许多工厂建在法规宽松的州，就"允许排放更多污染物"。生活在富裕社区的"好人"不为此烦恼，可能是因为他们大多数可以免受影响。正如"环境完整性项目"指出的，屠宰场不成比例地位于"拉丁裔和非裔美国人比例很高"的偏远地区，那里的大量居民"生活在贫困线以下"，"最经不起失去饮用水和其他自然资源的供应"。[20]

　　肉类加工业的肮脏副产品（血液、粪便）渗入了在屠宰场干脏活的工人居住社区的溪流。2015 年，据得克萨斯州教育局统计，像布赖恩这样的地方，当地学区有 74% 的孩子家庭条件很差。

　　与许多家禽公司一样，桑德森农场公司支持垂直整合的商业战略，拥有从饲料厂和孵化场到将鸡运至屠宰场的卡车等一切设备。泰森食品公司开创了这一战略，使主导肉类和家禽市场的大公司获得了巨额利润。正如记者克里斯托弗·伦纳德在他的书《肉制品勾当》中所示，这对农村社区和养鸡养猪的承包农户来说没什么好处。这些农民根据公司制定的秘密方案来获得报酬，常常处于破产的边缘。抱怨合同条款的人往往会被淘汰（公司只需停止供应雏鸡即可）。正如伦纳德指出的，随着泰森这样的公司影响力扩大，美国农村人创造了 chickenized 这个词来描述在县里发生的一切："他们被鸡化了。"[21]

与其竞争对手一样，桑德森农场公司也努力培养正面形象。2018 年，该公司发起了一场"讲真话"广告活动，以宣传其新的"透明化行动"。该公司营销总监希拉里·伯勒斯表示："我们相信，如果能坦诚地告诉客户和消费者我们为什么这么做，他们会更好地了解家禽产业，也会对全家人食用的肉类观感更佳。"[22]

对透明度的强调并没有传到布赖恩工厂的门卫耳朵里，当我要求进入厂区时，他们告诉我不得入内。其中一人递上了写着工厂电话号码的纸条，解释说所有来访者都需要获得许可才能进入。我回到车上打电话，接电话的办公室工作人员给了另一个号码，表示我需要直接联系桑德森农场公司密西西比州总部的首席财务官迈克·科克雷尔。我拨通了电话，这次接电话的是科克雷尔的秘书，一名友善的女性，带着浓重的美国南方口音。

她记下了我的名字，并解释说科克雷尔先生正在开会，她会尽力提醒他，请我再次致电。

一个小时后，我拨打电话，解释说我在工厂外面等待进入许可。女秘书告诉我，科克雷尔先生还在开会。又过了一个小时，我再试了一次。她说，科克雷尔先生仍然很忙，整个下午都有大量电话和电子邮件要回复，所以我当天不可能进入工厂。

在接下来的几周里，我反复致电桑德森农场公司，要求参观布赖恩的工厂并采访科克雷尔，但采访和参观的请求都没有得到许可。这很难与该公司宣扬的"透明化行动"吻合。肉禽业以其保密性而闻名，这并不难做到。在许多州，在肉类或家禽屠宰场内录制视频或拍照实际上是犯罪行为，这要归功于在行业游说者推动下通过的所谓"反吹哨人"法（其中一些法律后来被法官裁定为违宪而废除）。

最终，我收到了桑德森农场公司关于其工作场所政策的声明，这是一份两页的新闻稿，最初是用来回应美国乐施会*的报告的。乐施会的报告标题为《无救济》，重点关注禁止家禽屠宰场工人上厕所这个在其看来普遍存在的问题。乐施会的研究人员与其联系时，桑德森公司

---

* "乐施会"（Oxfam）于 1942 年在英国牛津郡成立，是一个具有国际影响力的发展和救援组织联盟，由 21 个独立运作的乐施会成员组成。

拒绝回应相关指控，但报告发表并得到新闻媒体的报道后，该公司立刻反驳其真实性。"公司从未拒绝任何人使用洗手间，"我收到的新闻稿声称，"桑德森农场公司严格遵守职业安全与健康管理局的标准，规定在员工需要时必须向其提供洗手间设施。"

"桑德森农场公司最宝贵的资产是我们的员工，"新闻稿继续写道，"我们以尊严、尊重和对他们敬业工作的极度感激对待他们。"

弗洛尔·马丁内斯曾有机会看到，如果肉鸡分割流水线上的工人得到了尊严和尊重将会如何。机会出现在她被指派在布赖恩的工厂担任装配操作工的时候。她告诉我，自己的这份工作肩负多重职责，需要将流水线工作与监督结合起来，而弗洛尔在监督时尽量体恤工人。如果流水线上的工人看起来筋疲力尽，她会替换相应工人，好让他们有机会休息片刻。她没有大喊大叫，而是微笑着给予鼓励。

弗洛尔的同事们对此反应很积极，她自豪地告诉我，在她上岗后的第三天，一举打破了七小时内禽类处理数量的纪录。然而上司对此并不认可，斥责弗洛尔过于宽容。有一次，主管告诉她给每个工人发一副手套，如果有人要求再给一副，就说没有。弗洛尔反对道："但我们办公室里有一整盒，这些人需要补充更换。"主管不为所动，"弗洛尔，请照我说的做。"

　　看着主管对工人们颐指气使的样子，弗洛尔回忆起自己的童年，那时她无助地站在一旁，看外祖父恐吓外祖母。她觉得这份工作对女性来说尤其有辱人格。除了不允许上厕所会有膀胱感染的风险，女性还有可能遭受性骚扰（主管有时会对生产线的女工喊道："动，像昨晚那样动！"）。解决此类骚扰，是在瓜达卢佩圣母堂举行的工作坊的目标之一。在开幕演讲中，来自奥斯汀的两名律师解释了性骚扰的构成条件，以及员工该如何与之抗争。就像媒体和娱乐行业的情况那样，受 #MeToo 运动的激励，有越来越多女性开始揭露虐待或侵犯她们的有权势的男性。2018 年秋季，在好莱坞制片人哈维·韦恩斯坦的性侵事件首次曝光并引发一连串类似事件的一年后，参加布赖恩举办的这场工作坊，可以体会到 #MeToo 运动影响多么深远。但工作坊也强调了这一运动面临的障碍。好莱坞女演员和女新闻主播通过律师起诉都已经很困难了，因为担心引发报复和公开羞辱。对于拉丁裔移民来说，他们担心在这个行业但凡投诉就会遭到报复，想要抗争更是难上加难。雇主的报复并不是唯一的问题。奥斯汀的律师发言后展开了一场讨论，一名来自北卡罗来纳州的工人讲述了一名在家禽加工厂工作的妇女的故事，她向管理层投诉主管反复对其实施性骚扰。这名女士的丈夫发现后，怒不可遏，但发泄的对象不是主管，而是她。这名工人说，家禽分割流水线上的性别权力关系往往反映了工人家庭中的性别权力关系，女工几乎找不到任何避风港。

弗洛尔向丈夫表示，自己当装配操作工时对受到的苛刻待遇不满，曼努埃尔告诉妻子不要老是抱怨，而要像主管那样思考。弗洛尔总结道，像主管一样思考，意味着只关心加工更多鸡肉获得的奖金。曼努埃尔年底带着奖金回家时，会把支票给妻子看，希望博得她的欢心。弗洛尔对此确实十分感激，因为这样一家人才能够维持开支，最终搬出他们在布赖恩居住多年的活动房，搬进邻近大学城的一栋两层小楼。但随着时间的推移，她开始对曼努埃尔带回家的奖金感到内疚，认为这些都是脏钱。

"我想对他说，你为什么要拼命加快流水线的加工速度？你为什么要杀人？你在杀害我们！"弗洛尔回忆道，"我不会说桑德森农场公司在杀我们。我会说**你在杀我**。你为什么要这样做？"

她说："他有权力，他有权力去那里。"

弗洛尔所说的"那里"，指的是主管与高级管理者的会议。她觉得，在这些会议上，没有理由不为一线员工说话。然而，正如弗洛尔意识到的，主管根本没有说话的份。曼努埃尔会告诉她，只有设定生产配额、决定生产线运行速度的经理才说了算，他们对主管讲话时同样用的是轻蔑的语气。换言之，生产线的监管者只不过是在为公司高管干脏活，像乔·桑德森<sup>＊</sup>这样的大老板才是真正的受益者。

## 不合时宜

弗洛尔和我采访过的其他工人都相信，管理层认为外来移民逆来顺受、永远不敢维护自己的权益，因而肆意虐待屠宰场工人。莉比娅·罗霍说："这就是为什么他们这么做，因为他们认为我们不能自卫，因为我们英语说得不好。"还有几名工人告诉我，当你没有其他选择，觉得自己在社会上形同无物时，很难为自己的权利辩护。然而事实上，这些工人并非隐形人，反而是"眼中钉"，在布拉索斯县经常作为想象中的"他者"遭到抨击。与得克萨斯州其他地区一样，这里既依赖这些影子人，又对其百般诋毁。2017 年，得克萨斯州州长格雷格·阿博特签署法律，禁止各市政当局成为无证移民的"避难所"，并要求执法部门遵守美国移民与海关执法局的拘留要求。在去采访桑德森农场公司一名工人的路上，我听了当地一个讨论移民问题的广播节目。主持人长篇大论地谈到，涌入得克萨斯州的拉丁裔移民如何"憎恨美国"并威胁

---

＊ 2017—2018 年，乔·安德森是密西西比州薪酬最高的首席执行官，年薪超过 1000 万美金。——原注

到美国的传统和价值观。主持人并没有说这些移民是肮脏的，但称他们是入侵者，一旦被吸纳就会损害并玷污这个国家。

我采访的所有工人都告诉我，他们在特朗普担任总统期间听到的此类言论越来越多。在他们看来，这种不祥的新趋势助长了仇恨和暴力。*然而，在得克萨斯州，这种做法却似曾相识，让人回想起早先对墨西哥人的诽谤，尽管那个时代当地人还需要依赖他们从事令人生厌的艰苦劳动。正如历史学家大卫·蒙特哈诺在其著作《得克萨斯形成过程中的盎格鲁人和墨西哥人》中记载的，在 20 世纪二三十年代，得克萨斯州各地的农场主雇用了墨西哥移民工人在田里劳作。这些移民兢兢业业、对工资要求低，因而颇受欢迎。（有种植者说："如果没有墨西哥人，白人劳工……就会要求增加自己的工资，而其愿意付出的劳动却不及墨西哥人的一半。"）[23] 但作为邻居和公民同胞，墨西哥移民却并不怎么受欢迎。得克萨斯州乡村地区的大多数城镇和学校都被严格隔离。蒙特哈诺指出，有种反复出现的民意认为，隔离是必要的，因为墨西哥人"肮脏"，这个词不仅意味着不讲究个人卫生，

---

\* 2019 年 8 月 3 日，一名袭击者闯入边境城镇埃尔帕索的一家沃尔玛，杀害了二三十人，这是美国历史上对拉丁裔最致命的袭击。执法人员认定，枪手帕特里克·克鲁修斯事先曾在论坛 8chan 上发布白人民族主义宣言，谴责对得克萨斯州的"西班牙人入侵"。——原注

还指社会意义上的不可接触。在盎格鲁白人眼中，"墨西哥人卑鄙、低贱、可憎"，[24] 这种观念因移民劳工从事的脏活而得到加强，这些工作后来被视为"墨西哥人工作"。墨西哥人"必须受到教训，认识到自己很脏，而且这是一种永久的状况。他们不可能变得干净"。[25]

蒙特哈诺认为，将墨西哥人归为肮脏的人，有助于消除对"社会秩序"的潜在威胁，确保移民工人即使受到依赖也清楚自己的地位。这位历史学家承认，他的分析归功于一部有影响力的文化理论著作，即人类学家玛丽·道格拉斯的《洁净与危险》。这本于 1966 年出版的书将污秽定义为"位置不当的东西"（matter out of place），[26] 也即，东西之所以被视为令人厌恶，并不是因为它固有的肮脏，而是因为它的存在与支撑现有社会秩序的模式和假设不一致。道格拉斯说："污物违反秩序。"因此，它是危险的。然而，将某物归类为肮脏也可能是一种肯定，因为这样做隐晦地标出了不肮脏和需要保持清洁的东西。道格拉斯认为："有污秽的地方必然存在一个系统。污物是事物系统排序和分类的副产品，因为排序的过程就是抛弃不当要素的过程。"[27] 不当要素可能是无生命的，如污物、粪便，也可能是道格拉斯所称的"污染者"，"逾越了本不应该越过的界限"[28] 的社群成员，其他人竭力避免与之接触，以维护自己的纯洁地位。

我们尚不清楚，蒙特哈诺研究中的墨西哥移民工人是因为他们的所作所为抑或他们是谁而获得这个称号。在这方面，他们并不是唯一的。在印度，类似的命运早就降临到达利特人*或"贱民"身上，他们是贫穷的被驱逐者，被迫从事清洁厕所等污秽的工作，并被禁止与高种姓的印度人进行身体或社会接触。在欧洲不存在正式的种姓制度，但一些被排斥的群体仍然被视为"污染者"，比如充当放债人的犹太人，尽管放债在西方商业生活中日益普遍、不可或缺，但这一活动被视为一种罪恶。中世纪的欧洲有很多基督徒放债者，犹太人却被视为这个行业最无情和狡猾的从业者，被指控为贪婪的高利贷者，以过高的利率借钱给基督徒。教会领袖谴责这是一种不可饶恕的罪，尽管看到《圣经》禁止的有息借贷外包给敌对信仰者让很多人悄悄松了一口气，毕竟救赎犹太人并不是自己的责任。正如教皇尼古拉斯五世所说，宁愿"让那些人（犹太人）放高利贷，而不是基督徒之间借高利贷"。[29]

放债对犹太人的影响并不是完全负面的。英国历史学家西蒙·沙玛（Simon Schama）指出，放债者是"英国犹太人中的权贵"，[30] 有些人住在拥有精致的喷泉和狩猎场的豪华庄园里。然而，对于整个犹太社群来说，情

---

\* 在印度的种姓制度中，最底层的人被传统的上等种姓叫做"不可接触者"，即贱民；他们则自称为"被压迫的人"，即达利特。

况并非如此。1518 年，德国雷根斯堡的一组行会提出申诉，指控他们和其他基督徒同伴被放高利贷的犹太人"吸干榨净，劳神伤财"。[31] 一年后，雷根斯堡 500 多名犹太人被驱逐出境。可以说，比任何具体的报复行为更具破坏性的是，大众的想象中逐渐形成与放债相关联的"肮脏的犹太人"形象，这一刻板印象在禁止收取利息的规定出台后仍然长期存在。在反犹主义经典文本《锡安长老会纪要》中，描述了"犹太高利贷者"的阴谋。几十年后，纳粹党的官方纲领呼吁"打破利息的奴役"，[32] 德国的反犹主义者与其他国家的同道一样，将高利贷与犹太金融家联系在一起。其实早在中世纪，基督徒就经常要求比犹太人更高的贷款利率，但这并不重要，更不用说像英国这样的地方，犹太放债人的收入经常因为对犹太社群征税或死后没收财产而流入王室国库。沙玛评论道："犹太放债人去世后，（至少）三分之一的财产回流给了王室。因此，犹太人艰难促成的交易，顷刻成了贪婪的国库的利润来源。犹太人被迫干脏活，背上一世恶名，而王室却捞到了实惠。"[33]

　　如果干脏活的移民减少，屠宰场的"屠宰车间"将何以为继？2019 年 8 月，特朗普政府对密西西比州的家禽养殖场进行了一系列移民突击搜查，而密西西比州莫顿市的情况揭示了这个问题的答案。600 多名移民在行动中被捕，使莫顿的白人工人阶层（特朗普的选民基础）获得了在当地一家养鸡厂工作的机会。然而，正如《纽约时报》在一篇关于搜查后果的报道中透露的，最终很少有白人申请这些工作。大多数应聘者是非裔美国人，他们被该工厂 11.23 美元的时薪吸引，这比当地的快餐或零售工作要高出几美元。额外的收入得到了追捧。随之而来的道德问题就不一样了。许多新近入职的黑人工人对突击搜查表示担忧，认为这是出于种族歧视。一名工人告诉《纽约时报》："他们对待拉丁裔的行为就像在杀人。"

在密西西比州等地，黑人和棕色人种工人受雇从事在许多白人看来显然低人一等的工作。2020 年 4 月，一项研究发现，肉类加工业一线工人中白人仅占 19%。有色人种（拉丁裔美国人、非裔美国人、来自越南和缅甸等国的亚洲移民）占近 80%。这些工人中近一半生活在低收入家庭。

我在布赖恩访问的一户低收入家庭，正是弗洛尔·马丁内斯家。一天晚上，我受邀去她家共进晚餐。我们坐在二楼的厨房里，一边吃着用仙人掌和树番茄调味的墨西哥炖菜，一边听着她的宠物鹦鹉的啁啾声，这些鹦鹉关在隔壁客厅的白色笼子里。晚上，弗洛尔把我介绍给和她同住的儿子和小女儿。曼努埃尔不在这里。弗洛尔解释说他们离婚了，这意味着她现在必须靠自己维持生计，而她不再为桑德森农场公司工作后，情况雪上加霜。她向我保证，这是自己第二次，也是最后一次从那里辞职。她现在在大学城的一家墨西哥快餐连锁店"塔可钟"（Taco Bell）工作，每小时挣 9 美元。

弗洛尔没有掩饰这件事造成的压力，她提到自己刚收到富国银行（Wells Fargo）的一封警告函，信中明确告知，如果拿不出 1.1 万美元，她很快就会被扫地出门。然而，她并没有对自己停止在桑德森农场公司工作感到遗憾。弗洛尔表示，自己只是不得不停下来。在被问及为什么时，她拿起苹果手机翻找视频，然后把手机转向我。屏幕上有一段她录制的按摩视频，她的右手蜷缩在一起，用另一只手逐一揉捏关节和手指。她告诉我，每天早上，她都会通过这个方法来减轻疼痛。病痛使她很难向外伸出手指，像穿衣服这样简单的事都成了令人生畏的挑战。"你看我的手指，看它是怎么动弹不得的。"弗洛尔指着自己蜷缩的右手中指。在视频中，她一直试图展开中指，中指却垂向手掌，肌腱就像一根断裂的橡皮筋。她说，有时候需要花二十分钟才能把手指活动开。面对自己受到的折磨，她既感到耻辱，又觉得有义务记录下来。弗洛尔告诉我，在屠宰场的护士告诉她需要病情的"证据"后，她录制了这段视频。最后，工厂的医生为她做了一些测试，告诉她疼痛的来源是狼疮或关节炎，而这是与工作无关的先天性疾病，因此不属于公司的责任。弗洛尔后来去看了一位与工厂利益无关的医生，医生对这一诊断提出疑问，并说她没有得狼疮或关节炎。

这时，弗洛尔说："我很生气。我恨主管。我恨人力。我恨每个人。"仇恨对弗洛尔来说并不新鲜：十几岁时，她常常幻想杀死试图性侵她的继父。但她新近的遭遇带来了前所未有的痛苦。成长中的贫困，外祖父喝醉后的咆哮，逃离虐待儿童的家庭，以及作为无证移民的经历——这些都没有让她开朗的性格变得阴暗。无论遭遇多么凄惨，弗洛尔始终相信幸福在自己力所能及的范围内，她总有办法体验幸福。但桑德森农场公司的工作动摇了这一信念。当她感到自己的信念要被打破时，她判定为了保住工作而放弃幸福不值得。为了维护自尊，她不得不离开。

不久后，我了解到弗洛尔在劳工权利中心找到了一份新工作。此前她曾偶尔在那里做志愿者，而她那打动过"福乐鸡"老板的勤奋和开朗吸引了中心其他同事的注意。该中心隶属于劳工和宗教组织组成的联盟，致力于为移民提供教育，为他们赋能，使他们能够对抗有辱人格的工作条件。中心组织的活动既有我此前参加的关于性骚扰的工作坊，也有直接行动，如随后的示威活动。在示威活动中，一群抗议者站在桑德森农场公司入口处的草地上，在竖着私有产业标志的大门正前方，挥舞着写有墨西哥语"请让我上厕所"的横幅，谴责不允许流水线工人上厕所的恶劣行径。在当地新闻报道了抗议活动后，感到难堪的桑德森农场公司放松了对上卫生间的限制。一些滥用职权的主管甚至遭到解雇。

2020 年 3 月初，弗洛尔还在劳工权利中心工作，她听到工人们担心一种新的危险：新冠。工人们有充分的理由担心。与监狱一样，美国的屠宰场也很快会被病毒攻陷，因为屠宰场内很拥挤，工人们经常肩并肩地站在生产线上近距离劳作，况且在疫情暴发之初，肉类加工业继续全力运转而不是保护其一线员工。桑德森农场公司也不例外。早些时候，弗洛尔听到惊恐的工人抱怨说，公司没有向他们提供口罩，也没有遵循疾控中心发布的社交距离指南，让员工保持六英尺（约 1.83 米）的间距。2020 年 3 月 20 日，该公司总裁兰普金·巴茨向员工发放了关于"出勤率"的备忘录，告知他们，作为"关键基础产业"的员工，他们需要履行继续出勤的"特殊责任"。备忘录没有提到要放慢生产线的速度，以让工人们彼此隔得更远。3 月底，工人们得到了口罩，并安装了一些洗手消毒站。公司还开始要求工人每天早上测体温，体温超过 37.8℃ 就回家。但弗洛尔说，那些有流鼻涕、咳嗽等其他症状的人并没有被送回家，许多人认为公司试图隐瞒感染病毒的工人人数，以避免引发恐慌。

一天早上，还在追踪这一切的弗洛尔自己也发烧了。

她在床上躺了好几天，动弹不得，脑袋嗡嗡作响，不管喝多少水喉咙都火烧火燎。她最终得知，自己中招了。弗洛尔与新冠感染斗争了数天，一度担心自己可能活不下来。"我当时真的非常非常难受。"她说。虽然症状最终减轻了，但弗洛尔得知自己患有另一种可能致命的疾病：乳腺癌。弗洛尔发了一连串短信向我转述了这一切。在其中一条短信中，她提到自己不再为劳工权利中心工作，因为她在隔离期间发现，尽管该中心主张为其他人提供更好的工作条件，但并没有为自己的员工提供医疗保险或家庭医疗假。她写道："我一直在为我以为自己被赋予的工人权利而战。我不打算再为这个地方工作了。"尽管这一切令人沮丧，但弗洛尔并没有自怨自艾或甘认失败。她听起来很乐观，因为自己又一次克服了重重困难，这让她很振奋。"我真的认为这是个奇迹，因为我本可能死掉，"她写道，"但我还在这里"。

"我现在不能工作，所以实际上没有收入，"她在另一条短信中说，"但我们会好起来的。墨西哥人习惯了挣扎求生。"

# 基础工人

7

埃弗里特·休斯极力认为，干脏活的工人充当了"我们的代理人"，在众多公民默许下执行了令人讨厌的任务，却被这些所谓的"好人"疏远和蔑视。20世纪70年代美国各州关闭精神病院后，监狱和看守所实际上成了美国的精神卫生机构，而监狱中担任狱警的工作人员就是干脏活的人。"9·11事件"后，公众的注意力逐渐转移，对战争愈发漠不关心，而无人机操作员代表他们执行定点暗杀行动。正如休斯在其文章中描述的例子一样，在上述两个事例中，干脏活的人都是受国家委托履行其职责的。他们的雇主是公众，这突出了一个事实，即他们不是流氓行为者（rogue actor），而是政治体的代理人。

但美国和所有现代社会一样，公民可以通过另一种方式受益于分配给其他人的脏活：不是充当雇主，而是消费其生产的产品。弗洛尔·马丁内斯为私人公司而非美国政府工作，但对她供职的行业影响最大的显然是美国人民的胃口。美国人消费了大量的鸡肉、牛肉和猪肉，同时很轻易就能避免靠近生产现场。有人可能会认为，对健康的担忧和带有异国情调的蔬菜（如羽衣甘蓝）越来越受欢迎，导致美国人减少了动物蛋白摄入量。然而，统计数字表明情况并非如此。1960 年，美国人均肉类和家禽消费量为约 73.4 千克。二十年后的 1980 年，这一数字上升到约 87.5 千克。到 2000 年，红肉和鸡肉的消费占比出现颠倒，前者减少，后者上升，但消费总量继续攀升。2008 年经济危机后，这一水平略有下降，很可能是因为预算紧缩的家庭买不起那么多肉，但下降持续的时间并不长。2018 年，美国农业部预测，美国人在这一年平均将食用约 100.8 千克的肉禽类，这一数字创下新高，是美国政府营养学家建议的动物蛋白摄入量的两倍，也是全球人均肉类摄入量的两倍多。

这些数据显示，美国人想要的是大量消费的廉价肉品，这也是桑德森和泰森等公司的屠宰场生产线运转速度如此之快的原因之一：需要让每小时投入的每一美元生产出尽可能多的产品。屠宰行业的发言人声称，高效生产让每个人都受益匪浅，使肉价保持在可承受的水平，使每个家庭都能够购买他们想要的数量。但正如作家迈克尔·波伦指出的，美国肉类的廉价掩盖了一系列隐性成本：对环境的影响（养牛是温室气体排放的最大来源

之一，也是造成森林砍伐和水污染的主要原因）；对公共
健康的影响（心脏病的风险更高，由于过度使用抗生素，
耐药感染的风险加大）；对动物的影响，如果能目睹美国
工厂化农场和工业化屠宰场发生的一切，即使是坚定的
肉食者也会承认这点。波伦在其颇具影响力的著作《杂
食者的两难》中评论道："没有哪个国家如此残酷且密集
地饲养与宰杀牲畜。历史上也没有哪个民族的日常生活
会离牲畜这么远。"[1]

　　这种距离既是物理上的，也是美学上的。超市出售
的牛排和鸡腿均使用了无菌、无味的包装，掩盖了屠宰
体系的残酷性。这些包装里的食物，如肉馅饼、沾满面
包屑的炸肉块，与肉类几乎没有任何相似之处，使人们
很容易忘记为了生产这些半成品有动物遭到宰杀。希望
隐瞒这一点的想法，对诺贝特·埃利亚斯来说并不陌生。
他在《文明的进程》一书中特别以屠宰牲畜为例，说明"令
人难堪的事件"是如何被隐藏的。埃利亚斯指出，"在中
世纪的上流社会里，经常把整头牲畜，或者一头牲畜的
大部分端上餐桌。不仅仅是整条整条的鱼，整只整只的
家禽和鸟——其中有的还带着羽毛——而且，还会有整
只的兔子、羊羔和四分之一的小牛出现在餐桌上"。随着
时间的推移，这一规范让位给"另一种水准，即尽量避
免想到肉肴是用屠宰了的牲畜烹调而成的。我们绝大
部分肉肴中，通过切割和烹调的艺术隐去或改变了牲

畜的形状，以致人们在食用的时候几乎不会再想到它们的原貌"。

埃利亚斯继续说道："切肉曾经是上流社会社交生活中不可分割的组成部分，以后人们便慢慢觉得，观看切肉是一桩令人难堪的事情。切肉本身并没有被取消，因为要吃肉就必须把牲畜切开，但这种变得令人难堪的事情，或把它'置于幕后'的做法，很能说明被我们称作'文明'的整个过程的特性。从在餐桌上分割大块的或整只的牲畜，到因不愿看到死的牲畜而引起的难堪界限的前移，以及在幕后的专门地方来分割牲畜，这一发展便是典型的文明的发展。"[2]

在 21 世纪的美国，吃肉就是站在这条文明发展曲线的最高点，安全地远离屠宰场工人每天遭遇的令人厌恶的景象，甚至不允许消费者在电视上看到。动物权利保护者盖尔·艾斯尼茨在她的书《屠宰场》中写道，自己试图说服美国广播公司"20/20"栏目的高级制片人播放她在几家肉禽工厂拍摄的虐待牲畜的视频片段。制片人很感兴趣，但这个想法最终未能实现，因为担心视频素材"对观众来说太耸动了"。[3] 艾斯尼茨得知这一消息的当晚，打开电视浏览频道，收看了一个关于警察刑讯逼供的节目，一部包含强奸镜头的电视剧，以及由"半个小时的战争、饥饿和种族灭绝"组成的晚间新闻。而这些对于观众来说，却不被认为过于耸动。

政治学家蒂莫西·帕希拉特将工业化屠宰场描述为"禁区"(zone of confinement),"普通社会成员无法涉足"的孤立、暴力之地(他从社会学家齐格蒙特·鲍曼那里借用了这个术语)。[4] 为了深入这个禁区,帕希拉特决定申请一份生牛屠宰场的工作。他应聘的工厂劳动力主要是移民和难民,每周屠宰超过一万头牛,折合每天 2 500 头,差不多每 12 秒一头,他后来出版的关于上述经历的《每十二秒》,书名便出自这里。帕希拉特发现,以这样的速度杀死这么多动物是件肮脏污秽的活计,动物的粪便、血液、呕吐物和内脏(牛的心肝脾肺)会溅到工人身上。同时还需要使用极其野蛮的暴力。他进厂工作了五个半月,有一次被分配到入货的滑槽,负责用电击棒驱赶牛群穿过圆形回转畜栏,前往屠宰场。他写道:"受到惊吓的牛会乱蹦乱踢……许多还会发出哀鸣。"[5] 当一头牛在滑槽中倒下时,队伍继续移动,倒下的动物会被踩在地上。奶牛从滑槽中被运输机送到"致昏箱",在那里,牛头会被击晕枪射中。有一天,帕希拉特进到致昏箱里面,被告知如何杀牛。将击晕枪对准牛的眼睛上方几英寸处后,他扣动扳机,只见血从牛的头骨中喷射出来。杀死的牛被运输机运走;几秒钟后,另一头又出现在致昏箱里,"牛头摇晃着,眼睛睁得大大的,显然吓坏了"。一名同事后来警告帕希拉不要做杀牛工。"那狗屎工作会把你搞出问题的!"他说。这一警告引起了帕希拉特的共鸣,待在滑槽里的时候，他不断地与奶牛直接接触，拍拍它们的鼻子，盯着它们光滑柔软的皮毛。"我感觉这份工作真是烂透了，"他后来写道，"我也会这样来形容许多负责这一工段的工人的感受，活生生的动物和驱赶它们的人就这么粗鲁而暴力地持久对抗着。"

在一家生猪屠宰场上班的工人告诉盖尔·艾斯尼茨："最糟糕的事情，比人身危险还糟糕的，是情感上的伤害。屠宰间里待宰的生猪走过来，像小狗一样用鼻子蹭我。两分钟后，我不得不杀了它们。"他的许多同事吸毒或酗酒，试图使自己麻木。"唯一的问题是，即使你试图借酒消愁，当你清醒的时候，它们仍然存在。"[6]这句话让我想起了从狱警汤姆·贝内兹那里听到的故事，从事他那个职业也需要依赖类似的应对机制。艾斯尼茨的叙述表明，屠宰动物的脏活可能对工人的心理产生同样深远的影响。

帕希拉特得出了不同的结论。用击晕枪杀牛确实可能导致严重的情绪困扰。"没有人想这样做，"另一名工人告诉他，"你会做噩梦的。"[7]但工厂里的大多数工人似乎并没有被他们所做的事困扰。造成这种情况的主要原因是屠宰车间的分工，它划分出许多不同的流程工人——开膛工、内脏工、凿头工，屠宰行为十分细化（许多工人确信，只有在致昏箱工作的人才真正杀死了动物）。这一描述与我在家禽屠宰场获得的第一印象相吻合，那里的工人也有类似的专业分工：一组负责切除内脏，另一组负责切断颈部，第三组负责修剪残次部位。当工人修剪和清除禽类的内脏时，粉红色的血水沿着地板流淌，溅到鞋上。这让我深感不安，尤其是刚开始的时候，屠宰车间里弥漫的气味让人恶心。然而，很容易想象，一段时间后，切脖子或割肝脏都将变得稀松平常，沦为不会带来任何痛苦的技术性工作，正如我采访过的桑德森农场公司工人对他们工作的描述。随着时间的推移，甚至连帕希拉特卧底的屠宰场的滑槽工人也开始变得麻木，嘲笑他软弱。"你他妈的像个娘们儿！"当帕希拉特拒绝用电棒把牛赶到致昏箱时，一名工人喊道。"电击这些牛有什么意义？"帕希拉特问道。"就是为了让它们遭罪。"工人说。

从上述对话来看，像"善待动物组织"这样的团体没有错，他们认为在屠宰场工作会灌输对苦难的冷漠，会助长残忍和施虐的倾向。但是，谁对这种残忍行为负有更大的责任？是那些击晕和杀害动物的工人（"善待动物组织"的一些积极分子主张以刑事重罪指控他们），还是那些吃肉从不考虑成本的消费者？帕希拉特辞去生牛屠宰场的工作后，与一位朋友讨论了这个问题。他写道："她充满激情、无比自信地坚持认为，屠宰工人需要承担更多的责任，因为正是他们实施了杀死动物的具体行为。"[8] 帕希拉特则持相反观点，他向朋友明确表示：

"那些与屠宰现场保持距离的受益者，将这项可怕的工作委托给他人却推卸责任，他们才需承担更多的道德责任。在屠宰场这样的环境中，干脏活的都是社会上机会最少的人。"

## 履行订单

有些人认为，这项工作只能用可怕形容。像"善待动物组织"这样的动物权利保护者肯定会有这样的感受。即使是与之议程不一致的组织，也知道切忌把屠宰牲畜供大众消费描述为令人愉快的工作。"人权观察"组织在其 2005 年关于肉类加工业劳动条件的报告中指出："杀害和分割禽畜一直是血腥、艰苦和危险的工作。"[9] 在 20 世纪初，从事屠宰业务的场所"不仅是血汗工厂"，还是"血腥工厂，'血腥'的不仅是动物屠宰。这个行业工资低，工时长，待遇差，大多数是移民工人，他们有时会遭受致命的剥削"。

然而，与其他形式的脏活一样，肉类加工业的条件并不是注定的，而是由法律规章和政府机构合力塑造的。虽然至少在理论上，政府机构有权使这份工作不那么可怕，无论是动物的待遇还是工人的待遇；但它们是否真的会这样做就是另一回事了。1906 年的《肉类检查法》在厄普顿·辛克莱出版《屠场》后不久就签署生效。从这时起，政府开始监管肉类加工业，以防止再次发生让读者震惊不已的不卫生操作。在第二次世界大战后的几十年里，美国农业部会派遣联邦检查员到屠宰场检查屠体，并在必要时停止生产，以便从生产线上清除受污染的肉类。这个制度虽并不完美，但运行良好，足以保证消费者餐盘上的肉是安全的。然而，20世纪80年代，里根政府采用了新的"一条龙检查"制度。据称，这种被吹捧为更现代、更科学的制度使公司能够加快生产，同时减少联邦检查员的工作量。1991年，记者斯科特·布朗斯坦在《亚特兰大宪法报》上发表了一篇文章，描述了家禽业失序的后果。他报道说："在南方，每周都有数以百万计的鸡分泌黄色脓液，排出绿色粪便，被有害细菌污染、罹患心肺感染、恶性肿瘤或皮肤病，但这些鸡被卖到了消费者手中，而不是被禁售并销毁。"[10] 布朗斯坦引述了检查员的话，他们告诉他，美国农业部确保禽类可安全食用的认证标志已经变得"毫无意义"。一位行业发言人承认，"我们很清楚这个问题，但还不知道该怎么应对"。

六年后的1997年，克林顿政府出台了一个有利于屠宰行业的解决方案，即所谓"危害分析与关键控制点"（HACCP）体系。这项方案旨在成为提高食品安全的分水岭式改革，但它却将权力移交给行业雇用的质量保证官员，并将联邦检查员的职责限缩为二级抽查。一些联邦检查员将 HACCP 戏称为"喝杯咖啡并祈祷"（二者的英文首字母相同）。后来又出现了 HACCP 的新版本，其缩写 HIMP 被人赋予了不同的解读："把手伸进我的口袋"。联邦检查员人数减少后，公司开始向肉类喷洒过氧乙酸和氯等杀菌化学品。而在欧洲，此类喷剂遭到禁止，绝大多数消费者都反对食用喷洒过化学品的肉类。此举并没有解决美国工厂化农场的肮脏状况，避免畜养的动物生病，也未能减缓过快的生产线运转速度。喷洒消毒剂是否能有效杀死危险的病原体也不得而知。但喷洒化学品的明显优势是价格低廉，使美国农业部能够进一步减少现场检查人员，公司也能加快生产速度。美国农业部的一名家禽检查员告诉《华盛顿邮报》："他们不公开谈论这件事，但生产线的运转速度太快，在禽类经过时无法发现污染，比如粪便……他们的态度是，用化学品来做这个工作。"[11]

在工业化屠宰场内喷洒化学品还有一个不太明显的影响，那就是会使许多吸入化学品的工人患病。家禽养殖场被要求张贴《化学品安全技术说明书》（MSDS），以警告工人使用这些化学品可能带来的健康风险。屠宰场使用的过氧乙酸，潜在的健康风险包括"对大部分内脏器官，包括心脏、肺和肝脏的损害"。2011 年，在纽约州一家使用过氧乙酸和氯气的家禽工厂，一名检查员因肺部失血过多死亡。随后的几年里，对家禽养殖场空气质量的投诉越来越频繁。在得克萨斯州布赖恩举行的工作坊上，我一次又一次地听到这样的抱怨。其中有阿肯色州的家禽工人、来自北卡罗来纳州的同行，还有弗洛尔·马丁内斯。她告诉我，在桑德森农场公司工作时，自己的喉咙和肺部一直疼痛发炎。弗洛尔说："嗓子火烧火燎的。"然而，美国农业部和食品药品管理局都没有审查过让工人和工厂检查员接触这些化学品是否安全。政府也没有为过氧乙酸设定任何容许接触限值。

2020年春天，美国工业化屠宰场的工人有理由害怕吸入其他的东西：带有新型冠状病毒的呼吸道飞沫，这种病毒会导致可能致命的新冠感染。就像狱警一样，在大流行期间，屠宰场工作的人被指定为"基础工人"，并被指示继续工作。和狱警一样，许多人发现，这一称号并没有让他们获得个人防护设备或安全的工作环境，更不用说像医务人员和急救人员那样得到公众认可了。根据美国疾控中心的数据，截至7月初，超过1.6万名屠宰场工人的新冠病毒检测呈阳性，86名工人死亡。实际死亡人数可能要高得多，因为确定疫情会出现延误，且只有21个州向疾控中心提交了数据。虽然不完整，但该中心的数据仍有说服力，显示了哪些社区遭到病毒侵袭，哪些社区则相对安全。死于"新冠"的肉类加工工人中，87%属于少数族裔。

　　科罗拉多州也向疾控中心提交了数据，该州格里利县有一家生牛屠宰场。2020 年 4 月，新冠病毒的暴发在那里引发一波感染，导致三名工人死亡。该县的分析显示，检测呈阳性的员工中有 64% 继续上班，这反映了当地卫生官员所称的该工厂"带病工作"文化。科罗拉多州政府下令关闭屠宰场。然而八天后，该工厂重新开放，疫情继续蔓延。很快，又有三名工人死亡，无一例外都是少数族裔。《华盛顿邮报》在几个月后发表的一篇文章中揭露，在此期间，拥有该工厂的 JBS 公司找到了一位强大的盟友——白宫。事发后不久，美国疾控中心主任罗伯特·雷德菲尔德便致电科罗拉多州卫生机构负责人吉尔·亨塞克·瑞安，显然是得到了时任副总统迈克·彭斯的授意。在给格里利某卫生官员的电子邮件中，瑞安写道："JBS 公司正在与副总统联系，他让雷德菲尔德主任给我打电话。"根据这封电子邮件，雷德菲尔德希望科罗拉多州允许该公司"将无症状的工人送回岗位，即使怀疑他们是密接人员，只要无症状即可"。[12]《华盛顿邮报》的报道还追踪了比安弗尼·希南戈一家的情况。比安弗尼是一名刚果难民，上完夜班后开始咳嗽和发烧，很快检测出病毒呈阳性，并感染了七十三岁的母亲。尽管比安弗尼康复了，但他患有高血压的母亲却离世了。这让比安弗尼怀疑自己当初决定逃离内乱的刚果，来到看似安全的美国是否明智："我意识到美国并不是我们以为的天堂。"

格里利的 JBS 工厂并不是唯一由联邦政府向州政府施压要求其保持开放的屠宰场。2020 年 4 月 26 日,《纽约时报》整版刊登了一则关于肉类加工业严峻形势的广告——不是关于死亡和生病的工人,而是可能吃不上肉的消费者。广告内容为泰森食品公司首席执行官约翰·泰森的公开信,宣称"食品供应链正在断裂"。广告警告说:"猪肉、牛肉和鸡肉工厂将被迫关闭,即使只会持续一段时间,也会有数百万磅的肉类供应从供应链中消失。因此,在生产设施能够重新开放之前,我们的产品在食杂店的供应将会十分有限。"[13]

泰森公司的广告见报两天后,时任美国总统特朗普援引《国防生产法》命令肉类加工厂继续营业,推翻了各州和地区以健康为由要求暂时关闭工厂的决定。该行政令申明:"食品供应链中的牛肉、猪肉和家禽(禽肉类)加工商必须继续经营,并履行订单,以确保美国人蛋白质的持续供应。"[14]但新闻报道很快揭示,为美国人提供蛋白质并不是肉类加工业的首要任务。就在《纽约时报》刊登整版广告的同一个月,泰森公司向中国的消费者出口了 113.4 吨猪肉。史密斯菲尔德食品公司的首席执行官也提出了对美国零售终端肉类供应短缺的担忧,而该公司同时向中国出口了 816.5 吨猪肉。《纽约时报》的一篇文章指出:"在 4 月,美国生产的猪肉出口到中国总计达到创纪录的 12.9 万吨。"[15]

这些披露并没有阻止特朗普政府帮助肉类加工业解决另一件它认为紧迫的事情：保护工厂免受被迫在拥挤、不卫生、充斥着新冠病毒感染者的工厂里劳作的工人起诉。政府发布的一份备忘录证实，公司只要"诚实守信地努力"遵守疾控中心的健康和安全准则，就无需因工人接触到病毒而承担法律责任。这份备忘录来自美国劳工部，由职业安全与健康管理局（OSHA）首席副局长洛伦·斯威特签署。OSHA 成立于 1970 年，旨在"为美国每一名工人提供安全和健康的工作场所"。履行这一使命从来都不是容易的事，一方面是因为资源有限——OSHA 的预算大约是环保署的十分之一，另一方面是因为商界的强烈反对，在其看来，OSHA 设定的条条框框是对自由企业体系的无端侵犯。即便如此，当疫情暴发时，OSHA 也理应扮演更重要的角色。该机构本可以实施一项应急临时标准，要求公司遵守特定规则，保护工人免受新冠病毒侵害。2009 年暴发的甲型 H1N1 流感病毒促使奥巴马政府发起一项倡议，为工作场所制定传染病标准，所以早就存在相关指令的模板。随着新冠感染死亡人数攀升，全美各地的肉类加工厂都报告了疫情，OSHA 的一些工作人员便制定了相关的指导意见，希望能够推出。

　　然而，OSHA 并没有颁布任何应急标准，而是发布了一系列备忘录，列出了各行业可以遵循的准则。这些准则没有约束力，公司被明确告知无需承担新的法律义务。这种松懈的做法导致一些工会领导人和工人安全倡导者指责 OSHA 玩忽职守。熟悉时任劳工部长尤金·斯卡利亚的背景和信仰的人并不感到惊讶。这位已故联邦最高法院大法官安东宁·斯卡利亚的儿子、格信律师事务所*的合伙人接管劳工部后，并没有坚定维护工人权利。他确实对政府的规章制度了如指掌，包括 OSHA 推行的工人保护措施，但他在职业生涯的大部分时间里都在试图削弱和破坏这些规定。

2000 年春季，斯卡利亚首次在全国崭露头角，当时美国劳工部组织了一次听证会，就 OSHA 拟定的新工效标准草案征求公众意见。该标准旨在解决腕管综合征和肌腱炎等肌肉骨骼疾病引发的职业健康问题，每年有数十万工人深受这些疾病的困扰，其中包括家禽屠宰场的大量工人。多年来，工会一直在推动制定相关标准，但遭到商业游说人士的反对。听证会在华盛顿特区弗朗西丝·珀金斯大厦†底层一个没有窗户的礼堂举行。斯卡利亚如说客所愿，对作证支持 OSHA 规则草案的人严加盘问，并质疑了肌肉骨骼疾病与工作场所风险因素之间的研究。支持这种联系的证据很多，包括美国国家职业安全与健康研究所在审阅 600 多项研究后，发现"肌肉骨

---

\* 美国顶尖律师事务所之一，于 1890 年在洛杉矶成立。

† 即美国劳工部所在地。弗朗西丝·珀金斯（Frances Coralie Perkins，1882—1965）曾担任美国劳工部长（1933—1945）。

骼疾病与某些物理因素之间存在着一致性，尤其是在高强度接触的情况下"。[16] 斯卡利亚对此不以为然，他在听证会上以及为卡托研究所*撰写的报告中，将人类工效学描述为"垃圾科学"，认为"所谓的肌肉骨骼疾病"更多与"社会心理因素"（例如工人是否喜欢自己的工作），而非与职业风险因素相关。

时任针织品、工业和纺织业雇员联合会的健康与安全主管埃里克·弗鲁明，也出席了 OSHA 组织的听证会。弗鲁明指出，斯卡利亚虽然将人类工效学斥为"垃圾科学"，但他代表的公司，如美国联合包裹服务公司（UPS），恰恰采用了人类工效学原理来防止工人受伤。弗鲁明将这一战略用石油公司做比喻，认为这些公司尽管私下承认气候变化的科学证据，但仍公开否认。他说："这种欺骗的程度，跟我们在气候变化问题上看到的否认或普渡制药公司对奥施康定的虚假陈述†一样恶劣，但因为受害者是每天辛苦劳作的工人，并没有得到同等的关注。不过，就阻碍使用科学来保护人们的健康免受可预防的严重风险而言，这种欺骗同样有害。"

事实证明，斯卡利亚并没有成功阻止 OSHA 在 2000

---

\* 美国智库，成立于 1977 年，名字源于哲学家洛克的论文集，提倡自由和有限政府原则。

† 美国普渡制药公司宣称其生产的阿片类镇痛药"奥施康定"不易成瘾，但实际上极易过量服用并导致成瘾。

年 11 月宣布采用新工效标准。该机构预测，这项法规在未来十年内将防止多达 400 万工人遭受职业伤害，从而使仓库和家禽屠宰场的无数工人免于痛苦。但这项法规没有持续多久。2001 年小布什就任总统后，共和党援引纽特·金里奇"与美利坚的契约"*中的条款，允许国会对政府法规进行快速审查，并投票推翻了 OSHA 的这项法规。由于缺乏白纸黑字的工效标准，遭受重复性劳损伤害的工人只能依靠 OSHA 的一般责任条款，该条款要求雇主创造"没有可识别危害"的环境。这种含糊不清的语言使执行变得困难和费时，增加了证实违规行为的举证责任。2002 年，食品和商业工人国际联盟（UFCW）向 OSHA 提交了一份关于得克萨斯州拉夫金某家禽屠宰场的投诉。拥有该屠宰场的朝圣者骄傲公司则认为自己履行了相关要求。UFCW 安全与健康办公室主任杰基·诺威尔在访问拉夫金并与工厂工人交谈后表示："我已经有二十年没见过这样的情况。"[17] 许多工人都是无证移民，他们害怕对管理层说任何话。UFCW 提出投诉，希望即使在没有工效标准的情况下，雇主也会对严重的违规行为负责。但令诺威尔震惊的恶劣状况并不足以打动 OSHA，该机构驳回了投诉。

---

\* "与美利坚的契约"（Contract with America）是共和党在 1994 年国会中期选举期间发表的竞选宣言，由纽特·金里奇和迪克·阿米撰写，详细阐述了共和党人承诺如果成为美国众议院多数党将采取的行动。

## 商业枷锁

如果工效标准仍然有法律效力，朝圣者骄傲公司位于拉夫金屠宰场的工人，就像弗洛尔·马丁内斯或是我在布赖恩遇到的其他工人，可能会有不同的命运。他们不仅可能减少身体的伤害，还可能避免遭受侮辱，也即人类学家安吉拉·斯图西描述的精神伤害。政客和公职人员本可以做很多其他事情来减轻这种伤害，譬如加强OSHA对故意违反健康和安全标准的公司施加的处罚，或是减缓屠宰场的生产线运转速度。

阻止这些人采取行动的不是不可改变的结构性条件，而是被鼓动的政治力量，以及受特定想法和议程驱动的消费大众（real people）。在不同的国家或仅仅是不同的时代，有组织的劳工可能动员起来，成为推动美国屠宰场减缓生产线运转速度和改善工作环境的力量。但是，与美国许多其他经济部门一样，自20世纪70年代以来，工会对肉类加工业的影响力已经急剧下降。与第二次世界大战后美国食品加工包装厂工人联合会谈判达成的总协议不同，即使是在仍然存在工会的工厂，工会对工资和工作条件通常也没什么控制力。他们对家禽业的影响尤其有限，这一点在布赖恩的桑德森农场公司很明显，该工厂实际上有工会，但无法阻止管理层对工人采取有辱人格的行为（我采访的工人都未加入该工会）。

工会的力量减弱，而另一种力量的影响力却在增长，那就是有组织的资本。如果不是美国工效学联盟，OSHA的工效标准很可能会幸存下来。该联盟是由美国制造商协会和美国商会创建的行业游说团体，多年来一直将工效标准描述为对美国竞争力的威胁。代表游说团的律师之一正是尤金·斯卡利亚。斯卡利亚坚信，政府对私营部门的监管是有害且不合法的。自里根时代以来，这种信念流布甚广，影响力越来越大，在卡托研究所等保守智库发布的报告中得到宣传，还在芝加哥大学等学术机构中逐渐壮大，斯卡利亚便曾就读于芝加哥大学法学院（作为有影响力的法律经济学运动发源地，芝大法学院将新古典经济学的原则应用于法律制度分析，而这种方法受到特朗普政府任命的许多保守派联邦法官的提倡）。政府监管的批评者有时喜欢引用詹姆斯·麦迪逊的观点，即"商业枷锁是不公正的、压迫性的和不明智的"，因此，"开明的立法机构"不应该干涉工业和劳工。[18] 正如斯卡利亚在2000年OSHA的工效标准听证会上的表现所证明的，他是这一观点的忠实支持者。十年后，他将注意力集中在另一套"商业枷锁"上，即《多德-弗兰克法案》中的规定，美国国会于2010年颁布该法，旨在遏制导致2008年金融危机的恣意妄为。该法案生效后，华尔街雇了一大批位高权重的律师，在法庭上对其进行挑战。斯卡利亚也欣然接受了这一角色，证券交易委员会的一些工作人员甚至开玩笑地将《多德 - 弗兰克法案》称为"尤金·斯卡利亚充分就业法"。

斯卡利亚长期以来一直反对保护工人，并充当金融界的代表，这样的履历解释了为什么许多工会领导人认为他被提名为劳工部长是一种侮辱，也解释了为什么特朗普选择他担任这一职务。2016 年，特朗普竞选时宣称自己是普通工人的支持者，但上任后很快就明确表示，他还有其他优先事项：为富人减税，破坏环境和劳工保护政策。任期一开始，特朗普就宣布，所有联邦机构每增加一项新法规，就必须撤销至少两项法规。特朗普上任的头两年半里，在劳工部长亚历历斯·阿科斯塔的领导下，劳工部确实取消了一些法规。但政府内部的强硬派对改革的速度感到不满。阿科斯塔最终被斯卡利亚取代，后者大刀阔斧，废除了一系列保护低薪工人免受工资克扣和其他剥削行为等鲜为人知的法规。对于美国劳工部来说，这一议程十分反常，毕竟其官方职责是"促进和提高美国工薪阶层、求职者和退休人员的福利"。然而，这与斯卡利亚的其他行动是一致的，包括他悄悄引入的一些有利于强势方的新规则。其中一项提议便于公司将数百万零工归类为"独立合同工"（与正式员工不同，公司可以拒绝支付其最低工资、加班费和其他福利）。这表明，斯卡利亚对监管的反对是有选择性的，掩盖了他真正的目的，即强化企业势力，引入独立合同工法规以增强打车软件"优步"和外卖平台 DoorDash 等公司的权力，而这些公司正是他在加入特朗普政府前工作过的格信律师事务所的客户。

　　正如二十年前国会废除工效标准时一样，有组织的资本能够发出自己的声音，有组织的劳工却无力如此。2020 年 4 月 28 日，美国劳联—产联（AFL-CIO）领导人理查德·特拉姆卡致函斯卡利亚，敦促劳工部发布应急临时标准，以保护肉类加工等经济部门的"基础工人"免受新冠疫情影响。但斯卡利亚坚称不必要这样做，因为根据一般责任条款，OSHA 已经有权惩罚不负责任的公司。截至 2020 年 10 月底，OSHA 收到了一万多起投诉，都是针对与病毒有关的不安全工作环境，但它只发过两次传票。该机构后来又传讯了几家企业，其中就有两家肉类加工厂。一家位于南达科他州苏福尔斯，是史密斯菲尔德食品公司旗下的生猪屠宰场，共有 1 200 名工人患病，四人死亡，被罚款 13 494 美元。另一家是位于科罗拉多州格里利的生牛屠宰场，那里盛行"带病工作"的文化，被罚款 15 615 美元。奥巴马任内担任 OSHA 局长的黛博拉·伯科威茨将这些罚款描述为对两家市值数十亿美元公司的"象征性惩罚"，不仅没有起到吓阻作用，反而让它们更加大胆。她说："劳工部的职责是要让在安全生产方面偷工减料的企业知道，如果危及工人安全，他们将面临严重后果。这种微不足道的罚款则传达了相反的信息，等于是在告诉公司，'如果工人在工作中生病或死亡也没关系'。"像许多观察家一样，伯科威茨确信，OSHA 之所以宽大处理，跟屠宰场工人多是移民和有色人种不无关系。她说："里面都是些黑人和棕色人种，我觉得这届政府根本不关心他们。"在疫情暴发之前，特朗普领导下的机构中最密切关注工业化屠宰场的并非 OSHA，而是移民与海关执法局。2018 年，移民与海关执法局派出探员，在田纳西州比恩站的一家肉类加工厂逮捕了 97 名移民，这是十年来规模最大的一次对工作场所的突击搜查。在大流行期间，突击搜查一度停止了，也许是当局认识到实际上需要移民来维持屠宰场的生产线运转。然而，政府显然没有呼吁人们关注移民为维持国计民生做出的牺牲。2020 年 8 月，特朗普在一段视频中与一群"基础工人"在一起：一名邮政工人、一些护士和一名卡车司机。"这些都是我们了不起的，了不起的人民"，他宣称。[19] 这段在白宫东厅拍摄的视频，于共和党召开全国代表大会期间在美国各大电视台播出。镜头里并没有出现屠宰场工人。

## 羞辱性监管

当然，美国并不是唯一依赖外国劳工为屠宰场工作的国家。在德国，这类脏活通常被委托给来自较贫穷邻国（保加利亚、罗马尼亚）的移民，他们由分包商雇用，被安置在拥挤的地方，并受到残酷剥削。因此并不奇怪，德国一些屠宰场也暴发了新冠疫情。2020 年 6 月，北莱茵 - 威斯特法伦州一家工厂的 1 500 名工人病毒检测结果呈阳性，促使当局关闭当地学校并下令封锁。拥有该工厂的德国最大肉制品公司滕尼斯试图将疫情归咎于工厂的外籍工人，立即受到了谴责。德国劳工部长胡贝图斯·海尔指责该公司将"整个地区作为人质"，[20] 并要求其赔偿损失。在滕尼斯公司道歉并表示愿意为该社区的新冠检测支付费用后，海尔怒气未消，告诉媒体他对该公司的信任度为"零"。他后来称肉类加工行业为"有组织地不负责任"\*的体系，并提出了"根本性"改革，包括加强监管和禁止分包。[21]

当危险和有辱人格的工作环境被曝光后，政府官员还有一种应对方式：羞辱从中获利的公司。这种做法在美国并不新鲜。2009 年，OSHA 发起了一项提案，旨在揭发故意违反法律的公司。2014 年，得克萨斯州杜邦工厂的四名工人因接触有毒化学品窒息身亡，时任 OSHA 负责人的流行病学家戴维·迈克尔斯宣布："没有什么能让这些工人回到他们的亲人身边……OSHA 希望杜邦公

---

\* 是德国社会学家乌尔里希·贝克"风险社会"理论中的重要概念。贝克认为，包括公司、政策制定者和专家在内的各种社会组织制造了当代社会中的危险，又以组织体系非常复杂为由推卸责任。

司和整个化工行业都能明白这一点。"[22] 根据《羞辱性监管》一文的作者、杜克大学经济学家马修·约翰逊对该政策威慑效果的研究，在当地媒体和行业贸易出版物上发布此类信息，可导致该行业中邻近工厂的违规行为减少 30%。研究发现，一份新闻稿产生的效果相当于 200 次 OSHA 安全检查。

特朗普政府采取了一种不同的做法。在 2020 年 9 月 24 日的一份备忘录中，时任劳工部副部长帕特里克·皮泽拉指示 OSHA 等执法机构"没有特殊情况"不要公布公司的违规行为。[23]OSHA 立刻停止了对新冠疫情相关违规行为的新闻报道。显然对政府来说，保护肉类加工公司的声誉比保护屠宰场工人的生命更重要。一个名为"工作正义"的非营利组织起诉 OSHA，称其未能保护宾夕法尼亚州"美德莱特"连锁餐厅的肉类加工工人，这些工人的生命受到的轻视也暴露无遗。2020 年 3 月，OSHA 收到投诉，称该工厂的环境构成了"紧急危险"，工人们在狭窄的车间里劳作，彼此间没有隔断。OSHA 并没有检查该工厂，就认定危险并不紧急。同年 7 月，检查最终获得批准，OSHA 事先联系了工厂的人力资源总监，宣布即将进行检查。在一次听证会上，"工作正义"组织的律师马修·摩根问道，提前通报被检查的公司是否为常规做法。OSHA 的检查员表示不是。"那为什么在这里要这么做？"摩根问道。"为了确保我不受新冠病毒的伤害。"检查员说，并解释道，已经有人代表检查员完成了"作业危害分析"，她的上级确信，在进入工厂前采取额外的预防措施是合理的。检查员告诉摩根，OSHA有权利保护自己的员工，这显然是"美德莱特"的工人无福消受的。

除了监管松懈之外，还有其他问题：美国农业部给予了 15 家家禽屠宰场豁免权，允许其加快生产线的速度。根据非营利组织"国家就业法项目"的统计，所有获得豁免的工厂都发生过严重的工伤事故，曾因违反 OSHA的规定而被传讯，或在当时暴发了新冠疫情。

大流行确实在美国引起了一些羞辱，但不是像在德国那样针对肉类加工行业，而是针对工人本身。在与国会两党代表的电话会议中，美国卫生与公共服务部部长亚历克斯·阿扎尔表示，肉类加工厂内新冠感染暴发更多与工人的"家庭和社会"生活有关，而非工作场所环境。[24]南达科他州州长、共和党人克里斯蒂·诺姆声称，该州肉类加工厂"99%"的病例可归因于工人"住在同一个社区、同一栋楼里，有时住在同一套公寓里"。正如虐囚事件曝光后谴责狱警暴虐成性一样，这些声明暗示，主要的道德败坏责任在于少数鲁莽的个人（所谓"害群之马"），而不是他们所处的剥削体系。

这些言论触动了内布拉斯加州克里特居民杜尔塞·卡斯塔涅达的神经。克里特建有史密斯菲尔德公司的一家生猪屠宰场，在该屠宰场工作的倒不是卡斯塔涅达，而是她的父亲，一名墨西哥移民。在新冠大流行开始时，卡斯塔涅达得知，父亲和屠宰场的其他工人得到的是发网，而不是 N95 口罩或外科口罩。史密斯菲尔德公司一度宣布关闭该工厂，但随后突然改变了决定，继续生产。尽管工厂最终提供了口罩，并为分割流水线的工人安装了塑料隔板，但卡斯塔涅达的父亲告诉她，这些隔板是活动的，许多工人仍然认为自己处于高风险之中。卡斯塔涅达的父亲患有基础病，但与工厂的许多工人一样，他不敢向 OSHA 投诉，担心会引发公司的报复。2020年 5 月 27 日，卡斯塔涅达决定自己投诉。她列出了一系列问题，譬如，工厂的食堂和卫生间没有执行社交距离规则，员工也没有被告知哪些同事密接、呈阳性或患病。此时，该工厂已有 100 多名工人患病，这也解释了克里特所在的萨林县为何是该州人均感染率最高的地方之一。

在与 OSHA 联系后，卡斯塔涅达持谨慎的乐观态度。她说："我抱有一点希望，如果他们收到投诉，也许会到这里亲眼看看发生了什么。"她很快接到 OSHA 一位官员的回电，备受鼓舞。然而，该官员解释说，保持社交距离是工人的责任，而不是公司的责任。"他说，'雇主不能整天坐在那里监视工人。'"她回忆道。当卡斯塔涅达询问 OSHA 是否会进行现场检查时，对方表示不太可能，因为史密斯菲尔德公司"遵守了所有规定"。

挂断电话前，该官员还建议卡斯塔涅达告诉家人佩戴口罩，并保持社交距离。她说，这个建议是"一记耳光"，好像她和家人还没有采取这些措施，好像问题不是工厂的状况，而是他们的个人行为。几周后，她看到一篇文章引用了史密斯菲尔德公司首席执行官肯尼思·沙利文写给内布拉斯加州州长皮特·里基茨的一封信，感觉更加不平。沙利文在信中形容社交距离是"仅对白领才有意义的礼仪"。[25] 里基茨本可以像德国劳工部长海尔对待滕尼斯公司那样，反驳这种侮辱性的说法。他本可以因为屠宰公司使萨林县这样的地区承受风险而对其加以羞辱，并宣布他将竭尽全力改革这个行业。但他并没有这么做，而是把责任归于更方便的目标：工人。"我们在病毒肆虐的地方看到了什么？"[26] 里基茨反问道，"我们看到人们聚在一起，那些食品加工者尤其如此。"很快，内布拉斯加的肉类加工工人就被零售店拒之门外，在理发前会被问及他们在哪里工作，内布拉斯加州参议员托尼·瓦尔加斯这样告诉美国公共广播电台。换言之，工人们被视为"污染者"，他们自己的道德败坏才是问题所在，这就是干脏活的工人的感受。这也是杜尔塞·卡斯塔涅达在听到史密斯菲尔德公司另一位发言人的言论后的感受，后者将新冠疫情的暴发归咎于"某些文化背景下的生活环境"，它们"与传统的美国家庭不同"。

"这是在说我们的生活环境不好，"她沮丧地说，"所以我们很脏"。

## 良性消费者

当家禽屠宰流水线上的"基础工人"被视为"污染者"时，金融和计算机工程等领域的非基础工人（所谓"白领"）却在原地避难，甚至比以往离工业化屠宰场更远。多亏了"生鲜直达"和"立即送"，*买肉不再需要与熟食店的屠夫或杂货店店员接触。只需轻轻敲击键盘或轻触屏幕，消费者就能收到他们想要的牛肉、猪肉和鸡肉，而无需考虑食物的来源。

然而，正如迈克尔·波伦的《杂食者的两难》和乔纳森·萨福兰·弗尔的《吃动物》等畅销书的流行证明的，很多美国人确实在思考食物的来源。近年来，越来越多的消费者开始仔细检查他们购买的肉禽产品包装上的标签，这类消费者的数量呈指数级增长，与"良食"（good food）运动同步兴起，该运动促进了更健康的饮食习惯和工业食品体系的改革。虽然用波伦的话说，这场运动看起来像一顶"七拼八凑的大帐篷"，由形形色色的倡导

---

\* "生鲜直达"（FreshDirect）是成立于 2002 年的纽约在线食品杂货商，而"立即送"（Instacart）是成立于 2010 年的网络电商生鲜杂货平台。

组织和公民团体结盟而成，这些机构的议程有时会相互竞争，但目标是说服消费者成为更有良知的消费者和食客。将这一想法付诸实践的人就有所谓的"土食主义者"（locavore），他们直接从当地农场购买食物，尤其是采取有机、可持续养殖方式的小型家庭企业：牧场主饲养的草饲牛从未踏入工业化饲养场；农民出售的鸡蛋来自走地鸡，以种子、植物和昆虫为食，而非转基因玉米和抗生素。

土食者正是社会科学家所称的"良性消费者"，只购买符合他们价值观的食物。这场运动吸引了越来越多的美国人，他们希望与自己吃的食物及其饲育者有更多连结，可以在农贸市场或通过社区农业支持项目与农场工人直接互动。这是一个令人着迷的愿景，吃当地种植的食物有多方面的好处：这些食物可能更有营养，来自受到更人道对待的动物，对环境也有好处。

但土食者也有自己的盲点，特别是对小型家庭农场工人的经历一无所知。政治学家玛格丽特·格雷在采访纽约"哈德逊谷"的农场工人时发现，这些工人绝大多数是无证移民或外来工人，他们在恶劣的条件下工作，通常每周工作六七十个小时，工资微薄。"我们生活在阴影中"，一名工人告诉她。"他们不把我们当回事儿"，另一个人说。[27] 在她的书《劳工与土食主义者》中，格雷问一个小农场的屠夫，为什么他的顾客很少注意到这一点。

"因为他们吃的不是工人。"农民告诉她。

格雷写道："他接着解释说，根据他的经验，消费者最关心他们吃到肚子里的是什么，所以农场工人的劳动标准根本不属于优先事项。"[28]

这名农民的观察有助于阐明，为什么有道德的食客更关心食品系统中动物的福利，他们会费尽心思购买标有"非笼养"和"人道认证"的牛肉和鸡肉，而非关心工人的福利，因为标签上什么也没说。它还强调了良性消费的局限性，也即将政治简化为市场交易，其主要目的是让个人自我感觉良好。良性消费者往往更关心自己的健康和某种纯洁性——不吃含抗生素的肉，不让人工加工食品进入他们的厨房和身体——而不是公平的工资和苛待劳工的问题。良食运动很大程度把重点放在消费者的市场选择上，也就有可能转移人们对食品行业生产条件等结构性问题的注意力。它也会给人留下伪善和精英主义的印象。毕竟在许多贫穷的城市地区，出售有机鸡肉和草饲牛肉的农贸市场和杂货店根本不存在，即使有，许多居民也买不起。像"全食超市"（Whole Foods）这样的卖场出售的有机肉类，价格明显高于沃尔玛的超值套装。一家典型的农家乐餐厅会仿照土食者钟爱的田园风格建成，从原生种蔬菜到草饲羊肉都是在本地采购的，吃一顿的价格很可能是当地餐馆的两倍或三倍，更不用说快餐店了。

如果你有足够的可支配收入，良性消费自然易如反掌。对于预算紧张的家庭来说就要困难得多，更不用说那些依赖食品救济券的家庭了。其结果是造成了一种道德鸿沟，而这种鸿沟往往反映了阶级差异。穷人购买肯德基和沃尔玛出售的劣质肉类，富人则购买高档餐厅和全食超市出售的合乎道德的肉类，购买贴有标签的牛肉和鸡肉，以确保自己良心纯粹、道德高尚。正如生活中的许多其他领域一样，美德与特权相关，富裕消费者能够花钱摆脱与工厂化农场和工业化屠宰场中肮脏行为的共谋，而这些场所生产的食品被不够"高尚"的人买走，其中就有在屠宰场辛劳工作，让分割流水线不停运转的掏膛工和宰杀工。

第四部分

# 现代世界的新陈代谢

# 8

## 不洁能源

2010年4月21日上午，萨拉·拉蒂斯·斯通开始疯狂地给亚拉巴马州和路易斯安那州各医院的烧伤科打电话。她正在打听丈夫斯蒂芬的消息。斯蒂芬在墨西哥湾的一处海上石油钻井平台工作，那里刚刚发生了大爆炸。悲剧发生的前一天，斯蒂芬马上就要在这个名为"深水地平线"（Deep Water Horizon）的半潜式平台完成为期三周的值班，与家人团聚。

事发数小时后，拥有"深水地平线"的瑞士越洋钻探公司的一位女发言人打来电话，告知萨拉因为"发生事故"，需要所有员工都撤离钻井平台。闻听此言的萨拉忍不住胡思乱想。前一分钟，她告诉自己斯蒂芬肯定没事。下一分钟，她就确信再也见不到丈夫了。在"脸书"等社交媒体上，萨拉看到了平台钻井工人配偶们转发的可怕消息："海水在燃烧！""钻井平台着火了！"其间，萨拉和其中一名女士通了电话，对方让其将电视调到她观看的频道。新闻正在直播井喷事件。两人紧紧盯着屏幕，听到了相同的实时更新，报道将爆炸描述为灾难性事故，并提出钻井平台上可能无人幸存。闻听此言，两人不约而同地丢下手机，失声尖叫。

萨拉住在得克萨斯州休斯敦以西一个叫凯蒂的小镇。她在那里长大，结婚后和斯蒂芬在此定居。斯蒂芬刚刚获得房贷预批信，夫妇二人原本计划在斯蒂芬此次换班回家后的第二天，与房地产经纪人会面。但现在萨拉只想知道丈夫是否能平安归来。她联系的医院烧伤科都没有关于丈夫的任何信息。最终，她等到了瑞士越洋钻探公司打来的另一个电话，通知她虽然燃爆造成多人死亡，但斯蒂芬成功逃离了熊熊燃烧的钻井平台。她还被告知，幸存者正被渡船运送到新奥尔良的一家酒店。在与母亲商量后，萨拉将随身物品扔进手提箱，驱车前往休斯敦机场，登上了最近一班飞机赶往墨西哥湾。第二天凌晨 3 点 30 分左右，她接到斯蒂芬的电话，丈夫告诉她，自己正在前往酒店的路上。幸存者家属在此已经等候多时。"你没事吧？"萨拉问道。"嗯，我很好。"他说。

稍后，看着拖着沉重的脚步穿过酒店大厅的斯蒂芬，萨拉立刻明白，丈夫的情况其实并不太好。大厅已经为幸存的工人设置了警戒线。斯蒂芬面无表情，和其他幸存者一样，看起来像是遭受过炮击般的惊吓和创伤。

"当他走进来时，看眼神就知道，发生了很可怕的事情。"萨拉回忆道。

## 满是污垢的女像柱

消费者吃工业化屠宰场生产的肉类，从而受益于在遥远的地方以他们的名义干的脏活。依靠钻探、开采和水力压裂得到的化石燃料来维持他们的生活方式，亦是如此。1937年，以笔名"乔治·奥威尔"闻名于世的英国作家埃里克·亚瑟·布莱尔，根据此前访问约克郡和兰开夏郡煤田的亲身经历，反思了社会对从地下开采这些资源的工人的依赖。奥威尔进入矿井后发现的一切——"高温、噪声、混乱、黑暗、污浊的空气，而最要命的是难以忍受的狭窄空间"——让他觉得就像"地狱里的情景"，到处都是矿工，他们的劳动是不可见的，对社会来说又是必不可少的。奥威尔在《通往威根码头之路》中写道："在西方世界的新陈代谢中，煤矿工人的重要性仅次于耕地的农民。矿工如同满是污垢的女像柱，承托着一切不肮脏的东西。"

奥威尔接着写："几乎我们做的每件事，从吃冰激凌到横渡大西洋，从烤面包到写小说，都少不了直接或间接地用到煤。"工人在狭窄、尘土飞扬的隧道里弯腰将煤铲到传送带上，"当你看着矿工们，你会明白，正是他们汗流浃背的劳动才使上等人能过上优裕的生活。你、我、《泰晤士报文学增刊》的编辑、同性恋诗人 *、坎特伯雷大主教和《马克思主义简明指南》的作者 X 同志——我们所有人相对体面的生活都拜地下的矿工们所赐。他们全身漆黑、满喉煤尘，用钢铁般的手臂和腹肌挥动着铁锹铲煤运煤"。[1]

　　在奥威尔的时代，采煤的肮脏之处包括灰烬、烟尘、污浊的空气。这些外在的肮脏会污染冒险进入地下的工人的衣服、面庞和身体。（"他们最明显的特点是鼻子上的蓝色疤痕，"奥威尔写道，"每个矿工的鼻子和额头上都会有蓝色的疤痕，这些疤痕会伴随他们直到死亡。"[2]）对于"深水地平线"石油钻井平台上的斯蒂芬·斯通来说，从事开采行业蒙受的污点与其说是身体上的，不如说是道德上的。关心环境的人会将石油工业与 1989 年"埃克森·瓦尔迪兹"号油轮泄漏事件联系在一起，该事件使阿拉斯加威廉王子湾的海岸线遍布油污，造成的碳排放殃及全球。石油工业的管道和工程威胁到脆弱的生态系统，比如北极国家野生动物保护区；越来越多知名机构（大学、慈善组织）纷纷从化石燃料领域撤资。关心地球命运的人都站在了石油工业的对立面，而不是投身其中。

---

* 此处为奥威尔暗讽诗人 W. H. 奥登及其诗歌圈，其中许多人都是同性恋。

在艾奥瓦州一所大学校园的集会上，有标语写道：工作是为了清洁能源，而不是为了肮脏的石油。这表达了越来越多环保主义者、科学家和美国年轻人的共同观点。

然而，证据表明，谴责石油公司的贪婪很容易，不再依赖他们生产的产品却更加困难。尽管人们都在谈论转向风能和太阳能发电，但2019年化石燃料仍占世界能源的84%，许多地方化石燃料的使用仍在增加。[3] 部分原因是中国和印度等国的新兴中产阶级开始涌现。另一个因素是美国产生的大量"碳足迹"（carbon footprint）。这个国家占世界人口的不到5%，却消耗了世界能源的四分之一。《通往威根码头之路》出版八十多年后，"肮脏的石油"在全球资本主义新陈代谢中的重要性丝毫不亚于奥威尔时代的煤炭，这在很大程度上要归因于美国人的生活方式及其领导人的政策。尽管奥巴马在任期间经常谈到应对气候变化的重要性，他却亲自主导了原油的大幅增产，在其治下，美国原油日产量增加了360万桶。当奥巴马卸任时，美国已跃身为世界领先的石油生产大国。*他的继任者特朗普更是毫不掩饰地大力推动化石燃料行业发展。为了恢复美国的"能源主导地位"，他甚至撤销了大量环境法规。

---

\* 统计口径结合了石油和天然气。如果只计算石油产量，美国排名第三，位列俄罗斯和沙特阿拉伯之后。——原注

斯蒂芬·斯通在成长中并没有梦想过在能源行业工作。他对享受自然环境更感兴趣。他来自亚拉巴马州的格兰特，一个坐落在阿巴拉契亚山麓的小镇。孩提时代，他最喜欢的消遣地点便是户外，常在田纳西河游泳，也爱在家附近的荒野中徒步旅行。田园风光很适合他，直到有一天，慢慢长大的他终于意识到，边远小镇机会有限，生活令人窒息。高中时，斯蒂芬开始在斯科茨伯勒附近的一家地毯厂上夜班。他母亲在离婚后也在这里工作。毕业后，他离开地毯厂，加入了海军。两年半后，也就是 2007 年，斯蒂芬被军方勒令退役，主要原因是他在阳光普照的海军驻地（阿鲁巴岛、巴拿马城）沉迷于聚会喝酒。斯蒂芬回到格兰特，开始给各家石油公司打电话，看看能否在钻井平台上找到工作，因为他听说石油公司喜欢雇用海军退伍士兵，况且这份工作报酬丰厚，远高于亚拉巴马州农村高中毕业生可能谋到的其他工作。一段时间后，他飞往休斯敦，面试环球圣达菲公司的钻井工人职位，这家海上钻井公司后来被瑞士越洋钻探公司收购。

正是在这次休斯敦之行中，斯蒂芬决定与同坐在机场摆渡车上的一名红发女人搭讪。此人正是萨拉，她刚参加完在犹他州帕克城举办的圣丹斯电影节。两人聊了三个小时，从共同的南方传统（他来自亚拉巴马州，她来自得克萨斯州）到彼此的父亲都喜欢的休斯敦一家名叫"汤姆船长"的海鲜酒吧。这对萍水相逢的年轻人对所有事情都心有戚戚，于是交换了电话号码。不到一年，两人就步入婚姻的殿堂。

在某些方面，萨拉和斯蒂芬是出乎意料的一对：妻子是大学毕业生，举止内敛；丈夫性情随和，爱开玩笑，热衷社交聚会。然而，从他们开始交谈的那一刻起，萨拉就被斯蒂芬的智慧、他阅读的书籍以及他深思熟虑的目光打动。萨拉注意到，在之后的几年里，每当出海值班时斯蒂芬都会带上一些读物——小说、诗歌和哲学。他还带了几本袖珍笔记本，里面满是些手写的诗歌和图画。对一些大学毕业生来说，嫁给钻井工人，或是一个在业余时间写诗的人，可能并不门当户对。但对萨拉来说，一切都十分自然。事实上，她在老家认识的每个人都来自与石油行业有关系的家庭。萨拉的父亲在这个行业工作了几十年，这是她和斯蒂芬的另一个共同点。萨拉很熟悉钻井工人与配偶分居两到三周的生活节奏。童年时，她经常几个月都见不到父亲。当斯蒂芬离开时，萨拉固然会想念丈夫，但她也喜欢有时间专注于自己的兴趣，尤其是艺术创作。在大学里，她主修绘画和摄影，她总觉得视觉艺术比语言更容易表达自己。毕业后，萨拉找到的第一份工作是油画临摹，这些以假乱真的复制品会出售给诊所和"伊桑·艾伦"*这样的家具店。这份工作薪

---

\* "伊桑·艾伦"(Ethan Allen)，创建于 1932 年，是美国的一家家具连锁企业。

水不高，对萨拉来说，复制其他艺术家的作品也颇为奇怪，但她因此增强了自信，并意识到为自己的创作冲动找到出口是多么重要。

"深水地平线"爆炸之后，萨拉陷入了难以遏制的创作冲动。在电视上看到漏油事件的画面后，她说服斯蒂芬进行一次环绕墨西哥湾的公路旅行，以拍摄事故现场全貌。萨拉也开始更严肃地绘画。在她的画作中，有一系列爆炸幸存者的肖像。这些油画的灵感来自她和斯蒂芬在燃爆发生几周后前往华盛顿特区的见闻。众议院司法委员会邀请包括斯蒂芬在内的幸存者在"深水地平线"爆炸事故的听证会上作证——这场灾难仍在继续，经过进一步检查发现，一切都在意料之中。事故的直接原因是钻探过程中发生的甲烷泄漏。极有可能是包裹钻孔的水泥套管发生破裂，易燃气体在平台甲板富集，最终酿成了致命的燃爆事故。许多分析师认为，更深层的原因是项目主体缺乏对风险的关注、过度追求利润，这也是整个石油行业的特点，在英国石油公司身上体现得尤为明显。该公司从瑞士越洋钻探公司租赁了钻井平台，并拥有墨西哥湾马孔多\*油井的专有权，该油井位于路易斯安那州海岸 49 英里外。20 世纪 90 年代，英国石油公司

---

\*　该油井得名于马尔克斯在《百年孤独》中虚构的马孔多小镇。

内部重组，将许多技术职能外包，并专注于最大限度提高所谓重要生产平台的产量。该公司鼓吹"让每一美元都物有所值"的经营理念，极度重视成本控制，因此赢得了商业分析人士的盛赞。然而，这让安全专家忧心忡忡。2005年，该公司位于得克萨斯城的炼油厂发生爆炸，15名工人死亡，数百人受伤。美国化学品安全委员会随后进行的一项调查发现，该炼油厂的"安全文化"存在"严重缺陷"。委员会指责"英国石油公司甚至在该炼油厂大部分基础设施和加工设备年久失修的情况下，仍要求削减25%的预算"。[4]2007—2010年，美国职业安全与健康管理局的记录显示，英国石油公司至少存在760起安全违规行为，到那时为止是所有大型石油公司中最多的。租用"深水地平线"每天花费英国石油公司100万美元，而马孔多油井的开发计划严重滞后，这意味着任何可能减缓钻井速度的担忧都会被刻意搁置。有工人担心，提出安全隐患问题会被炒鱿鱼，这也就解释了为何一系列不祥的征兆被忽略，包括固井的问题和防喷器的缺陷。在钻井平台起火前几个小时，英国石油公司的一名高管还为过去七年这里从未发生"损工事故"向团队成员表示祝贺。井喷发生后，英国石油公司未能有效控制石油泄漏，油井在爆炸后87天里都没有及时封堵，油带被冲到多个州的海滩上，所有与其接触的东西都被漂浮的重油污染。虾和牡蛎的捕捞作业被迫停止。当马孔多油井关闭时，估计有 2.1 亿加仑石油泄漏，足足是"埃克森·瓦尔迪兹"号油轮泄漏量的 20 倍。

还有人的损失，萨拉试图通过画作表现这一点。其中一幅画作是关于克里斯·琼斯的，他的兄弟戈登是遇难的 11 名工人之一。在国会听证会上，萨拉坐在琼斯旁边。画像中，琼斯嘴唇紧闭，脸色灰白，表情痛苦。另一幅画中的女人张着嘴，明亮的蓝色眼睛里闪烁着泪光。这是娜塔莉·罗斯托的肖像，她的丈夫谢恩也死于钻井平台爆炸。这些名为《幸存者》的画作笔触生动，捕捉到了听证室弥漫着的强烈悲痛。但萨拉为斯蒂芬画的肖像还捕捉到了一些不同的东西。画作根据斯蒂芬作证时的照片，画中的人满脸胡子，眼神茫然，神情恍惚。与其说他看起来悲伤不堪，不如说是困惑和无助。

几年后，当我在加州圣克莱门特的一家酒吧遇到斯蒂芬时，这种困惑的表情仍然明显。此时，他已和萨拉住在岳父出资购买的公寓里（萨拉的父亲在加州长大，计划退休后搬到那里）。斯蒂芬二十多岁，一头蓬乱的栗色头发，无精打采，目光低垂。在酒吧里，他沉默寡言，偶尔会对萨拉说的话点头，尽量避免视线飘移。与"深水地平线"上的一些工友不同，他成功逃生，没有遭受烧伤之类的身体伤害。但我后来了解到，没有明显外伤可谓喜忧参半，朋友们想知道他到底出了什么事，也加剧了这位幸存者对此的羞耻感。自从爆炸事故发生以来，斯蒂芬一直没有稳定工作。他不再去社交聚会，也难以入眠。钻井平台事故发生当晚，爆炸产生的冲击波将斯蒂芬寝室上方的楼梯间震塌。被爆炸声惊醒的斯蒂芬跑进更衣室，套上了防火服，摸索着向甲板走去。这时，他看到整个钻井平台都在冒烟，听到同事们惊慌失措的尖叫声。萨拉意识到，丈夫现在害怕每次闭上眼睛都会重温这一幕。"我的理解是，他一次次做好被惊醒的准备。"萨拉说道。

在接下来的几天里，我数度造访斯蒂芬和萨拉居住的公寓。这是一栋两层建筑，位于一群外表如出一辙的灰色平房中间，他们与一只名叫凯尔的小狗和两只宠物雪貂住在一起。几次拜访后，斯蒂芬逐渐敞开心扉，变得健谈起来。他讲述了自己在格兰特的童年和在海军服役的经历，甚至还背诵了一些诗歌，并向我展示了他的藏书——莎士比亚、叶芝、梭罗。燃爆事故并没有削弱斯蒂芬的阅读兴趣，却改变了吸引他的题材。斯蒂芬开始痴迷于科幻小说，特别是对外太空的相关描写，萨拉将此解释为他想"逃离现实，离开地球"的渴望。斯蒂芬并不否认这种解释。他也承认，在燃爆事故发生之后，自己逃离现实的另一种方式便是大量饮酒。酒精帮助他入睡，但也助长了一些古怪的行为。一天晚上，他和朋友喝完酒后，随手抓起汽车钥匙，驾车沿着单行道逆行，撞上了一堵砖墙。事故导致斯蒂芬颈部脊椎骨折，肺部破裂。和我见面时，斯蒂芬已经减少了喝酒的次数，但沉浸在忧郁的情绪中。三不五时，他就会燃起一缕大麻烟。在我拜访期间，他坐在公寓起居室的 L 型沙发上，用一个绿色的杯子啜饮黑咖啡，每隔几分钟就吸上一口。精神科医生诊断他患有创伤后应激障碍，为缓解焦虑给他开了医用大麻。

鉴于斯蒂芬的濒死经历彻底粉碎了他的安全感，上述诊断似乎不无道理。就像在伊拉克简易爆炸装置袭击中幸存的退伍军人一样，斯蒂芬对巨大的噪声很敏感，极易产生妄想的恐惧和惊恐发作。萨拉告诉我，冰箱制冷的响声有时都会让他发火。在我到访的几天前，萨拉在汽车的仪表板上发现了一把刀。斯蒂芬认为从后视镜中看到的后车司机正在跟踪自己，立马把刀抽了出来。

但和许多退伍军人一样，斯蒂芬也受到其他事情的折磨：并非恐惧，而是愤怒和幻灭。他告诉我，当钻井平台的幸存者抵达新奥尔良的酒店时，这些感觉立即弥漫开来。斯蒂芬说，当时他们已经筋疲力尽，仍然没有从震惊中缓过劲来，也没有见到家人，就被带到了一间会议室，瑞士越洋钻探公司的一位经理在那里讲了一番话，他觉得是在控制舆论导向。这次经历给斯蒂芬留下了阴影。几周后，瑞士越洋钻探公司的代表邀请斯蒂芬去"丹尼餐厅"*喝咖啡，并递给他一张五千美元的支票，

---

* "丹尼餐厅"（Denny's），创建于 1953 年的美国连锁餐饮品牌。

作为其在钻井平台上丢失的个人物品的补偿。看到斯蒂芬并未拒绝，对方进而要求其签署一份文件，以确认没有在事故中受伤。斯蒂芬目瞪口呆。"我不会签这个，"他告诉对方，"我不知道自己是否受伤了，但刚刚发生的这一切的确很伤人。"

斯蒂芬逐渐感觉到，对瑞士越洋钻探公司和英国石油公司来说，幸存者不是应该得到尊重对待的人，而是需要控制的潜在法律责任。对于那些对石油工业冷嘲热讽的人来说，这并不奇怪。但斯蒂芬不是这样的人。他申请瑞士越洋钻探公司的职位时，十分清楚在海上石油钻井平台工作可能很危险，但他也相信该行业会尽力保护工人。他说："我认为一切都是为了安全起见。"燃爆事故发生后，他阅读了相关消息，愕然发现石油公司在安全方面花费的成本极少，"深水地平线"管理方对大量危险信号视如无睹，顿时十分幻灭。"我他妈的在为谁工作？"斯蒂芬心中暗想。

在"深水地平线"灾难发生后不到一年，瑞士越洋钻探公司向几位高管发放了巨额奖金，作为对公司历史上"安全绩效最佳年度"的奖励，斯蒂芬再次感到困惑。这一决定是在无党派国家委员会向奥巴马总统提交了深海石油泄漏报告的几个月后宣布的。根据长达六个月的详尽调查，该报告将燃爆事故与"英国石油公司、哈里伯顿公司和瑞士越洋钻探公司犯下的一系列被指认的错误联系在一起，这些错误揭示了风险管理中的系统性失误，使整个行业的安全文化受到怀疑"。[5] 该报告列出了9个有问题的决定，都是在存在风险较低的替代方案的情况下作出的，而这些方案因为耗钱费时被否决。得知瑞士越洋钻探公司颁发"安全绩效最佳年度"奖时，斯蒂芬仍然在为该公司工作。随后，他提交了一封愤怒的辞职信。"我不干了。"他说，"去他妈的吧。我不想成为你们公司的一员。"

在《越南的阿喀琉斯》一书中，精神病学家乔纳森·谢伊称，退伍军人遭受道德伤害的主要原因是指挥官背叛了"什么是正确"的信念，从而引发士兵的"愤怒"(mênis)——这是一个希腊名词，谢伊将其解释为"出离愤怒……因社会背叛而产生的、损害人的尊严的愤怒"。[6] 这就是《伊利亚特》中，指挥官阿伽门农打破了阿喀琉斯的道德秩序后，占据阿喀琉斯内心的情感。在那些觉得尊严遭到践踏的越南退伍军人中，谢伊反复发现这一点。这也是占据斯蒂芬内心的情感，他觉得这个行业深深背叛了自己，不仅摧毁了他的安全感，也颠覆了他的道德观和信任。

"我认为这是公司对员工个人的背叛。但还有一种更深刻的背叛感。我从来没觉得这个行业有这么糟糕。"他停顿了片刻，"它剥夺了对人性的希望，粉碎了你的幻想。"

还有一种背叛也压在斯蒂芬心头：背叛自己，背叛热爱自然的那一部分自我。在燃爆事故发生之后，灾难的规模逐渐明朗，他感到自己受到了玷污和牵连。在萨拉说服他进行的公路旅行中，斯蒂芬的感受尤其深刻。他们途经墨西哥湾的一些地方，那里的漏油污染物已经被冲上海滩。他们的目的地之一是亚拉巴马州海湾沿岸的多芬岛。童年的时候，斯蒂芬和家人曾在此度假，这是他最喜欢的地方之一，以点缀海岸的原始白沙滩闻名。在"深水地平线"漏油事件发生后，岛上大部分地区被橙色的围油栏包围，沙滩上沾满了油泥，这一景象让斯蒂芬既羞愧又悲伤。他说："童年印象中很美好的地方被人毁了，而我正是毁掉它的其中一员。"

对萨拉来说，受漏油事件的影响，她对自己成长的世界产生了难以言喻的感觉。她意识到自己对这个世界的看法太过乐观。她告诉我，在成长过程中周围人一直告诉自己，石油钻井平台实际上对环境有好处，因为当其沉没时，它们会为鱼类创造人工暗礁。但她在海湾之旅中录制的视频讲述了一个不同的故事。后来，萨拉看到英国石油公司在电视上播放广告，宣传其对环境的承诺，她非常愤怒。但与斯蒂芬不同，萨拉对石油行业遭受的全面谴责感到愤怒，因为这些谴责把行为鲁莽的公司和试图负责任的公司混为一谈。她还对环保组织感到愤怒，燃爆事故后，这些组织更关注因石油泄漏而中毒的鹈鹕和海豚，而不是死亡的钻井工人。她每天都会在新闻中看到死去的海鸟和海洋哺乳动物的照片，钻井工人的脸却从来没有出现过。萨拉不明白为什么他们如此被忽视。"这太奇怪了。"她说。

但斯蒂芬并不觉得这有多奇怪。他指出，与自己共事的大多数人都是"蓝领工人"和"乡巴佬"，和他一样在边远小镇长大。换言之，"上等人"是看不起这类人的。他又提到了另一个原因，以解释为何公众会觉得同情死海豚比同情他这样的工作人员更容易。

"人们认为环境是完全无辜的，"斯蒂芬说，"而我们却是自己选择进入这一行的，你懂吧，就是说我们自食其果。"

## 浑水

斯蒂芬似乎没什么理由抱怨人们的这种感觉。毕竟，作为一名油井工人，他从瑞士越洋钻探公司拿到的年薪超过六万美元，而且随着经验的累积，工资还会上涨（油井工人是入门级的甲板工人，除了食堂厨师外，他们的工资相对最低）。他告诉我，如果不是燃爆事故，自己可能会继续在这个行业工作，由于薪酬丰厚，"深水地平线"的大多数蓝领也会这样做。同样的动机也解释了为什么在水力压裂技术开采页岩油的繁荣期，成千上万的工人涌向巴肯页岩地层所在的威利斯顿盆地。在那里，钻井工和起重工一个月的收入有时能超过一万美元。斯蒂芬在"深水地平线"的一些同事虽然只有高中文凭，年薪却高达六位数。与水力压裂一样，这项工作十分艰苦——在轮班的十二个小时中，斯蒂芬需要飞快地堆放设备、搅拌钻井泥浆并干其他粗活。但是，这比他在格兰特认识的人都强得多，那里的人现挣现花，福利和假期少得可怜。当斯蒂芬轮休回家后，他经常和萨拉一起上路，去犹他州的锡安国家公园等地旅行，丝毫不担心下一笔薪水什么时候到账。

《纽约时报》的记者用"通往遥不可及的生活之路"来描述"深水地平线"的钻井工人对自己这份工作，以及高津贴高福利生活的看法。[7] 环保主义者对享受上述福利的工人毫无同情，以为这些工人无视自然资源保护委员会 *发布的报告中列举的化石燃料工业的"肮脏事实"（水污染、土地退化、占美国四分之三的碳排放），这种指责也无可厚非。斯蒂芬承认，这些情况千真万确。但他和萨拉都意识到，许多人将钻井工人视为肮脏事实的共谋，却非常乐意给自己的大排量越野车和面包车灌满汽油，丝毫不觉得灵魂受到了玷污。"我们常常忘记，我们的日常生活正是使肮脏事实成为现实的原因。"[8] 斯蒂芬说，这个行业满足了美国对廉价石油无止境的需求，

---

\* 成立于 1969 年，为美国历史最悠久和最具影响的环境公益法律机构。

就像畜牧公司满足民众对廉价肉类的需求一样。

最终由谁从事这类工作是由阶级决定的，但也许更是由区域因素和地理环境决定的。1994年，社会学家威廉·弗罗伊登伯格和罗伯特·格拉姆林在名为《浑水之油》的书中研究了区域模式，该书比较了路易斯安那和加利福尼亚这两个拥有漫长海岸线的美国大州海上钻探的现状和民意接受程度。1969年，加利福尼亚圣巴巴拉海峡石油钻井平台发生燃爆事故，引起了当地民众对海上钻探环境风险的关注。此次泄漏引发了公愤，激起了民众对《国家环境政策法》的支持，这部里程碑式的法律于次年正式签署生效。迫于民意，时任内政部长沃尔特·希克尔下令暂停在加州水域进行海上钻探。弗罗伊登伯格和格拉姆林发现，几十年后，加州很少有居民呼吁改变这一规定。事实上，他们采访的每一位加州人都反对海上钻探。反对的声音是如此一致，最后这两位学者开始询问受访者，是否认识持不同观点的加州人。答案是，一个都没有。

在路易斯安那州南部，20世纪70年代初也发生了一系列燃爆事件，污染了墨西哥湾，某些事故甚至造成了人员伤亡。但与加州不同的是，该州没有叫停海上钻探。到弗罗伊登伯格和格兰姆林进行研究时，墨西哥湾的外大陆架上已经有1.3万多口油井投入开采。他们研究的对象似乎也对这项活动意见一致，不过是相反的看法：在路易斯安那州，不存在对海上钻井的反对意见。只有少数受访者知道有人对此持温和的保留态度。

是什么导致了两种截然不同的态度？一种解释是意识形态上的：加利福尼亚州崇尚自由，其居民往往关心环境，不信任工商业；路易斯安那州则偏于保守，人们对工商业抱有好感。

但这种分歧也反映了截然不同的经济前景。弗罗伊登伯格和格拉姆林指出，他们采访的加州人似乎并不关心关闭海上钻井平台可能会阻碍经济发展。事实上，如一位受访者所说，许多人是其他州的移民，之所以选择住在北加州，正是"为了远离那些该死的东西"，他们将钻机和井架描述为玷污该州美景的眼中钉，需要保护加州的自然风光不被开发。路易斯安那州人则没有这种奢侈的想法。石油工业给一个缺乏就业机会的地方带来了工作。弗罗伊登伯格和格拉姆林的研究表明，这种想法在很大程度上解释了意识形态的差异。

十多年后，加州大学伯克利分校的社会学家阿莉·拉塞尔·霍克希尔德在路易斯安那州河口采访"茶党"*活动人士时发现了类似的情况。和她在伯克利的邻居一样，霍克希尔德的研究对象不喜欢吃受石油污染的虾，也不

---

\* "茶党"（Tea Party）指代的不是一个政党而是草根运动，茶党运动是右派民粹主义运动，发端于 1773 年美国东北部的波士顿。

愿看到他们的湖泊和河流受到污染。但许多人认为钻井对他们的生存至关重要。霍克希尔德接触到的逻辑是："石油越多，就业机会就越多。工作越多，经济就越繁荣。"[9]这反过来又导致人们支持降低税收、减少政府监管，以吸引石油公司进驻路易斯安那。与弗罗伊登伯格和格拉姆林不同，霍克希尔德并没有发现对钻井的一致支持。年轻的、受过大学教育的路易斯安那州城市居民往往持有不同观点。但在长期居住在该州南部小城镇且受教育程度较低的居民中，对石油行业的支持非常普遍。这些居民也恰好符合霍克希尔德找到的一份咨询报告中描述的人口统计数据，该报告为拥有排放大量污染的工厂或炼油厂的公司提供选址建议。根据这份报告，理想的地点是"阻力最小的人"高度集中之处。"阻力最小型人格形象"的特点之一是长期生活在小城镇，另一个是只受过高中教育。[10]

秉持自由主义、环保意识较强的州的居民很容易以傲慢的态度看待这些人，却忘记自己有多么依赖他们。国家委员会在关于"深水地平线"灾难的报告中指出："石油和天然气勘探在墨西哥湾经济占据中心地位，但没有得到美国人的广泛认可，他们享受着日常出行必需的能源，却不愿承担任何直接风险。"加州人可以把这些风险推卸给没有特权的路易斯安那州人，后者为前者经营石油化工厂，从事海上钻探的脏活。然而即使在路易斯安那州南部，能源公司也并非总是受到欢迎。早在20世纪30年代，河口地区的渔民和猎人就对那些疏浚运河、开采盐丘地下油藏的"该死的得州人"极为不满，须知土地是当地人的主要生活来源。一名居民抱怨道："我们好像被入侵了。"[11] 然而，随着时间的推移，敌意被务实的考量所取代。油田所在地，例如壳牌石油公司开发过的黑湖地区，多属穷乡僻壤，当地民众翘首期待进入石油行业工作。后来，石油公司将重心转移到海上钻井，路易斯安那州沿海的城镇地区也对此大为欢迎。

到20世纪90年代末，美国国内近三分之一的能源供应都来自墨西哥湾的海上开采。对于在石油行业找到工作的路易斯安那州民众来说，这既是生计来源，也是引以为豪的事，即使作为"美国能源海岸"也有负面影响，譬如空气污染程度全国最高、沿海湿地生态严重退化。在路易斯安那州南部长大的历史学家贾森·塞里奥特是石油工人的后代，他在《美国能源，危险的海岸》一书中，描述了20世纪90年代末，一些政客如何开始争辩说，路易斯安那理应得到更多资助以弥补这些损失。他们指出，流经该州管道的大部分石油和天然气最终供给了美国其他州，被新英格兰等繁荣地区的生产生活消耗。与此同时，路易斯安那州的沿海社区正在下沉，使新奥尔良等城市的居民更容易受到风暴等自然灾害的影响，而由于气候变化导致海平面上升，这一问题在未来可能会更加严重。时任路易斯安那州联邦参议员玛丽·兰德里欧称，自己所在的州"没有因土地使用和能源开采对环境的影响而获得适当的补偿"。她提出了《环境保护和再投资法案》，呼吁路易斯安那州应从海上钻探产生的收入中获得更多分配，以帮助恢复其湿地。然而，值得注意的是，推动再投资的领导人没有采取威胁性的法律行动，更不用说呼吁暂停海上钻井开采，因为这些措施可能会失去路易斯安那州依赖的石油行业。塞里奥特观察到，"这些领导人小心翼翼地在生态环境恢复和保护该州经济主要驱动力之间平衡"。[12]

在这个全美最贫穷的州，想要保留石油开采这个经济引擎的愿望固然可以理解。然而，作为促进长期繁荣的方式，这种努力可能是徒劳的。虽然支持者将能源生产誉为经济增长的催化剂，但研究表明，过度依赖资源开采的社区经常陷入长期贫困，在石油价格下跌时很容易出现混乱。许多地区对人力资本投资不足，这一问题因石油行业对减税的需求而加剧，使学校和其他公共机构很难获得资金。一个典型例子便是路易斯安那州的"癌症走廊"。这个工业区有 150 家炼油厂和化工厂，它们排放了大量的污染，却常常能够避免纳税，导致当地公立学校的质量与空气的质量同样糟糕。公益组织"海湾恢复网络"的执行董事辛西娅·萨尔图告诉我："如果不征收财产税，就根本没有钱拨给学校。这里的财政收入捉襟见肘，环境污染情况也很严重。"她说，路易斯安那州的其他地方也没有好到哪里去。萨尔图将该州对石油的依赖比作一种虐待关系，在关系中，受害者欲走还留、瞻前顾后，因为担心自己别无选择。她说："我们得到了保障收入的承诺，所以选择了忍受。然而，这里仍然是美国最贫穷的州。"

在与萨尔图会面几天后，我实地探访了摩根城，近距离目睹了这种贫困。1947年，在这座港口城市的海岸成功钻取了第一口近海油井。纪念这一里程碑的牌匾就竖立在我拐上的第一条路的中央分隔带，旁边是一座石油钻井平台的雕塑，看起来饱经风霜，严重氧化，腐蚀的金属立面上布满锈迹。20世纪70年代，石油输出国组织（OPEC）禁运导致油价上涨后，摩根城一度兴盛异常，港口内到处都是钻井平台，街道上挤满了务工的人。因为蜂拥而至的外来者实在太多，钻井工营地应运而生。但到了20世纪80年代中期，油价开始下跌，繁荣逐渐消失。我到访时，钻井工营地早已物是人非。这座港口小镇唯一能够看到的钻井平台，是人称"查理先生"的黄色生锈铁桩，这也是当地"钻井博物馆"的主要景点。博物馆位于紧邻港口的一条碎石路尽头，为想在真正的石油钻井平台上漫步的游客提供导览服务。参访过程中，我遇到了几名法国游客。导游解释说，"查理先生"在1986年封井，如果不是当地一名叫维吉尔的男子积极争取，决定将其改造成旅游景点，它恐怕会变成一堆废铜烂铁。博物馆位于拖车停车场内，从随行人员的规模和建筑的简陋程度来看，这里不是什么热门景点。参观结束后，我与布赖斯·梅里尔搭上了话，他曾是石油工人，现在是博物馆的馆长。梅里尔并不讳言，摩根城的光景已大不如从前。"过去这儿有 70 个钻井平台，"他指着港口说道，"现在只剩下 5 个。在过去四年里人口流失多达2 500 人，大约有 25—30 家企业倒闭。"

吃完午饭后，我又拜访了詹姆斯·霍塔德。他个子不高，胸肌发达，曾在国际海洋工程公司担任培训经理，该公司为海上钻井平台提供技术装备。霍塔德回忆起在摩根城几乎人人都能找到工作的那段岁月。"你甚至不必高中毕业，只要到了高二，说我不上学了，走出校门，你就可以当焊工赚到四五万美元。"而如今，他告诉我，有抱负的年轻人都选择上大学，拿到文凭后就搬到其他地方（霍塔德的女儿刚刚从路易斯安那州立大学毕业，正准备前往休斯敦求职）。只要开车穿过摩根城，就不难理解大家为什么离开。商业中心死气沉沉，两旁的店面空无一人，看不出任何兴盛的痕迹，更像一座鬼城。住宅区街道两侧的房屋年久失修，门廊摇摇欲坠，屋顶腐烂，木梁从破旧的棚屋伸出来。在其中一所房子前，我看到了一座风雨剥蚀的篮球架，篮筐上挂着的篮网支离破碎。旁边是一辆空购物车。这幅画面让我感觉似曾相识，但一时想不起来到底是什么。后来我突然想到，在前往佛罗里达城参观戴德惩教所途中，我曾与街上卖芒果和荔枝的吉米短暂交谈，而他的身旁，也同样停放着一辆空购物车。

## 矛尖

脏活会不成比例地分配给某些阶级，也会集中在某些地区，例如戴德惩教所位于的"农村贫民窟"和屠宰场所处的偏远工业园区。炼油厂所在的小镇也是如此，当地居民都是"最无力抵抗的人"，其海岸线向海上钻井平台敞开怀抱，而加州马林县这样的地方却得以幸免此类破坏。脏活的地理位置分布反映并加剧了种族和阶级的不平等，使被污名化的行业和机构建在美国相对贫穷的地区，如"癌症走廊"。

当然，并不是所有人都以干脏活为辱，或是后悔投身其中。在访问摩根城的几天前，我和钻井工程师里克·法默共进晚餐。我们在拉斐特附近的一个有门禁的社区"拉维拉之环"会面，他住在一栋大砖房里，房子前面有一个圆柱门廊和两丛木兰花。法默出身寒门，是农民的儿子，十八岁时进入石油行业工作，半工半读从密西西比州立大学毕业，获得了石油工程学位。会面时，法默刚满六十岁，经济上已经很有保障，他坦言很庆幸这份职业让自己免于传统日常工作的劳累。他告诉我，出海工作是一场"冒险"。他喜欢在海上工作，喜欢完成工作时的充实感。他并不避讳谈及自己的年薪，说在35万到40万美元之间。

当我在法默宽敞的家里，在铺着地砖的厨房里听他描述自己感到多么幸运，我心想，如果这也算脏活的话，想必很多美国人都会很乐意报名。但并不是所有人都会认为他真的幸运，甚至连他自己也并非如此。1984年，当他拆解井架时，设备倒塌，坠落的零件当场杀死了一名同事，也让法默落下永久残疾，吃饭时得坐在轮椅上。这座房子就是为了适应他的身体状况专门设计的，大厅和门道足够宽敞，他可以四处走动。但在他工作过的钻井平台上，情况并不总是这样。晚餐时，他回忆道，自己当时要去洗手间必须手脚并用。法默还提起事故发生后的沮丧情绪，他开始喝酒以缓解疼痛。但疼痛持续不退，他甚至打算自杀。"事情发生两年后，我准备结束自己的生命。"法默说。最后，一些朋友说服他去康复中心接受治疗。在那里他遇到了一位精神科医生，后者递给他一个枕头，他竭尽全力想把它撕成碎片。"为什么是我？"他号叫着。然后，从小信奉天主教的法默把枕头扔到一边，想起了基督在受难期间所受的折磨。"我们都被抛弃了。"他告诉我，自己在绝望的阵痛中意识到了这一点。从那以后，法默一直是虔诚的教徒。

在石油行业，死里逃生的经历并不罕见。将法默介绍给我认识的莉莲·埃斯皮诺萨-加拉女士，住在拉斐特的一所木架房子里，里面堆满了关于石油工业的书籍。1973 年，她进入这个行业，成为墨西哥湾第一批女性油井工人。莉莲说，当时海上钻井平台上甚至都没有单独的女卫生间，但没什么工作是她做不了的。莉莲的父亲就在石油行业工作，但她一开始几乎背道而驰。在目睹几名从军的高中同学被装进裹尸袋从越南运回美国后，她投身于和平运动。在一次反战集会上，她拿到了一本小册子，上面写着"大型石油公司正在破坏地球"。她经历了一系列冒险，一路辗转到了加拿大，在与一位魅力非凡的和平活动分子关系破裂后，最终回到路易斯安那州，开始找工作，以便支付学费重返学校。一天，父亲回家告诉莉莲，海上钻井公司将招募女工。"我可以。"她说。一段时间后，莉莲便开始了第一次轮班，她将金褐色的头发夹在安全帽里，并将平时穿的打着反战补丁的牛仔裤换成了工作服。此举让她在和平运动中结识的朋友都感到震惊。莉莲自己也惊讶的是，她实际上非常喜欢这份工作。她告诉我，在海上钻井平台上工作就像"住在海中央的城堡里"，这份工作有很多让她喜欢的地方。

但莉莲最不喜欢看到有人无辜死去。她所在的钻井平台曾两度发生致命事故。其中一次是在 1981 年，起因是井口腐蚀，虽然她曾试图提出警告，但事故还是造成一名焊工死亡，她本人也严重受伤。随后，她被直升机送往急诊室，大量出血，不省人事。事故导致莉莲右手粉碎性骨折，留下终身残疾，也结束了她作为钻井工人的职业生涯。但这最终促使她开始了新的事业：莉莲决心成为行业安全顾问，以避免其他钻井工人经历类似的苦难。

某种程度上，海上钻井平台出事是不可避免的。但各个国家的死伤程度并不相同。在"深水地平线"发生灾难后，国家委员会提交给奥巴马总统的调查报告指出，2004—2009 年间，近海石油开采行业的死亡人数"按损失工作日计算，美国海域的是欧洲海域的四倍之多，尽管有许多公司同时在这两片海域开采作业"。[13] 该报告将这种差距追溯到 20 世纪 80 年代，当时发生了一系列致命灾难，包括英国北海导致 167 人死亡的派珀·阿尔法油井燃爆事故。挪威和英国的对策是颁布更强硬的法规，让企业承担预防未来灾难的责任。但美国采取的做法更为宽松。原因之一是石油行业强烈反对监管。另一个原因是，美国矿产管理局既是监督墨西哥湾地区安全和环境标准的联邦机构，还监督石油和天然气公司矿区使用费的收取。正如该机构一位官员在调查委员会报告中所说，矿区使用费仅次于税收，是政府第二大收入来源，这有助于解释美国矿产管理局为什么"更像石油行业的合作伙伴，而不是监督管理机构"。[14] 石油公司开始在更深的水域钻探风险更大的油井，但一切仍然没有改变。在不同的政府任期内这种情况也没有多大改变。调查委员会的报告指出，"钻井平台向海湾深水区转移后，安全风险急剧增加，但几十年来，总统、国会议员和矿产管理局领导层只关心此类钻井产生的巨额收入，而不是确保其安全。事后来看，唯一的问题不是是否会发生事故，而是何时发生"。

莉莲曾担任调查委员会的顾问，协助撰写报告中关于工人安全的章节。她告诉我，"深水地平线"发生的灾难确实促成了一些积极变化。美国矿产管理局被新成立的安全与环境执法局取代，还通过了新的安全法规。然而，在我们会面的那天，莉莲没有心情喋喋不休地谈论这一进展。这是可以理解的，2019 年 5 月 2 日，距离那场险些使她丧命的事故整整过去了三十八年，而就在一天之前，特朗普政府发布了一项修订后的井控规则，完全推翻了"深水地平线"燃爆事故后通过的安全法规。新规则不再要求独立审核员检查钻井平台上的安全设备，也降低了对防喷器的测试要求。主导规则修订的斯科特·安格尔是石油行业的亲密盟友，他被特朗普任命为安全与环境执法局的负责人，并多次与被指控违反安全法规的石油公司高管会面。"很快就有救了"，安格尔向他们承诺。[15] 莉莲自然很清楚这一承诺对钻井工人意味着什么。她在谈到同样出身于拉斐特的安格尔时说："他有可能杀害与这个社群存在千丝万缕联系的人，而这将会让他在余生灵魂片刻不得安宁。"[16] 然而，她承认，以为安格尔会良心不安可能是一厢情愿。莉莲告诉我，几年前，在安格尔竞选国会议员期间，她给其他候选人打电话，问他们将如何应对海上安全问题。"海上安全？"其中一位候选人回答，"这不是问题，莉莲。问题是没有工作！路易斯安那州人唯一关心的是工作。"

这位候选人的言下之意是，他们没有闲心去保护钻井工人免于事故伤亡，正如路易斯安那州人没有闲心保护海岸线免于环境恶化。莉莲拒绝接受这种逻辑，既因为她死里逃生的经历，也为了纪念在"深水地平线"上遇难的 11 名工人。她告诉我，燃爆发生时，她感觉就像"9·11 事件"一样。讽刺的是，这也让莉莲得出结论：强调个人安全是不合时宜的。"个人安全是，戴上安全帽！不要摔倒！"她解释道。这是公司在培训课程中向员工传达的信息，使他们认为避免事故发生是自己的责任，而她当钻井工人时也是这么认为的。她说："当我在海上工作时，我以为所有的事故都是由工人自己造成的。"在监狱和屠宰场干脏活的人也收到了同样的信息：如果存在问题，那是他们个人的错。莉莲现在相信，更重要的是"过程安全"，这是此前一系列选择的结果：削减成本，加快项目进度，最终使整个系统丧失安全性。过程安全取决于她所说的"矛的钝端"的高管们的决定，而非他们这些"矛的尖端"的下属，这些一线工人冒着死伤的风险为管理者干脏活。

　　并不只有海上的钻井工人面临危险。在页岩油开采的高峰期，迈克尔·帕特里克·史密斯前往北达科他州找了一份油车跟车工的工作，据他的说法，"从2008年到2017年，因工死亡的油田工人数量与驻阿富汗美军的死亡人数大致相同"。自"深水地平线"发生灾难以来，莉莲一直在做各种汇报演示，介绍如何避免更多工人死亡，这在一定程度上是为了揭穿燃爆事故后的一种常见说法，即钻井工人如果采取更负责任的行动，就可能逃过一死。这种说法具有重要的道德后果，导致员工在出现问题时责备自己或同事，而不是归咎于操纵他们的上级主管。一天下午，我前去探望莉莲，她将我带入办公室，墙上的装饰间板挂满了各种纪念品。在一面墙上，有一个奖项表彰她是"墨西哥湾最早的女性钻井工人之一"。另一面墙上是一张照片，上面有11个木制十字架，深深插入沙地里，代表着在"深水地平线"上遇难的工人。莉莲坐到电脑显示器前的椅子上，用右手仍能自由弯曲的两根手指点击鼠标。在演示文稿放到一半时，她点开了一张幻灯片，上面有每一位遇难工人的面容。49岁的唐纳德·克拉克，来自路易斯安那州的副司钻。37岁的阿伦·戴尔·伯金，来自密西西比州的吊车司机。莉莲指出，佩戴安全帽和安全手套（即所谓个人安全措施）

对这些工人没有帮助。相比之下，过程安全可能更有用，而这就要求减少降低成本的压力，并保障工人更自由地向上级反映安全隐患。莉莲告诉我，"深水地平线"上的一些工人曾与家人分享对缺乏安全保障的担忧。其中一名受害者甚至在燃爆事故前要求妻子为自己立下遗嘱。劳氏船级社\*在事故发生的一个月前曾实地调查"深水地平线"的情况，接受访谈的40名工人中有一些表示他们"经常目睹"不安全的操作，但不敢报告。燃爆事故发生后，国会建议将举报人保护扩大到钻井工人，以缓解这种担忧。但在2017年，安全与环境执法局认定，实施这些保护措施超出了其职权范围，这是斯科特·安格尔和特朗普政府赠予石油行业的又一份大礼。

在关闭电脑之前，莉莲点击了另一张幻灯片，上面有一名工人，留着胡子、穿着藏青色西装、打着丝绸领带，在国会听证会上作证，此人正是斯蒂芬·斯通。在他身后有个红色长发、满脸雀斑的女人，正擦着眼泪。那是他的妻子萨拉。在下一张幻灯片上，一名国会议员举着鹈鹕浑身裹满原油的照片，这种路易斯安那州的州鸟同样是燃爆受害者。莉莲深以路易斯安那州人的身份为荣，也是坚定的环保主义者（她厨房冰箱上的贴纸上写着"弗米利恩河流域:保持清洁"），也被鹈鹕的形象触动。但是，

---

\*　船级社是为船舶及离岸设施提供相关技术规范和入级检验等服务的机构。

像萨拉一样，她很难理解为什么鹈鹕比工人更能引起政客的同情。"受害者遗孀参加了听证会，但她们举起的是鸟的写真，而不是亡夫的遗照！"莉莲说道。她告诉我，很长一段时间内，她都对此耿耿于怀。最后，她接受了这个事实，勉强得出结论：如果不是鹈鹕，"深水地平线"灾难可能会像大多数钻井平台事故那样，被华盛顿的议员忽视，因为干脏活的钻井工人命如草芥。

"如果只有11名工人死亡，没有人会关心。"她说，"这次事故受到关注只是因为鸟类和环境污染。"

## 涟漪效应

在与莉莲·埃斯皮诺萨-加拉会面几周后，我又见到了萨拉。她仍然住在加州，但已经与斯蒂芬分手。上次在圣克莱门特会面后不久，他们就一起搬到波特兰，想在更加平静、节奏较慢的环境中重新开始。在与瑞士越洋钻探公司达成和解并获得赔偿金后不久，两人决定搬家。英国石油公司和瑞士越洋钻探公司都为此类和解支付了数十亿美元，一些媒体甚至将其描述为被投机律师提出大量超额索赔的受害者。萨拉没有透露他们获得的和解金额。但她告诉我，在将近五年的时间里，斯蒂芬无法工作，她不得不待在家里照顾他，所有的积蓄都已耗尽，只能靠家人（尤其是她的父母）接济生活。她还告诉我，他们本来想坚持进行审判，但由于医疗账单未付，债务堆积，最终出于绝望才同意和解。萨拉说："我觉得这真的很糟糕。"对她和斯蒂芬来说，和解既是解脱，也令人如鲠在喉。虽然手头很紧，但他们还是将其视为"脏钱"，像弗洛尔·马丁内斯看待她丈夫作为桑德森公司主管获得的奖金一样。

萨拉原以为，在波特兰生活会恢复正常。她和斯蒂芬搬进了一所工匠风格的房子，房子位于绿树成荫的街道上，整个街区正在升级改造中。萨拉把一楼的一个房间变成了艺术工作室。"一切都会好起来的"，她满怀希望地告诉自己。但事情并不顺利。这一地区并不平静，反而很嘈杂，警笛彻夜鸣响，令斯蒂芬紧张不安。与此同时，萨拉开始经历身体崩溃，除了偏头痛，还有不明原因的阵痛从背部发作并蔓延到全身。疼痛愈演愈烈，最终萨拉连床都下不了。她回忆道："我一度连腿都抬不起来，更别说爬楼梯了。"

在此之前，萨拉把大部分精力都用于照顾斯蒂芬：确保他按时服药，监控食物和酒精摄入，缓解焦虑情绪。现在她的注意力转向了自己的需要。为了减轻背部疼痛，她开始去看脊椎按摩师。为了缓解可能导致疼痛的情绪困扰，她开始去看心理治疗师。这段经历是个重要转折，萨拉开始克服她在自己身上看到的"继发性创伤"，据她了解，继发性创伤是指长期与创伤后应激障碍患者相处并间接吸收其部分症状的人受到的负面影响。这种症状在退伍军人的妻子中普遍存在，萨拉开始在网上的聊天论坛上接触她们。但随着萨拉采取措施更好地照顾自己，她也逐渐意识到斯蒂芬的应对机制有多么不健康。在圣克莱门特，他每天都在读科幻小说和吸食大麻。在波特兰，他发现了新的消遣方式，玩那种漫长而复杂的桌游，有时几个星期才能结束一局。桌游占据了他的时间，却也让他越来越远离现实。过去他在轮休期间对开车出行、探索新地方的热情再也不复。萨拉已经回忆不起来燃爆事故发生前的快乐时光：斯蒂芬走进屋，随便几句话就立刻把人逗笑。她开始怀疑，这些美好的感觉可能永远不会重现。

这种感受逐渐加深，萨拉决定去休斯敦旅行，这段为期五天的假期既为了见一些朋友，也有机会了解斯蒂芬在她不在时的表现。在萨拉离开的第三天，她接到了一个电话，被告知斯蒂芬因饮酒过量而再次发生车祸。虽然没有人受伤，但这次事故使她震惊不已，她想知道下次自己离开他身边时会发生什么。一想到从结婚开始就生活在这种恐惧中，萨拉就感到害怕，她一直珍视自己的独立。几周后，她告诉斯蒂芬她想分手。

在洛杉矶的一家餐馆吃饭时，萨拉向我转述了这一切，那家餐馆就在她和斯蒂芬分手后搬到好莱坞的公寓附近。她来到洛杉矶是为了艺术创作，更具体地说，是为了拍电影。她现在是一名研究生，就读于加州大学洛杉矶分校著名的电影学院。申请该项目的灵感来自她在"深水地平线"事故发生后结识的少数几个新朋友之一，纪录片制片人玛格丽特·布朗。布朗在2011年看到萨拉创作的《幸存者》系列画作后，留下了深刻印象，便主动联系了她。她询问萨拉和斯蒂芬是否愿意在她正在拍摄的"深水地平线"石油泄漏纪录片中出镜。一般情况下，答案会是否定的：在事故发生之后，萨拉和斯蒂芬都不想把自己的生活暴露给任何人，更不用说是用摄像机对着他们的局外人。但布朗在亚拉巴马州长大，和萨拉一样出身美国南方，同样从事艺术行业，两人惺惺相惜。布朗制作的纪录片《严重无视》于2014年上映，巧妙地交织了钻井工人、牡蛎捕捞者等不同人的生活被井喷事故破坏的故事，并通过一些片段说明，一旦灾难从头条新闻中消失，石油开采行业恢复得有多快。在一个场景中，一位在"深水地平线"上受重伤的前首席工程师谈到了他遭受的更为隐蔽的情感创伤。"这让我感到内疚，因为我也曾参与其中。我知道自己做的很多事情都是错的。我为自己曾在英国石油公司工作感到内疚。"就在他说这番话的时候，他的妻子准备了一大堆缓解疼痛和焦虑的药片给他服用。在另一幕中，一群参加休斯敦油气贸易展的高管在豪华酒店的甲板上，为该行业的复苏举起香槟。点燃雪茄后，其中一位感慨道："就个人而言，我认为我们应该对汽油使劲征税。"另一人反对："你这纯属政治说辞。"石油行业的碳排放年复一年，高管们啜饮白兰地，同意大多数美国人想要的是无限供应的廉价油气，争论最终化为烟尘，飘入空中。"美国人爱车，也喜欢开车。"其中一人笑着说。

"深水地平线"灾难发生十年后，新冠大流行期间的封锁和旅行禁令导致全球石油需求暴跌，一些分析师推测，对廉价能源的极度需求终将迎来改变。数百万美国人突然停止乘坐飞机，也不再开车上班。原油期货价格一度跌至负值，一些人认为化石燃料可能很快就会失去其在现代世界的新陈代谢中的重要性。随着海平面上升，森林被烧毁，气候变化的影响越来越严峻，石油将不可避免地被淘汰，取而代之的是清洁、可再生能源的新时代。一些能源公司似乎也在押注（并计划从中获利），其中包括英国石油公司，该公司于2020年宣布将投资数十亿美元用于可再生能源，并走上成为"净零"碳排放公司的道路。

由于大流行持续改变了人们的行为，越来越多的美国人和其他国家的人在家工作，减少了旅行，当然可以想象石油时代的结束。但许多分析师错误地预测了这一点。在新冠疫情暴发之初，化石燃料仍然主导着全球能源消费。油价暴跌不一定有助于刺激消费者在家安装太阳能电池板和远程办公，而可能会适得其反。新冠疫情暴发几个月后，一位行业分析师向英国《金融时报》表示："就大排量越野车的销量而言，英国显然已经超越了它们曾经的大本营美国，而廉价石油可能会加剧这一趋势。"[17]此外，如果没有世界主要经济体的支持，转向更清洁的可再生能源仍然是在白日做梦。而特朗普执政期间的美国显然不会提供相关支持。2017年，美国退出了《巴黎协定》，即2016年生效的国际气候变化条约。此举符合特朗普的"美国优先"能源政策，该政策要求将美国90%的沿海水域向海上钻井石油业开放。在特朗普的继任者拜登领导下，议程似乎发生了巨大的变化，他在上任的第一天就宣布美国将重新加入《巴黎协定》，并将解决气候危机提升为国家安全的优先事项。不过，应对气候变化的大胆举措仍可能在华盛顿遭到强烈抵制，不仅来自化石燃料行业的说客，也来自许多民选官员。在共和党内部，承认人类活动造成气候变化后果的声音越来越少。

"深水地平线"事故发生后的几年里，萨拉一直密切关注着事态发展。但进入电影学院后，她将其抛在了脑后。现在，萨拉想要专注于自己的幸福，并将自己的感受转化为视觉艺术——这对她已经像呼吸一样自然。这一次，她计划制作一部电影来填补《严重无视》未提及的内容。她告诉我，观看这部纪录片时，她感觉自己的经历得到了证实。但同时她也十分失望。原因之一便是受邀参加休斯敦首映式的朋友，几个像她一样在石油家庭长大的发小，并未如约出现。萨拉将他们的缺席归因于这样一个事实：就像"二战"后埃弗里特·休斯在法兰克福遇到的那些德国人一样，他们对可能使自己受牵连的事情缺乏了解的意愿。"他们不想谈论这件事，"萨拉说，"他们仍然不想谈论这件事。"一位朋友说她和斯蒂芬"应该放下心结"，而此人的父亲参与设计了引发燃爆的"深水地平线"钻井。后来，这位朋友向她道歉，说自己对发生的事情感到很难过。"他很内疚。"萨拉表示。

《严重无视》让萨拉感到不安的另一个原因是，尽管她和另一名钻井工人的妻子出镜，但其角色主要限于谈论丈夫经历的苦难。在她看来，幸存者的配偶和家庭成员总是被边缘化，处于被无视的状态。在《幸存者》系列画作中，萨拉重点突出了家庭成员，包括克里斯·琼斯（他的兄弟死在了钻井平台上）和娜塔莉·罗斯托（她失去了丈夫）等人的经历。萨拉解释道："我认为'幸存者'并非仅限于钻井平台上的工人。我想确保人们看到这种涟漪效应。你的孩子会受到影响，家人也会受到影响，而不是，爆炸发生，你丈夫受伤，仅此而已。影响一直在延伸。"

到后来我才明白，萨拉针对钻井工人说的一切适用于所有脏活。脏活，不仅玷污了个别工人的生活，还玷污了整个家庭和社区，萦绕在与干脏活的人交往和共同生活过的人们的脑海中。把人关在拥挤、暴力的监狱里的脏活，不仅影响了狱警，也影响了他们的配偶和孩子。盯着屏幕上的人被"地狱火"导弹炸成碎片的脏活，使一些无人机操作员在得知自己的家族成员死亡时，几乎无动于衷。

第二天，萨拉邀请我观看另一部电影，在这部叙事性作品中，她深入探讨了这一主题。2010 年 4 月 20 日晚 9 点 51 分，美国海岸警卫队发送了一条信息，表明墨西哥湾的一座石油钻井平台发生了爆炸。电影以此开场，随后在两个女人之间来回切换——一人住在加利福尼亚，另一人以萨拉为原型，住在得克萨斯州——她们在得知消息后，试图弄清楚自己的丈夫是否幸存。镜头捕捉了她们最初的震惊。当电视上出现钻井平台燃烧的画面时，能够看到她们竭力忍下恐慌。最终，得克萨斯州的那名女性开始随机拨打海湾地区医院烧伤科的电话。在看到新闻报道将事故描述为灾难后，她跌跌撞撞地走到自家前院，尖叫着痛哭流涕。

放映地点是加州大学洛杉矶分校校园内的一个剧院，旁边的雕塑花园盛开着蓝花楹。萨拉和同学们聚在那里，展示叙事电影课的结课作品。放映后，萨拉坐在舞台边缘回答观众的问题。她告诉我，那天回家后，她"想要麻痹自己"。第二天在餐厅共进早餐时，萨拉表示，看电影最难的不是看到画面，而是听见声音，这让她想起了灾难发生转天早上的恐惧和无助。"尖叫声很刺耳，"她说，"真的很痛苦。"

吃完早午餐后，我和萨拉散步，先是沿着梅尔罗斯大道，然后拐向她住的那条街，街两旁都是花园和柠檬树。她的公寓在街区的中段，是一间一居室，墙上装饰着秘鲁地毯和几幅画。萨拉没有把自己的画作挂起来，但一直会带在身边。其间，她走进卧室，拿来一叠用牛皮纸包裹的油画，放在客厅沙发上。是那套名为《幸存者》的画作。我们站在克里斯·琼斯的画像前，他嘴唇紧闭，脸色发青，眼里充满愤怒。"他很生气，"萨拉说，"但又如此悲伤"。琼斯的画像旁边是斯蒂芬的画像，眼神呆滞，神情茫然。萨拉告诉我，这是该系列中最难画的一幅，因为画中人离她那么近又那么远。燃爆发生后，"他就这样离开了"，她说，逃离了这个他已经失去信心的世界。尽管他们分手了，萨拉并没有为此责备斯蒂芬。她说："我只是会想，拥有这样温柔的灵魂，要面对这糟糕的一切是什么感觉。"

在我离开之前，萨拉拿出了另一幅未完成的画像，画的是一个小男孩蹲在一条布满植物的石头人行道旁，有青蛙和蜥蜴在他俯身玩耍的院子里窜来窜去。这也是斯蒂芬的肖像，构想来自婆婆此前发给萨拉的一张照片。她告诉我，在前夫还是天真烂漫的年纪，自然总能给他带来某种安慰。"这里就是他常去的地方。"她说。

# 9 厚黑科技

因为干脏活而被污名化的机构往往位于贫困人口和有色人种高度集中的偏远地区。但是，在美国，像华尔街和硅谷这样的富庶之地，不也有很多道德上令人厌恶的工作吗？许多从事这些工作的白领专业人士不也有可能为此感到污秽？

2016 年春天，一名叫杰克·波尔森的数学助理教授离开斯坦福大学，另谋了一份看似毫无道德风险的工作。他的新东家谷歌在那一年被《财富》杂志评为美国最佳雇主，这既是因为其位于加州山景城的豪华总部提供的高薪和美食，更是因为该公司的道德声望。"不作恶"被奉为谷歌的座右铭。这句口号对化石燃料公司似乎不合时宜，但在当时的谷歌却恰如其分，对那些将数字革命盛赞为乌托邦式发展，认为其将赋予普通人权力，使世界变得更美好的技术布道师来说当然也不例外。2004 年公司上市时，创始人拉里·佩奇和谢尔盖·布林在公开信中不止一次提到了最后一点，这封信申明他们致力于使信息更容易获取，创建更互联的世界——毋庸置疑，这将是一个更美好的世界。"谷歌不是一家传统的公司，"信中宣称，"我们渴望让谷歌成为一个让世界变得更美好的机构。"[1]

杰克正值而立之年，被谷歌人工智能部门聘为研究员。许多入职的谷歌员工都拥有计算机科学的高等学位。杰克的博士研究方向是应用数学，但他拥有典型的"创意精英"（smart creative）的那种技术技能和略显书呆子气的习惯。[2] 在 2014 年出版的《谷歌是如何运营的》一书中，时任谷歌执行董事长埃里克·施密特和产品副总裁乔纳森·罗森伯格用这个术语来描述理想的谷歌员工。在周末，杰克喜欢阅读数学教科书和编写开源软件。他心目中的英雄当属英国哲学家、逻辑学家伯特兰·罗素。此外，乔治·奥威尔和克里斯托弗·希钦斯等特立独行的思想家，让杰克从小便养成了独立思考的性格与挑战权威的质疑精神。正是这种敏感性塑造了他的另一个爱好：阅读调查新闻报道。

2018 年 8 月，一篇发布在谷歌内部网络留言板上的调查新闻引起了杰克的注意。文章的主题是谷歌计划在中国推出量身定制的搜索引擎。从理论上讲，这完全符合谷歌的既定使命，即扩大信息获取渠道，使世界变得更美好。许多分析家在数字革命开始时就认为，互联网能够促成剧变，削弱政府审查和控制信息流的能力。但据"截获"网站记者瑞安·加拉格尔撰写的文章称，谷歌计划开展代号为"蜻蜓"的计划并不符合这一使命。文章引用了标有"谷歌机密"的文件，以证明谷歌并未挑战中国的限制政策，而是选择遵守其国内法规，开发了一款安卓应用程序，可以自动识别禁止访问的网站。如此一来，"在搜索时，禁止访问的网站将不会出现在搜索结果的首页"，报道宣称。[3]

和大多数谷歌员工一样，杰克从未听说过"蜻蜓计划"。他没有参与报道中所描述的应用程序设计，其职责主要是提高谷歌搜索组件跨多种语言的准确性。在"截获"网站的报道发布后，相关国际组织呼吁谷歌取消该计划，但在一些谷歌员工看来，这种担忧不值一提，他们认为谷歌在中国的存在可能有助于事情向好的方向发展。在杰克看来，问题的本质在于该计划是否与谷歌所提倡的人工智能原则相协调。在发给经理的一封电子邮件中，杰克表示不知道如何在不感到内疚的情况下继续工作。他在邮件中明确提出，如果公司方面不能解决上述担忧，自己就将辞职。\*

_____

\* 本部分内容有所修改。

## "呼吁"与"退出"

如果说化石燃料为全球经济提供了动力，那么数字通信将其紧密相连。在全球资本主义的新陈代谢中，能够迅速传输信息的无线网络让地球变得互联互通，其重要性丝毫不亚于石油。任何人都可以通过移动设备或笔记本电脑发布、共享和下载产品、服务和想法。至少在一段时间内，新技术似乎没有产生什么负面影响，而推动这一发展的有远见的企业家被大肆吹捧。"在公众意识中，高科技与传统的化石燃料驱动型产业截然不同，"2000年的两位记者评论道，"新闻媒体通常将这种新技术视为数字化的清洁工业，贩卖的是信息而非商品，依靠的是创意而非蛮力来制造繁荣。"[4]

就在杰克·波尔森了解到"蜻蜓计划"的时候，技术的阴暗面开始浮出水面。事实证明，"脸书"等科技公司的创始人的贪婪，不亚于英国石油公司和瑞士越洋钻探公司的首席执行官。到2016年，信息贩卖的严重负面影响开始显现。在英国脱欧和特朗普当选美国总统后，"脸书"因其在传播恶性宣传信息中的作用而备受抨击。这部分要归咎于咨询公司"剑桥分析"*，该公司获得了数千万"脸书"

---

\* "剑桥分析"（Cambridge Analytica），成立于2013年的英国政治咨询公司，2018年因数据丑闻停止运营。

用户的私人数据，并用假新闻和阴谋论对这些用户进行轰炸，旨在改变其投票习惯（2019 年，美国联邦贸易委员会以不当处理用户个人数据为由，对"脸书"处以 50 亿美元的罚款）。在缅甸，"脸书"还成为传播有关罗兴亚人的煽动性信息的主要渠道。在被联合国称之为"种族清洗的典型案例"中，信仰伊斯兰教的罗兴亚人惨遭奸淫烧杀。[5]

互联网不仅可以为人们提供连结，赋予其能力，还可以监视和操纵民众，而这一点越来越明显，且并不局限于政治领域。哈佛商学院荣誉教授肖莎娜·祖博夫表示，互联网预测用户需求的能力看似神奇，却掩盖着更加险恶的发展趋势：谷歌、脸书和其他科技公司能够不受限制地收集和存储用户个人数据，它们通过隐藏的跟踪机制积累信息，供其广告商客户用来谋取利益并蓄意改变人类行为。"在这种新机制下，我们的需求得到满足的时刻，恰恰就是科技公司为了牟利而掠夺我们的行为数据的时刻。"祖博夫在其著作《监控资本主义时代》中指出。[6] 之所以强烈反对从上述体制中攫取巨额利益、资产动辄以十亿美元计的大型公司（亚马逊、谷歌、脸书），是因为我们都是这些公司崛起的共谋。人们尽管抱怨脸书或者推特的有害影响，却愈发沉迷于通信设备与电子屏幕，频繁给朋友发短信或在社交媒体上发帖来发泄不满。

二十年来，科技公司吸引着才华横溢的年轻人，使他们既赚到丰厚的报酬，又满足于自己对世界的影响。现在，一些科技工作者开始扪心自问，甚至也会质问老板，他们设计的产品和服务是否会危害世界。在总部位于旧金山的云计算公司"赛富时"（Salesforce），员工纷纷在请愿书上签名，敦促公司首席执行官终止跟美国海关与边境保护局的多项合同。他们担心这些合同与特朗普政府在边境将非法移民骨肉分离的政策存在瓜葛。在互联网巨头亚马逊，员工抗议向执法机构出售面部识别软件，担心这项技术可能被用来追踪民权活动人士和警察暴行的批评者（2020 年，相关销售因此暂停一年）。

随着对科技弊端的认识提高，硅谷人长期以来在谈论工作时的自鸣得意开始让位于不安，甚至羞愧。但是，虽然在硅谷工作的道德光环已然褪色，也并不意味着这里的工作就是脏活。关键的区别是，工程师和银行职员等白领一样，如果感到自己因为工作受到伤害，仍然有很大的回旋余地。他们与哈丽特·克日科夫斯基生活在截然不同的世界。在得知达伦·雷尼的遭遇后，心理咨询师哈丽特仍旧保持缄默，这并不是因为沉默符合她的道德观念，而是因为她需要薪水，并且知道挑战狱警可能危及自身生命。如果哈丽特第一次注意到"淋浴疗法"的恐怖时就与看守对质，她可能就不会良心受损，因为她在弄清楚发生了什么后，尽自己所能阻止或揭露了这一切。

通过电子邮件向经理递交有条件的辞职申请时，杰克·波尔森仍然不清楚到底发生了什么。但发送邮件的决定本身就表明，与在工业化屠宰场和戴德惩教所等监狱工作的人不同，杰克觉得自己对上司有一定影响力。这是经济学家阿尔伯特·赫希曼在其颇具影响力的著作《退出、呼吁与忠诚》中研究的一种被称为"呼吁"的抗议模式。该书分析了政府官员、工人和其他社会行动者在面临不道德或不正常行为时的选择。其中之一，便是从内部"大闹一场"，借此实现变革。[7]

我遇到的干脏活的人当中，凡试图采取这种策略的，最终无一成功。在戴德惩教所内"大闹一场"的做法，或是引发了看守的报复，或是像前面提到的乔治·马林克罗特那样，遭到解雇。我采访过的那些在工业化屠宰场工作的移民甚至都不会提出抱怨，因为他们知道公司很容易找到大量廉价的非技术劳动力取代自己。同样，石油钻井工人不会抱怨安全措施的匮乏。无人机操作员希瑟·莱恩博目睹了军方如何处理切尔西·曼宁等异议人士，也明白自己的处境。但杰克的经历不同，这在很大程度上是因为他具备的技能和接受的训练。航空航天工程硕士学位以及得克萨斯大学奥斯汀分校应用数学博士学位证明了他的价值，也使其更难被取代。杰克第一次意识到这一点还是在研究生院的时候。某年暑假，杰克在美国能源部下属实验室实习，他在要求签署的合同中注意到了一项条款，规定在其离职一年后，实验室将拥有与他工作有关的一切成果。这让杰克感到不公平。为什么亲手写的开源软件不属于自己？他想弄个明白，因此拒绝签字。在一连串就此问题转发的邮件中，杰克看到有律师写道："实习生怎么敢如此口出狂言，让他滚蛋！"但反对这一霸王条款并没有使杰克丢掉工作。相反，实验室只是限缩了杰克的职责范围，以便能够对其直接为实验室开发的成果主张权利。

　　几年后，杰克发表了一系列学术论文，在佐治亚理工学院教授计算科学和工程，又收到了斯坦福大学递出的橄榄枝。在对方答应为其身为神经学家的伴侣安排工作后，杰克接受了这个邀请。但在前往帕洛阿尔托的途中，杰克愕然得知对方食言，便立即给斯坦福大学打了电话。"那行，我就不要这份工作了。"他在电话里告诉对方。斯坦福立即改变口风，安排他的伴侣在神经科学实验室担任主管。

　　从上述经历中，杰克得出了一些感悟，那就是他不必接受令人反感的雇用条款，可以通过呼吁表达让自己获得好处，这对于我采访过的那些干脏活的普通人来说显然是无法想象的。在谷歌，杰克的信念被再次证实。入职大约一年半后，他向公司申请迁居多伦多，理由是伴侣准备在那里攻读博士学位。作为答复，谷歌方面提出，杰克可以在新的工作地点继续从事原职位，但需要降薪

40%。部门经理的解释是，这是依据生活成本做出的调整。显然这一提议无法让杰克满意。他指出，虽然加拿大的住房费用较低，但税率更高。杰克告诉经理，如果这就是谷歌开出的条件，自己立马辞职。当天晚些时候，项目团队中的一位经理出现在杰克的办公桌旁，提出了新的条件，包括四年内分批给付的 50 万美元股票期权。"能够弥补减薪后出现的缺口吗？"经理问。杰克看了看修改后的提议，欣然接受。

在类似场合敢于为自己发声的习惯，某种程度上反映了杰克的个性；而胆小怕事、缺乏独立意识的人可能会有不同的表现。但这也反映了他这样的科技工作者不仅在协商工资时有议价能力，在道德和良心问题上也有较高的话语权。"蜻蜓计划"遭曝光后，杰克并不是唯一提出呼吁的谷歌员工。在"截获"发布相关报道两周后，上千名谷歌员工联署公开信，表达了对该计划的失望，并要求对公司开发的项目有更多发言权。他们写道："我们迫切需要提高透明度，在谈判桌上占据一席之地，并致力于程序的明确与公开。"[8]

与干脏活的低技能工人不同，在公开信上签名的谷歌员工觉得自己有权在谈判桌上占据一席之地。许多员工都有名牌大学的学位，坚信自己的呼吁相当重要。科技工作者经常从雇主那里得到这样的信息，谷歌更是如此。谷歌鼓励"创意精英"在被称为"感谢老天，终于周五了"(TGIF) *的每周全体员工大会上畅所欲言。埃里克·施密特和乔纳森·罗森伯格在《谷歌是如何运营的》一书中评论道，"不作恶"的座右铭是"赋予员工权力"的另一种方式。[9]但事实证明，当涉及"蜻蜓计划"时，员工的意见就不再受到欢迎，某次 TGIF 会议最终乱作一团，许多员工认为公司实际上并不重视自己的意见。

会议开始时，杰克意识到公司对员工的意见没什么兴趣。他给经理发出的关于"蜻蜓计划"的电子邮件，得到的只是含糊不清、令人不满意的答复。他认为这是在搪塞，并感到沮丧，最终在公司内部留言板上发布了自己的担忧，在信中谴责该计划使谷歌"丧失了自己的价值观"。这最终得到了上司的关注，他们邀请他在会议上表达自己的意见。但会议没有像杰克希望的那样进行。据杰克称，谷歌人工智能主管杰夫·迪恩没有澄清员工对"蜻蜓计划"的担忧，他只是一带而过，同时提醒杰克，美国政府也通过《涉外情报监视法》实施大规模电子监控。杰克援引了一些国际组织针对谷歌公司的公开信，结果被告知外界无权对谷歌如何经营业务指手画脚。在会议中，杰克一度失了神，并意识到自己的影响力微乎其微。尽管这次会议令人失望，但他并没有像哈丽特·克日科

---

* "Thank God, it's Friday."（TGIF）是谷歌特色企业文化之一，源于美国大学在周五下午学生们自己办的"幸福时光"聚会。

夫斯基在戴德惩教所那样进退维谷。相反，这导致杰克采取了阿尔伯特·赫希曼在其经典研究中提出的另一种抗议方式："退出"。会议结束后的第二天，他离开了谷歌。

理论上，任何干着肮脏和有辱人格工作的人都可以选择退出。但现实中，如果你有技能和教育去寻求其他工作，这是一个更容易行使的选择，可大多数干脏活的工人别无选择。因此，"农村贫民窟"的高中毕业生才会申请担任狱警，这是很少有人想干的"最烂的工作"。屠宰场才会招募非法移民来填补空缺，因为很难招到足够多土生土长的美国劳动力。

这些人承受的是经济压力，同样的压力迫使其中许多人首先选择去干脏活。工程师并非完全不受经济压力的影响。虽然许多人的工资很高，但住在硅谷代价不菲，尤其如果还需要养家的话。离开谷歌大约一年后，杰克与我在多伦多共进午餐时透露，许多同事没有像他那样愤而辞职的原因之一是他们有孩子。虽然没有孩子，但杰克也担心失去工作的经济后果。事实证明，这种担心不无道理。杰克告诉我，辞职后的第二年，自己的年收入下降了80%。但他在谷歌工作时挣的钱（包括获得的股票期权）为其提供了一定程度的财务保障，而这显然是我遇到的那些干脏活的工人做梦也不敢想的。此外，与这些工人不同，杰克有能力和资历去寻求其他选择——

当他离开谷歌几周后，一篇关于他辞职的文章见诸媒体，凸显了这一事实。文章的作者是"截获"网站的记者瑞安·加拉格尔，正是他最先爆出了"蜻蜓计划"。杰克在文章中说："这一计划将在全世界产生严重后果。"[10]

杰克以前从未与媒体交谈过，对这样做可能产生的个人影响感到紧张。这是可以理解的，因为在离开谷歌时，公司曾警告他不要与媒体接触。但杰克很快发现，在硅谷的大部分地区，人们在获知上述信息时纷纷抛来橄榄枝。他告诉我："我想，48 小时内就有大概 30 家公司希望雇用我——至少有 30 家。"他回忆道，有一家公司"直接提出要给我比谷歌更高的薪酬。基本上，每一家硅谷公司，甚至有来自同一家公司的多名高管，都在联系我"。斯坦福大学也向杰克重新敞开了大门。

正如这些工作邀请所表明的，杰克没有因"蜻蜓计划"引发的争议而使职业前景蒙上阴影，反而前途大好。谷歌的做法被硅谷科技圈普遍抵制，而这位被视为道德高尚且富有才华的知识分子受到多家公司垂青，也是再理想不过的演讲者和采访对象。"截获"的报道文章发表后，杰克收到了更多媒体的采访邀约，如彭博社、美国有线电视新闻网、福克斯电视台等。他还应邀在日内瓦国际人道主义法和人权学院等国际场合发声，并在国会关于科技行业的听证会上提交证词。

"我过得不错"，在多伦多的一家餐厅，杰克愉快地说道。我们约在那里共进午餐，他听起来一点也不怀念在硅谷的工作，更不像我认识的那些干脏活的苦力。这两类人行为举止的反差就像他们财务前景的差异一样显著。离开谷歌后，杰克也经历了许多挑战，努力寻找一份不会让他感受到其他类型伤害的高科技工作（他告诉我，自己曾为一家帮助人道主义组织应对自然灾害的公司做咨询，却得知该公司的客户之一是美国国土安全部，后者可能会使用同样的技术来监视边境的移民。这促使他再次辞职）。但与我遇到的那些干脏活的人不同，杰克在摆脱围绕"蜻蜓"项目的争议时基本上全身而退，他的正直没有受到玷污，也没有出现干脏活的普通工人遭受的道德和情感负担：噩梦、脱发、内疚、羞耻。

在与杰克·波尔森会面后不久，我采访了另外一位前谷歌员工劳拉·诺兰。劳拉毕业于都柏林的三一学院，2013 年开始为谷歌工作，担任站点可靠性工程师。可靠性维护相当专业，涉及提高大型在线软件系统和服务的性能和效率。

在谷歌的那几年，劳拉的表现可圈可点，获得了出色的绩效考核，并为自己的工作感到自豪。2017 年 10 月，在湾区总部参观时，她了解到一个新项目，该项目将改进谷歌对图像和数据分类的机器学习分析。"我们为什么要这样做？"劳拉出于好奇问道。有同事把她拉到一边，告诉她这是公司秘密开发的"梅文计划"。这项与美国国防部签订的人工智能项目，其目的是增强五角大楼在无人机拍摄图像中跟踪和识别物体（包括车辆和人）的能力。

得知此事的劳拉深感震惊。她曾经认为，扫描世界上所有的书籍，覆盖非洲十亿用户，这些才是谷歌的使命。她不认为帮助美国军方进行法外处决也是其使命。她后来了解到，"梅文计划"其实与武器开发无关，而是一个监控程序，旨在自动化和加速筛选无人机在遥远的战区上空盘旋时录制的大量视频。但这种技术上的差异也无法让劳拉感到宽慰，特别是在她深入了解无人机战争的性质后。她读到了调查记者安德鲁·科伯恩撰写的《杀戮链》。科伯恩认为，"杀戮链"始于监视，往往以杀害无辜平民的"标志性袭击"结束，这与克里斯托弗·亚伦和希瑟·莱恩博得出的结论相同。劳拉担心，将上述流程自动化将不可避免地导致更多的监视，进而使致命打击"扩大化"。

劳拉了解到，谷歌与五角大楼签订的这份合同虽然价值仅为1500万美元，但作为试点项目可能促成谷歌与美国军方利润更高的下一步合作，包括价值100亿美元的"联合企业防御基础设施"项目。听到劳拉表达对"梅文计划"的担忧后，都柏林的谷歌主管毫不讳言，"为了股东的利益，我们必须这样做"。谷歌的理想主义也不过如此，劳拉心想，并开始考虑离职，这份工作很快成了她内疚而非骄傲的根源。了解到"梅文计划"的真相后，劳拉开始失眠，体重骤增。她感到焦虑，却不敢告诉伴侣以及亲密朋友到底出了什么事。必须保持沉默，这是她签署的保密协议的要求。该协议禁止她与谷歌以外的任何人谈论"梅文计划"。

即使在谷歌内部也很少有员工知情。但在 2018 年 2 月，一组参与该项目的工程师在内部留言板上表达了对"梅文计划"的担忧，情况发生了变化。一周后，消息被泄露给了媒体。目睹眼前发生的一切，劳拉非常激动。终于，她可以不再暗气暗恼，而是和 3 000 多名谷歌员工一道，签署了致时任谷歌公司总裁桑达尔·皮查伊的请愿书，呼吁取消"梅文计划"。《纽约时报》获得了这份请愿书并全文登载，其中写道："我们认为谷歌不应该参与战争。"[11]

员工的抵制和媒体的高度关注最终促使谷歌重新考虑其优先事项。2018 年 6 月，时任谷歌云负责人的黛安·格林通知公司员工，"梅文计划"合同到期时，谷歌将不会续签。一周后，谷歌公布了一套新的人工智能原则，申明不会实施任何超出"国际公认标准"的监控项目。从理论上讲，这听起来像是有原则的立场。但对劳拉来说，这更像是狡猾的借口，原因非常简单，针对监控项目根本就没有什么"国际公认标准"。劳拉确信，谷歌的新人工智能原则非但没有表明对"梅文计划"的否定，反而为未来的类似工作敞开了大门。她没有坐视不理，而是决定采取与杰克·波尔森相同的做法：主动辞职，成为因"梅文计划"而离开公司的大约 20 名谷歌员工之一。劳拉告诉我，在公司的最后一天，她不由得落泪，但同时也感到如释重负。决定不再担任谷歌的站点工程师后，劳拉的睡眠质量显著提升。

## 身份受损

正如本书开头指出的，脏活存在许多基本特征。其中之一便是会对他人或自然界造成重大伤害。另一个特征则是会对干脏活的人本身造成伤害，要么导致他们背叛了自己的核心价值观，要么让其蒙受污名和贬低。劳拉·诺兰的经历表明，拥有一份高收入、高技能的白领工作也可能使人们感觉背叛了自己的核心价值观。她告诉我，如果继续在谷歌工作，内疚感就会加剧。最终，这可能会让她遭受道德伤害。事实上，像杰克·波尔森一样，她没有继续在谷歌工作，这也说明了为什么从事高技能白领职业的人更容易避免这种创伤。

但是，如果感觉蒙受污名和贬低呢？白领工人也更容易避免吗？剑桥大学商学院讲师托马斯·鲁莱特表示，情况并非如此。2015 年，鲁莱特发表了一篇文章，认为在 2008 年金融危机后，这种命运降临到了被视为白领的整个银行从业群体。为了证明自己的观点，鲁莱特引用了颇具影响力的社会论著，欧文·戈夫曼的《污名：受损身份管理札记》。这本于1963年出版的经典将"污名"（stigma）定义为"一种令人大大丢脸的特征"，以至于"[使一个人]失去了被社会完全接受的资格"。[12] 污名属性可能是一种身体迹象，也可能是性格特征或与不受信任的种族或宗教团体的联系，任何偏离社会规范的"符号"都可能导致一个人被归入某种单独的、污秽的类别，"在我们的头脑中，从一个完整的、平常的人沦为一个污秽的、不受重视的人"。

戈夫曼将这一理论应用于个人的"道德生涯"。但鲁莱特指出，它也适用于组织。"像个人一样，组织也会被剥夺得到社会完全认可的资格。"[13] 他认为，金融业长期秉持股东利益最大化理论，认为公司的唯一职责是满足股东的获利预期，在2008年金融危机后，这一"主导逻辑"被认为与更广泛的社会规范和共同利益格格不入。在次贷危机的阴影下，投资银行家从事的工作被描述为可憎的。鲁莱特坚称，这种脱节造成的污名是抨击银行家贪婪的媒体传播的。《纽约客》记者约翰·卡西迪撰写的《华尔街有什么好处？》等文章暗示，如果没有高盛和摩根士丹利这样的华尔街公司，世界本可能会更好。

一些媒体在次贷危机后喜欢用负面视角描述华尔街，这是事实。然而，鲁莱特研究的银行家作为这个蒙受污

名的行业成员，却赚得盆满钵满。在针对污名的研究中，
戈夫曼认为，"身份受损"的人会被这个称号束缚："我们
有效地，常常是不假思索地，减少他的生活机会。"[14] 然
而，2008 年金融危机之后，华尔街银行家的生活机会并
没有受影响的迹象。在危机发生后的一年里，高盛、摩
根士丹利和摩根大通等公司的平均薪酬增长了 27%。负
面新闻报道并没有阻止华尔街巨头发放数百亿美元的奖
金，也没有损害那些听其差遣的律师和说客的职业生涯。
例如，尤金·斯卡利亚在帮助金融业推翻《多德 - 弗兰
克法》等金融管制法规的过程中，赚取了数百万美元。

如此利润丰厚的行业果真失去了被社会接受的资格
吗？其从业人员与帮手会因此蒙受多少污点和贬低？常
识表明，不太可能，因为鲁莱特对金融业的分析明显缺
少一个因素，而戈夫曼的研究也几乎没有涉及。这个因
素就是权力。正如戈夫曼观察到的，污名是通过人际关
系获得的，在社会互动中形成的刻板印象会导致个人感
到被玷污和贬低。但正如学者布鲁斯·林克和乔·费兰
所言，这些刻板印象的效力完全取决于制造它们的人有
多强大。为了说明这一点，他们描述了一个假设场景：
一家精神病医院的患者给傲慢冷酷的工作人员贴上贬低
性标签。患者可能会在背后嘲笑这些工作人员，并将其
归入"丢脸者"的类别。尽管如此，林克和费兰坚持认为，
"工作人员最终不会成为被污名化的群体。因为患者根本

不具备社会、文化、经济和政治权力，他们对工作人员的认知无法产生严重的歧视性后果"。[15] 是权力，包括"控制教育、工作、住房和医疗等主要生活领域的享有"的权力，使污名具有重要的效力。反过来，权力的缺失使人们容易蒙受污名，"身份受损"阻碍了他们的生活机会。

权力并没有保护银行家和其他成功的白领专业人士（律师、说客、科技工作者）免受道德谴责。但是，这种耻辱对其收入、地位、尊严和自尊的破坏性要低得多。在金融危机后继续赚取丰厚奖金的银行家可以"管理"污名，而干脏活的工人无法做到这一点。例如，前者可以向慈善组织捐款，这种证明美德的姿态显然是低收入工人望而却步的。即使有些人对自己的所作所为产生怀疑，成功也会催生一种优越感和特权感，使其更容易对批评视而不见。这有助于解释为什么在 2008 年金融危机之后，许多投资银行家并没有感到被玷污和贬损，而是愤怒和抱怨，想到金融受到监管以及公众的谴责就气得不行。这种愤怒是政治哲学家迈克尔·桑德尔所谓"精英的傲慢"的一个例子，也就是精英阶层积累起来的自尊心膨胀。他们获得顶尖大学的法学、商学和工程学位，表面上是因为他们的才干和努力，但实际上，这是"优绩制"（meritocracy）的前提。优绩制根据人们是否有能力进入令人垂涎的精英教育机构，将其划分为不同收入阶层和职业道路。桑德尔观察到，这一制度的一个后果是削弱了工人阶级的尊严和自尊心，这些人没有顶尖大学的学位，他们的人生机遇在近几十年里大大减少或毫无转机。另一个后果是使社会上的"赢家"获得道德优越感，这些受过高等教育的成功人士被鼓励"把成功视为自己努力的结果，以及衡量自身美德的标准，并对那些不那么幸运的人不屑一顾"。[16]

一些人认为，"精英的傲慢"是没有理由的，因为受过高等教育的成功人士往往来自有钱有势的家庭。然而，这种傲慢植根于成功的精英主义者准确感觉到的东西，那就是，即便是蔑视他们的人也羡慕和钦佩他们。所谓脏活，是指需要做一些"好人"——即所谓受人尊敬的社会成员——视为道德败坏、永远不会想要亲自动手的事情。屠宰场工人、监狱看守、军队中的"操纵杆战士"，以及像斯蒂芬·斯通这样的油井工人都是典型个例。在硅谷工作的软件工程师和站点可靠性工程师，或者华尔街的金融家和银行家，显然与此截然不同。

## 不看恶，不说恶

投资银行家和软件工程师往往可以免于干脏活的工人遭受的屈辱，但这并不意味着他们工作的公司没有从脏活中获利。与劳拉·诺兰交谈后，我突然想到，可以从另一个角度来看待"梅文计划"：将其作为未来势必激增的脏活的模板，在那个"美丽新世界"，有道德隐患的任务将越来越多地交给机器而不是人力完成。进行无休止战争可以通过自主武器系统来自行打击目标，无需再雇用"办公桌战士"进行杀戮。开采化石燃料的脏活可以通过云服务和人工智能来完成，不必再雇用斯蒂芬·斯通这样的技工。2019年，知名科技网站"小发明"（Gizmodo）上的一篇文章描述了亚马逊、谷歌和其他科技公司跟石油公司达成利润丰厚的交易。文章指出："谷歌正在利用机器学习来勘测更多的海上和海底石油储量，其数据服务能够简化和自动化现有的油田作业，并帮助石油公司找到削减成本以及同新兴清洁能源竞争的方法。"[17] 文章还指责"大型科技公司将气候危机自动化"。

自动化作业并不能完全消除人类参与其中的需要：仍需要有人来设计和编程机器。但它可以将人类的参与限制在容易分散责任的技术性工作上，劳拉·诺兰认为这是高科技工作固有的特征。例如，她提到了谷歌等公司为广告商收集用户个人数据的隐藏跟踪机制，并认为这是不道德的。肖莎娜·祖博夫在《监控资本主义时代》中指出，谷歌是这种做法的先驱，通过其"不断扩展的提取架构"完善个人数据挖掘技术。谷歌的一些软件工程师固然会同意这种隐藏的数据提取构架令人反感，但很少人会觉得与自己有关，因为他们的工作更为平淡枯燥。劳拉说："实际上，并没有多少人真的在编写代码来决定收集哪些个人数据。有太多的人只是在编写维护服务器的代码。他们在做的事可能产生直接的道德后果，但其中成百上千的人只是在做些打杂的工作，就像是管道工和清洁工。"

"你知道，干杂活并没有错。"她继续说道，"对于你没有直接参与的工作，分散责任是很容易的。就像在'梅文计划'中，我没有被要求编写代码来跟踪采松子的农人并将其炸飞。我被要求做的是确保这一点得以实现的辅助事项。"

仅靠技术本身并不能确保责任的分散。正如我们看到的，技术没有避免无人机项目中的图像分析人员被大量的图像淹没——烧毁的尸体、毁坏的房屋——这可能会造成严重的精神损害。但谷歌的工程师并不会看到这样的图像。和劳拉一样，他们与自己行为的后果相距甚远，执行的是一些特定的功能，其确切目的连他们自己都不清楚。正如劳拉指出的，这样做的一个原因是，技术很容易为一种用途设计，然后重新用于另一种用途。她说，制造坦克的工厂工人知道他们建造的产品将用于何处，码农却并非如此。"代码更具可塑性。在科技领域，你可以建造或设计一些东西，被告知它是为了甲目的，却很容易将其用邪恶的乙目的。"

这种可塑性使雇主能够让员工们对实际情况一无所知，杰克·波尔森也指出了这一问题。他说，在"蜻蜓计划"中,"员工根本不知道他们做的事情会产生什么影响。在某些情况下,甚至隐私审查小组也不知情"。使情况更加复杂的是另一个问题,即工作被分割打散。在谷歌工作期间,杰克偶然阅读了物理学教授厄休拉·富兰克林的作品,她在书中区分了"整体性技术"(holistic technologies)和"规范性技术"(prescriptive technologies)。前者是由工匠(如陶工、五金匠)完成的工艺,正如富兰克林所说,他们"从头到尾控制着自己的工作过程"。[18] 相比之下,规范性技术将工作分成了小步骤,这使工人们只专注于他们被分配的独立任务。杰克总结道,这就是高科技世界的现实,人的自然冲动是专注于满足似乎没有道德后果的狭隘技术基准,而道德后果很容易被忘记。"你可以很容易地将其分割开来。"他说。

然而,如果要指控一些科技工作者从责任分散的体系中获益,那么我们所有人,作为科技行业的客户和消费者,也在以不同的方式受益。面对科技界的强烈反对以及硅谷的堕落,许多消费者对大型社交媒体和科技公司抱有成见。这显然没有缩短大多数人盯着笔记本电脑和智能手机的时间,也没有让公众更加关注其他事情,比如口袋里电子产品的生产环境。

正如许多人权组织表明的,全球科技供应链一点也不干净。这个链条的一端是"百思买"（Best Buy）和苹果商店售买的电子产品，另一端则是"非洲资源观察"等国际组织发布的报告中提到的手工采矿业。这些矿山位于刚果民主共和国的科卢韦齐市，全球一半以上的钴产自这里，而钴是为笔记本电脑和手机（以及电动汽车）供电的可充电离子电池的关键成分。相关报告指出，矿井中的矿工忍受着可怕的环境，每天工作 12—14 个小时，不戴手套或口罩，大量吸入有毒化学物质，可能会患上硬金属肺病等致命疾病。许多工人是儿童，由于家庭极度贫困，无力支付上学的费用，被迫进入矿山工作。工人下到狭窄的临时矿井时很可能会丢掉性命，这些矿井经常坍塌（这种危险的情况让人想起了奥威尔在《通往威根码头之路》一书中对矿井的描述。在全球资本主义的新陈代谢中，煤炭已经被钴取代，但有些事情并没有改变）。他们用原始工具挖出的岩石被卖给了跨国矿业公司，最终进入微软、三星和苹果等科技公司销售的电子产品中。

这份题为《我们为此而死》的报告于 2016 年发表。三年后，我遇到了凯瑟琳·穆廷迪。这位修女创建了总部位于科卢韦齐的非政府组织"好牧人"（Bon Pasteur），并且运营着一个社区发展项目，为手工采矿行业的儿童提供免费教育。报告明确指出，像苹果和微软这样的公司并没有直接卷入刚果残酷剥削的采矿业，而是依赖于

"下游"的中间商。实际上，这些中间商为大公司及其客户干了许多脏活，诸如安排钴的开采和交付，同时保证后者无需面对太多指摘。穆廷迪告诉我，相关报告发表后，许多公司采取措施升级其采购做法，加入了旨在完善供应商审查、加强尽职调查政策的"负责任原材料采购倡议"。然而，据穆廷迪说，这些举措对改变当地的情况几乎没什么作用。见面后不久，她给我转发了一篇《卫报》文章的链接，内容是关于14个刚果家庭对全球大型科技公司提起的诉讼，他们指控这些公司是当地危险工作环境的共谋，造成他们的孩子严重受伤或死亡。其中一个孩子日薪仅为75美分，在拖运成袋的钴矿石时跌入隧道后瘫痪。另一个童工则因隧道坍塌被活埋。原告的诉讼对象包括苹果公司、微软公司和戴尔公司，理由是这些大企业"拥有监督和管理其钴供应链的权力和财力"，但毫无作为。[19]所有这些公司均否认指控。苹果公司的一位发言人告诉《卫报》，"苹果公司坚持为我们的产品提供负责任的原材料采购。我们为供应商制定最严格的标准，引领了行业转型发展。"戴尔发言人说，"戴尔科技承诺以负责任的方式采购矿物，维护供应链各层级员工的人权，尊重他们的尊严。"微软发言人则表示，"如果供应商行为可疑或可能违反法律，我们将调查并采取行动。"

童工问题非常耸动，有时会成为头条新闻。但这个行业还隐藏着一个不太显眼的问题，那便是腐败。腐败更难追踪，也更为有害，导致刚果的矿产财富很少流入该国民众的口袋。大把钞票最终落入了以色列亿万富翁丹·格特勒等问题商人和贪腐官员的腰包。总部位于布鲁塞尔的非政府组织"资源问题"撰写的报告揭露了这名商人在刚果扮演的不光彩角色。报告指出，美国于2017 年宣布对格特勒实施制裁，理由是其在刚果民主共和国安排了一系列"不透明和腐败的采矿和石油交易"（格特勒否认参与腐败）。有研究估计，这些交易让刚果损失了 13 亿美元，这些钱本来可以用来投资教育或提供其他就业。然而，很少有科技公司采取措施确保其供应商与格特勒没有联系。"资源问题"报告的重点是"嘉能可"，这家瑞士公司是世界上最大的钴生产商。根据该报告，嘉能可在格特勒被制裁后仍继续向其附属实体支付采矿费用。该报告确定了 14 家"可能是嘉能可客户"的公司，包括苹果、三星、宝马和雷诺。"资源问题"指出："本报告研究的几乎所有公司都禁止和谴责腐败"，但"在接触的 14 家公司中，只有不到三分之一的公司承认格特勒和嘉能可之间的联系带来的腐败风险"。该报告的标题是《不看恶，不说恶：钴供应链中的腐败风险管理不善》。[20] 只有三星一家公司表示将进行审计以解决这个问题。

　　该报告发布以来，宝马、三星和其他几家公司采取了相应举措以促进负责任的资源开采，改善刚果的生活条件。但要让科技行业对可能存在问题的做法负责仍然很困难。其中一个原因是责任在公司层面的分散，使销售品牌产品的上游公司能够与下游的剥削和腐败保持距离。最终进入笔记本电脑和电动汽车的钴经过了冶炼厂、精炼厂、电池组件制造商、电池生产商等多个环节，而这些工厂分布在世界各大洲的不同国家。接受我采访的一位分析师称，苹果公司与嘉能可之间至少隔着四层中间商，而雷诺公司与嘉能可之间存在六层关系。生产供应链中间商的错综复杂，使处于链条一端的公司很容易拒绝对另一端发生的事情负责。

例如，采购笔记本电脑和智能手机原材料和零部件的中层管理人员，他们是否会考虑童工和腐败等问题？他们有没有感到肮脏？研究自然资源开采与腐败之间关系的非政府组织"全球见证"的研究员告诉我，她认识一位在一家参与钴贸易的欧洲矿业公司工作的朋友，此人可能愿意坦率地谈论其中的道德困境。我被告知，这名员工很有想法，也怀有善意。大约一周后，我收到中间人的消息，该员工表示欢迎沟通。第二天，我便写了一封电子邮件，提议面谈。

几天后，此人回信取消了采访，解释说只能讨论刚果的商业环境，而非我感兴趣的道德问题。"由于您可能在寻找个人的故事和看法，我担心我的帮助十分有限，"邮件中写道，"所以不得不拒绝您的采访要求"。

这令人失望，但并不令人惊讶。大约一年前，我曾尝试与另外一位在全球科技供应链中工作，且据说对其中的道德压力思虑颇深的人取得过联系。如其所言，批量生产笔记本电脑和智能手机的工厂普遍存在侵犯劳工权益的问题。供应链越低端，情况就越糟。制造商在向品牌公司保质保量供应产品的巨大压力下，将临时工推到了极限，很可能会违反加班和童工雇用的标准。拿到此人的电子邮箱后，我写信请求当面采访，但并未收到回复。为我牵线搭桥的是一位深入研究技术供应链且了解该消息人士的教授，他将对方的沉默归因于雇主要求员工签署的保密协议。"他可能（理所当然地）担心保密协议问题。"教授说。

保密协议在高科技领域无处不在，这些协议要求员工不得与任何人分享有关工作的"敏感信息"，从而保护公司免受竞争对手窃取其商业机密的风险。它们还保护公司免于道德困境——无论是公司，还是全球供应链中的另一个关键环节，即他们的客户，消费者宁愿不去了解自己购买的神奇电子产品背后的肮脏勾当。见面几周后，穆廷迪给我发来了一段视频，实时记录了这些做法。在视频中，一名刚果士兵站在吸饱了雨水的泥地上，身后是几辆采矿卡车。他脚踩着一名矿工，胸膛赤裸，双手绑在背后，工作裤被地上的泥水弄得精湿。踩在他身上的士兵穿着橡胶靴，肩上挎着枪，右手拿着另一件武器：一条盘绕起来的绳子。士兵不时鞭打矿工。矿工滚来滚去躲避，弄得满身泥浆。一鞭擦过他的头，另一鞭正中他的大腿后面。在背景中，可以听到另一个人用斯瓦希里语命令士兵继续抽打。视频快结束时，一名戴眼镜、穿着卡其布的男子出现在镜头里。他手里拿着笔记本，看起来像是一位低级的矿业官员。此人显得很淡定，步履缓慢而从容，没有试图阻止士兵或帮助矿工的意思。

"很难相信这种事发生在 21 世纪！"穆廷迪发完视频后写道。这一幕确实让人想起了殖民时代，当时的刚果"自由邦"处于利奥波德二世的野蛮统治之下。为了榨取橡胶和象牙资源，这位比利时国王对非洲工人施以极端的残忍和暴力。但这段视频也非常符合我们的时代，它捕捉到了"隐藏在社会生活幕后令人不安的事件"，对绝大多数家里和办公室里摆满由可充电离子电池驱动的设备的人来说几不可见。挥舞着鞭子的士兵和袖手旁观的矿业官员都不是殖民政权的使者，而是全球资本主义的代理人，为我们做着脏活。

美国暴发新冠疫情后不久，便出现了有关医院的种种不良传闻，不仅涉及数万名因呼吸困难被送入急诊室的患者，还涉及陷入困境的护理人员。一些报道关注的是长期困扰医学界的问题：倦怠、压力、焦虑。另一些则指出了更多全新的挑战，例如护士和医生面临的道德困境：被迫决定如何将稀缺的医疗资源分配给危重患者。重症监护室中的最后一台呼吸机应该留给死亡风险更高的老人，还是给两个小孩的母亲？哪些患者才能住进已经人满为患的医院？2020年6月，《科学美国人》杂志登载的一篇文章警告说，在疲惫不堪、被迫妥协的情况下，做出攸关生死的决定可能会造成长期心理创伤，还可能导致道德伤害。文章引用一位生物伦理学家的话称，医生接受的培训是"一次治疗一名患者"，[1]而不是对病人鉴别分类。一位名叫温迪·迪安的精神病医生说："我认为，当这一切结束时，真正的清算才会到来。"

　　干脏活的人承受的道德和情感创伤，就像他们自己一样，是隐形的。人们不会注意到"隐性的伤害"。但抗击新冠疫情前线的医疗专业人员显然不是如此，他们的遭遇俨然成为举国上下关心的话题。知名媒体不仅详细报道医护人员被迫面对的道德困境，还邀请他们亲口讲述自己的故事。有内科医生投书《今日美国》："一线医护人员的灵魂在缓慢而无声地腐烂，看不到任何希望。需要有人分担如此不能承受之重，因为我们已疲惫不堪。"[2]

　　医疗专业人员能够获得此类话语平台，肯定与其社会地位不无干系。也因为他们从事的工作被社会视为不可或缺，甚至是英勇的。在新冠大流行期间，医生和急救人员将自己的健康乃至生命置之度外，为病人提供紧急护理，获得了广泛赞誉。就像家庭护工和其他所谓的基础工人一样，医疗专业人员履行的是其他人依赖的、维持社会运转必需的职能。

　　脏活可能是社会需要的，这一想法更令人不安。毕竟，此类工作的显著特点就是会对他人、动物和环境造成重大伤害。对于我此前拜访过的"粉色代码"活动人士，如托比·布洛梅等人来说，施加这样的伤害显然是完全没必要的。布洛梅告诉我，无人机操作员实施高科技杀人行为，并不是因为定点清除对国家安全至关重要，而是因为军工复合体、掮客承包商和特殊利益集团的巨大影响力扭曲了美国的优先考量，以便从无休止的战争中大获其利。

但事实是，无人机项目不仅符合军事承包商的利益，也迎合了不想过多考虑以其名义发动的无休止战争的公众。多亏了无人机战争，他们也不必考虑。定点清除这样的脏活大可以留给克里斯托弗·亚伦和希瑟·莱恩博这种人去做，很少有人闲得过问此事。同样，像美国这样没有为精神健康服务提供资金的社会，把精神病患者关在监狱和看守所的脏活也是如此。这种安排不仅有利于提供此类服务的营利性公司，也使许多公民受益，他们乐于让精神病患者消失在狱中，而不纠结于其后果。脏活也是对社会至关重要的工作，解决了许多人都想解决的各种"问题"。当然，前提是其他人能够处理这些问题。

大多数人甚至都不想听到太多关于脏活的消息，也不想从代表我们干脏活的人那里听到太多，他们说的事情可能会让我们感到不安，甚至还可能产生负罪感。在采访过程中，我经常感到这种不安。斯蒂芬·斯通谈到，人们乐于对出身偏远城镇、在石油钻井平台找到工作的"乡巴佬"评头论足，却很少反思自己的生活方式高度依赖于化石燃料，我深以为然。当我把租来的车开回租住的"爱彼迎"公寓时，我感到自己也有所牵连。当哈丽特·克日科夫斯基哀叹，许多美国人尤其爱将贫穷且缺乏治疗机会的重症精神疾病患者视为"被抛弃者"时，我不以为然地摇了摇头，但后来我琢磨，这是否就是自己下意识里对他们的看法。在纽约市的街道上，我经常能遇到精神病患者，很多时候，我对他们感同身受，但可能转头就将其忘在了脑后。

即使是那些暂时被这种不安困扰的人，也可能因为深感无力改变而故意回避。的确，就个体而言，我们势单力薄。购买更省油的汽车（或电动汽车），并不会结束美国对化石燃料的依赖。把几块钱交给街角自言自语、无家可归的精神病患者，也不会改变美国的监狱和看守所已经成为事实上的精神卫生院的现实。然而，就集体而言，我们并非无力改变。正如本书开头指出的，脏活的核心特征便是"好人"的默示授权，他们不会过问太多，毕竟最终结果不会令人不快。这种授权很重要，但绝非一成不变。它所依赖的态度和假设可能会改变，事实上改变已经发生。在过去十年间，使美国监狱人满为患的惩罚性量刑政策不再受到追捧。尽管精神病患者依然会被关进监狱和看守所，但随着对大规模监禁政策的强烈反对，我们可能会对这一现状的社会和道德代价提出疑问。美国民众对工业化畜牧业的态度也发生了转变，虽然就目前而言，上述态度的转变更多是促使人们购买"有机"肉类，而不是解决屠宰场工人面临的恶劣条件。我们对化石燃料行业的依赖也是如此，越来越多的人开始意识到，为了地球的生存，必须加速淘汰这一产业。

认为我们容忍的令人不安的情况根本无法改变，这一信念本身便会成为屈从的借口。这会助长埃弗里特·休斯在其法兰克福日记中描述的"消极民主人士"式的冷漠。这种屈从毫无根据，因为脏活像社会秩序的方方面面一样，本身并不是一成不变的，而是法律政策、投资决策以及反映我们价值观和优先事项的其他集体选择的结果。这些选择也包括，是否承认脏活不仅危及无辜者和环境，还会对干这种活计的人造成巨大伤害。

干脏活的人经历的痛苦可能不会引发人们的同情。因为在很多人看来，参与残酷或暴力制度的人必须对他们造成的痛苦负责，即使事后他们会对自己所做的事感到羞耻或后悔。正如普里莫·莱维在《灰色地带》中申明的，迫害者在事后表达的怀疑和不安"不足以使他们加入受害者的行列"。但莱维还呼吁，需要意识到我们都很容易选择与权力合作，需要去理解导致无权无势者被推入这种角色的环境，并减少对身处压迫体系低层的人员的负面评价。在当代美国，要考虑的主要情况是不平等，而其不仅体现于财富与收入的分配，更决定了脏活的委派。享有更多特权的美国人不必弄脏自己的手，因为他们可以将其外包给选择和机会较少的人。这种道德不平等的结果便是，污名、羞耻、创伤、道德伤害等集中在相对弱势的人群中。也许是因为无法评估量化，此类道德和情感负担几乎没有被纳入关于不平等的讨论中。然而，它们同样会危害和削弱人们的自我评价、在社会秩序中的地位，以及保持尊严和自豪感的能力。

不平等还决定了脏活的地理分布，以及谁应对其负责。正如我们看到的，很少有人指责从脏活中获利的公司，或通过法律和政策使其长期存在的政府官员。通常来说，责任落在了体制中最无权无势的人身上，这些"害群之马"在周期性的"丑闻"之后被挑出来，以平息众怒——而公众在此前的几个月甚至几年都对正在发生的事情视而不见。

平心而论，很难指望公众会对他们很少看到的情况担忧。脏活被结构性地掩盖起来：监狱和工业化屠宰场内发生的事情被高墙壁垒遮挡；无人机计划悄然开展；监管钴供应链的中间人必须签署保密协议。这些安排产生了"文明"效应，将令人不安的事件推到了"社会生活的幕后"。然而，即使是天衣无缝的隐瞒机制也不能一手遮天。尽管监狱和工业化屠宰场等机构与世隔绝、难以渗透，仍有大量信息泄露出来。无人机项目的刻意遮掩并没有阻止作家和纪录片制作人推出极富启发性的作品。保密协议也没有阻止非政府组织发布关于钴供应链的详细报告。问题不在于缺乏信息，而是许多人选择视而不见，不仅对脏活视而不见，而且无视迫于生计委身其中的人，他们几乎从未与这些人打过交道，却动辄对其评头论足。

对于干脏活的人，我们亏欠他们什么？至少在我看来，我们欠他们的是愿意把他们看作我们的代理人，承认这些脏活与我们的日常生活息息相关，愿意倾听他们的故事，不管其内容多么令人不安。当然，这种不安可能是双向的。第一次见面时，哈丽特·克日科夫斯基给我读了一些她写的关于戴德惩教所的经历片段。这些内容令人揪心，好几次读着读着，她的声音越来越低。后来，我甚至暗想，这可能是我们最后一次谈话了。在接下来的几天里，哈丽特在谈话中好几次痛哭失声，并对我抽出时间聆听表示感谢。她说，这个过程虽然十分残酷，但也"治愈"了自己。这句话一直萦绕在我心头，并不是觉得自己多么值得感激，而是因为感觉到她是多么孤独，讲述自己的故事这一简单的行为又有多治愈。

乔纳森·谢伊在《越南的阿喀琉斯》中认为，帮助人们从道德伤害中恢复的最有效方法便是将其公共化，为退伍军人提供与公众分享经历的机会。在新冠大流行期间，同样可能遭受道德伤害的医疗专业人员得到了这样的机会，因为公众对他们心存感激，并怀着尊重和好奇心聆听他们的故事。然而，对于像哈丽特这样干脏活的工人，情况却非如此。因此，她面临的是一种私人清算，不得不独自与萦绕的记忆搏斗。缺席的是一个平行的公共清算，也即我在费城退伍军人医院看到的那种公共活动，人们聚集在一起，聆听退伍军人谈论他们在美国最近的战争中犯下的道德过错。然后观众发声，说出了所有干脏活的工人都应该听到的信息。"我们把你们送上了危险的道路，"他们齐声高呼，"我们使你们陷入可能发生暴行的地方。我们与你们分担责任：对你们看到的一切，对你们所做的一切，以及对你们未能做到的一切。"

# 注 释

## 题记

[1]  James Baldwin, *No Name in the Street* (New York: Vintage Books, 2007), 94.

## 导言

[1]  Everett C. Hughes Papers, Special Collections Research Center, University of Chicago Library. All of Hughes's quotations in the introduction come from these papers unless otherwise indicated.

[2]  Everett Hughes, "Good People and Dirty Work," *Social Problems* 10, no. 1 (Summer 1962): 5.

[3]  Ibid. , 7.

[4]  Ibid. , 3.

[5]  Ibid. , 8.

[6]  Richard Sennett and Jonathan Cobb, *The Hidden Injuries of Class* (New York: Alfred A. Knopf, 1972), 76.

[7]  Helen Ouyang, "I'm an E. R. Doctor in New York," *New York Times Magazine*, April 14, 2020.

[8]  Sigmund Freud, *Civilization and Its Discontents* (New York: W. W. Norton, 1989), 46.

[9]　Norbert Elias, *The Civilizing Process: Sociogenetic and Psychogenetic Investigations, trans.* Edmund Jephcott (1939; repr. Cambridge, Mass. : Blackwell, 1994), 121.

## 第一章　双重忠诚

[1]　Th urgood Marshall, *Estelle v. Gamble*, Nov. 30, 1976, casetext.com/case/estelle-v-gamble.

[2]　Lisa Davis et al. , "Deinstitutionalization? Where Have All the People Gone?," *Current Psychiatry Reports* 14, no. 3 (2012): 260.

[3]　Vic Digravio, "The Last Bill JFK Signed— and the Mental Health Work Still Undone," WBUR,Oct.23,2013,www.wbur.org/commonhealth/2013/10/23/community-mental-health-kennedy.

[4]　Christopher Jencks, *The Homeless* (Cambridge, Mass. : Harvard University Press, 1994), 39.

[5]　Fred Cohen, "The Correctional Psychiatrist's Obligation to Report Patient Abuse: A Dialogue," *Correctional Mental Health Report*, Jan. /Feb. 2014, 67.

[6]　Sarah Glowa-K ollisch et al. , "Data- Driven Human Rights: Using Dual Loyalty Trainings to Promote the Care of Vulnerable Patients in Jail," *Health and Human Rights Journal*, June 11, 2015, www.hhrjournal.org/2015/03/data-driven-human-rights-using-dual-loyalty-trainings-to-promote-the-care-of-vulnerable-patients-in-jail/.

[7]　"CRIPA Investigation of the New York City Department of Correction Jails on Rikers Island," U. S. Department of Justice, U. S. Attorney's Office for the Southern District of New York, Aug. 4, 2014, 3.

[8]　"The Treatment of Persons with Mental Illness in Prisons and Jails: A State Survey," Treatment Advocacy Center and National Sheriffs' Association joint report, April 8, 2014, 6.

[9]　Ibid. , 8.

[10]　Marc F. Abramson, "The Criminalization of Mentally Disordered Behavior," *Hospital and Community Psychiatry* 23, no. 4 (April 1972).

[11]　"Treatment of Persons with Mental Illness in Prisons and Jails," 13.

[12]  Erving Goffman, *Asylums: Essays on the Social Situation of Mental Patients and Other Inmates* (Garden City, N. Y. : Anchor Books, 1961), 44.

[13]  Ibid. , 81.

[14]  Bruce Western, "Violent Offenders, Often Victims Themselves, Need More Compassion and Less Punishment," *USA Today*, Aug. 9, 2018. The findings of the Boston Reentry Study that Western and a team of scholars led are available at scholar. harvard. edu/bruce western/working-papers.

## 第二章 另类囚犯

[1]  Katherine Fernandez Rundle, "In Custody Death Investigation Close-O ut Memo. " I reported on the memo's findings in "A Death in a Florida Prison Goes Unpunished," *New Yorker*, March 23, 2017, www.newyorker. com/news/daily-comment/a-death-in-a-florida-prison-goes-unpunished.

[2]  Julie K. Brown, "Grisly Photos Stir Doubts About Darren Rainey's Death," *Miami Herald*, May 6, 2017, account.miamiherald.com/paywall/ registration?resume= 149026764.

[3]  Everett Hughes, "Good People and Dirty Work," *Social Problems* 10, no. 1 (Summer 1962): 7– 8.

[4]  Ibid. , 8.

[5]  Dana M. Britton, *At Work in the Iron Cage: The Prison as Gendered Organization* (New York: New York University Press, 2003), 53.

[6]  David J. Rothman, *Conscience and Convenience: The Asylum and Its Alternatives in Progressive America* (New Brunswick, N. J. : Transaction, 2012), 146.

[7]  Frank Tannenbaum, *Wall Shadows: A Study in American Prisons* (New York: G. P. Putnam's Sons, 1922), 29.

[8]  Ibid. , 25.

[9]  Gresham M. Sykes, *The Society of Captives: A Study of a Maximum Security Prison* (Princeton, N. J. : Princeton University Press, 1958), 59.

[10]  James B. Jacobs and Lawrence J. Kraft, "Integrating the Keepers: A Comparison of Black and White Prison Guards in Illinois," *Social*

*Problems* 25, no. 3 (Feb. 1978): 304.

[11]    Ibid.

[12]    Ibid. , 316.

[13]    John M. Eason, *Big House on the Prairie: Rise of the Rural Ghetto and Prison Proliferation* (Chicago: University of Chicago Press, 2017), 16.

[14]    Quoted in Britton, *At Work in the Iron Cage*, 51.

[15]    Lewis Z. Schlosser, David A. Safran, and Christopher A. Sbaratta, "Reasons for Choosing a Correction Officer Career," *Psychological Services* 7, no. 1 (2010): 34.

[16]    Britton, *At Work in the Iron Cage*, 80.

[17]    Kelsey Kauffman, *Prison Officers and Their World* (Cambridge, Mass. : Harvard University Press, 1988), 223    24.

[18]    Lateshia Beachum and Brittany Shammas, "Black Officers, Torn Between Badge and Culture, Face Uniquely Painful Questions and Insults," *Washington Post*, Oct. 9, 2020, www.washingtonpost.com/ history/2020/10/09/black-law-enforcement-protests/.

[19]    Linda Kleindiest, "Chiles Begins Campaign for 'Safe Streets' Program," *Florida Sun Sentinel*, April 20, 1993.

[20]    Daniel Hundley, *Social Relations in Our Southern States* (New York: H. B. Price, 1860), 140.

[21]    Robert Gudmestad, *A Troublesome Commerce: The Transformation of the Interstate Slave Trade* (Baton Rouge: Louisiana State University Press, 2003), 36.

[22]    Ibid. , 85.

[23]    Quoted ibid. , 158.

[24]    Walter Johnson, *Soul by Soul: Life Inside the Antebellum Slave Market* (Cambridge, Mass. : Harvard University Press, 1999), 54– 55.

[25]    Quoted in Gudmestad, *A Troublesome Commerce*, 157.

[26]    "Despite all of the information" : Dylan Hadre and Emily Widre, "Failing Grades: States' Responses to COVID- 19 in Jails and Prisons," Prison Policy Initiative, June 25, 2020, www. prisonpolicy. org / reports / failing _ grades. html.

[27]    Brendon Derr, Rebecca Grisbach, and Danya Issawi, "States Are Shutting

Down Prisons as Guards Are Crippled by COVID- 19," *New York Times,* Jan. 2, 2021.

[28]  Melissa Montoya, "No Indictment for Corrections Officers in Inmate Death," *News- Press*, July 7, 2015, www.news-press.com/story/ news/local/2015/07/07/indictment-corrections-officers-inmate-death/29848827/.

[29]  Quoted in Didier Fassin, *Prison Worlds: An Ethnography of the Carceral Condition* (Cambridge, U. K. : Polity Press, 2017), 146.

[30]  Quoted in Fassin, *Prison Worlds*, 329.

[31]  Jessica Benko, "The Radical Humaneness of Norway's Halden Prison," *New York Times Magazine*, March 19, 2015, www.nytimes. com/2015/03/29/magazine/the-radical-humaneness-of-norways-halden-prison.html.

## 第三章　文明的惩罚

[1]  David J. Rothman, "Perfecting the Prison: United States, 1789–1 865," in *The Oxford History of the Prison*, ed. Norval Morris and David J. Rothman (New York: Oxford University Press, 1998), 100.

[2]  Charles Dickens, *The Works of Charles Dickens: American Notes* (London: Chapman and Hall, 1907), 116– 17.

[3]  John Pratt, *Punishment and Civilization: Penal Tolerance and Intolerance in Modern Society* (Thousand Oaks, Calif. : Sage, 2002), 52.

[4]  Dickens, *American Notes*, 116.

[5]  Norbert Elias, *The Civilizing Process: Sociogenetic and Psychogenetic Investigations*, trans. Edmund Jephcott (1939; repr. Cambridge, Mass. : Blackwell, 1994), 121.

[6]  David Garland, *Punishment and Modern Society: A Study in Social Theory* (Chicago: University of Chicago Press, 1990), 243.

[7]  John Pratt, "Norbert Elias and the Civilized Prison," *British Journal of Sociology* 50, no. 2 (1999): 287.

[8]  Quoted in Regan McCarthy, "Department of Corrections Workers Share Their View from the Inside," WUSF Public Media, March 12, 2015,

wusfnews.wusf.usf.edu/2015-03-12/department-of-corrections-workers-share-their-view-from-the-inside.

[9]  "Prison Bill Emerges in the House—but Without Oversight Commission," *Palm Beach Post*, March 19, 2015, www.palmbeachpost. com/ 2015/03/19/prison-bill-emerges-in-house-but-without-oversight-commission/.

[10]  Quoted in Pat Beall, "Inmate Was Getting Only Tylenol for Cancer," *Palm Beach Post*, Aug. 1, 2018, www.palmbeachpost.com/news/inmate-was-getting-only-tylenol-for-cancer/luLV1P4koWjXqCau46piMK /.

[11]  Matthew Clarke, "Court's Expert Says Medical Care at Idaho Prison Is Unconstitutional," *Prison Legal News*, Aug. 25, 2016, www. prisonlegalnews.org/news/2016/aug/25/courts-expert-says-medical- care-idaho-prison-unconstitutional/.

[12]  Will Tucker, "Profits vs. Prisoners: How the Largest U. S. Prison Health Care Provider Puts Lives in Danger," Southern Poverty Law Center, Oct. 27, 2016, www.splcenter.org/20161027/profits-vs-prisoners-how-largest-us-prison-health-care-provider-puts-lives-danger.

[13]  Ibid.

[14]  John D. Donahue, *The Privatization Decision: Public Ends, Private Means* (New York: Basic Books, 1989), 11.

[15]  "DOC to Move Forward with Prison Health Privatization," News Service of Florida, July 18, 2012, www.northescambia. com/2012/07/doc-to-move-forward-with-prison-health- privatization.

[16]  Everett Hughes, "Good People and Dirty Work," *Social Problems* 10, no. 1 (Summer 1962): 9.

[17]  Supreme Court of the State of Florida, "Mental Health: Transforming Florida's Mental Health System," 2007, 10, www.floridasupremecourt.org/ content/download/243049/file/11-14-2007 _Mental_Health_Report. pdf.

[18]  Liz Szabo, "Cost of Not Caring," *USA Today*, May 12, 2014, www. usatoday.com/story/news/nation/2014/05/12/mental-health-system-crisis/7746535.

[19]  Steve J. Martin, "It's Not Just Policing That Needs Reform. Prisons Need It, Too," *Washington Post*, July 6, 2020, www.washingtonpost.com/

opinions/2020/07/06/its-not-just-policing-that-needs-reform-prisons-need-it-too.

[20]  Julie K. Brown, "Rainey Family Settles Suit in Prison Shower Death," *Miami Herald*, Jan. 26, 2018.

## 第四章  操纵杆战士

[1]  Eric Fair, *Consequence: A Memoir* (New York: Henry Holt, 2016), 239.

[2]  Mark Mazzetti, *The Way of the Knife: The CIA, a Secret Army, and a War at the Ends of the Earth* (New York: Penguin Press, 2013), 121.

[3]  Quoted ibid. , 319.

[4]  Quoted in Nick Cumming-B ruce, "The Killing of Qassim Suleimani Was Unlawful, Says UN Expert," *New York Times*, June 9, 2020, www.nytimes.com/2020/07/09/world/middleeast/qassim-suleimani-killing-unlawful.htm.

[5]  "Out of the Shadows:  Recommendations to Advance Transparency in the Use of Lethal Force," Columbia Law School Human Rights Clinic and Sana'a Center for Strategic Studies, June 2017, 6, web. law. columbia. edu/sites/default/files/microsites/human-rightsinstitute/out_of_the_shadows.pdf.

[6]  Quoted in Charlie Savage, "U. N. Report Highly Critical of U. S. Drone Attacks," *New York Times*, June 2, 2010, www.nytimes.com/2010/06/03/world/03drones.html.

[7]  Jonathan Shay, *Achilles in Vietnam: Combat Trauma and the Undoing of Character* (New York: Simon & Schuster, 1994), 20.

[8]  Brett T. Litz et al. , "Moral Injury and Moral Repair in War Veterans," *Clinical Psychology Review* 29, no. 8 (2009): 695.

[9]  Shira Maguen et al. , "The Impact of Killing on Mental Health Symptoms in Gulf War Veterans," *Psychological Trauma Theory Research Practice and Policy,* no. 3 (2011): 25.

[10]  Tyler Boudreau, "The Morally Injured," *Massachusetts Review* 52, no. 3–4 (2011): 750.

[11]  George Orwell, *1984* (New York: Harcourt, 1977), 178.

[12]    Tim O'Brien, *The Things They Carried* (New York: Houghton Mifflin Harcourt, 2009), 171.

[13]    Quoted in Thomas E. Ricks, *The Generals: American Military Command from World War II to Today* (New York: Penguin, 2012), 60.

[14]    Robert J. Lifton, *Home from the War: Vietnam Veterans, Neither Victims nor Executioners* (New York: Simon & Schuster, 1973), 100.

[15]    Litz et al. , "Moral Injury and Moral Repair," 696.

[16]    David J. Morris, *The Evil Hours: A Biography of Post-T raumatic Stress Disorder* (New York: Houghton Mifflin Harcourt, 2015), 204.

[17]    Litz et al. , "Moral Injury and Moral Repair," 696.

[18]    M. Shane Riza, *Killing Without Heart: Limits on Robotic Warfare in an Age of Persistent Conflict* (Washington, D. C. : Potomac Books, 2013), 55.

[19]    Chris J. Antal, "Patient to Prophet: Building Adaptive Capacity in Veterans Who Suffer Moral Injury" (PhD diss. , Hartford Seminary, 2017), 42.

## 第五章　另外的百分之一

[1]    Michael Sandel, *Justice: What's the Right Thing to Do?* (New York: Farrar, Straus and Giroux, 2009), 77.

[2]    Ibid. , 82.

[3]    Quoted ibid. , 83. See also Charles Rangel, "Why I Want the Draft," *New York Daily News*, Nov. 22, 2006.

[4]    Douglas L. Kriner and Francis X. Shen, "Invisible Inequality: The Two Americas of Military Sacrifice," *University of Memphis Law Review* 46 (2016): 563.

[5]    Thomas Paine, *The Crisis*, Dec. 23, 1776, www.ushistory.org/paine/crisis/c-01.htm.

[6]    Beth Bailey, *America's Army: Making the All- Volunteer Force* (Cambridge, Mass. : Harvard University Press, 2009), 6.

[7]    Andrew Bacevich, *Breach of Trust: How Americans Failed Their Soldiers and Their Country* (New York: Picador, 2014), 19.

[8]    Ibid. , 43.

[9]  Quoted in Sandel, *Justice*, 86.

[10]  Interviewed in *National Bird*, directed by Sonia Kennebeck (Independent Lens, 2016).

[11]  Quoted in Francisco Cantú, *The Line Becomes a River: Dispatches from the Border* (New York: Riverhead Books, 2018), 20.

[12]  Quoted ibid. , 150. See also David Wood, *What Have We Done: The Moral Injury of Our Longest Wars* (New York: Little, Brown, 2016).

[13]  Simon Romero, "Border Patrol Memoir Ignites Dispute," *New York Times*, May 19, 2018, www.nytimes.com/2018/05/19/u/ francisco-cantu-border- patrol.html.

[14]  Primo Levi, *The Drowned and the Saved* (New York: Vintage Books, 1989), 43.

[15]  Ibid. , 50.

[16]  Ibid. , 60.

[17]  Cantú, *The Line Becomes a River*, 24.

[18]  Brittny Mejia, "Complicated Identities Wrestling with Internal Conflict," *Los Angeles Times*, April 23, 2018, enewspaper.latimes.com/infinity/ article_share. aspx?guid=ac6f8add-169e-4509-93dc-77e27b5ef3f7.

[19]  Quoted in Josiah McC. Heyman, "U. S. Immigration Officers of Mexican Ancestry as Mexican Americans, Citizens, and Immigration Police," *Current Anthropology* 43, no. 3 ( June 2002): 487.

[20]  Quoted in Manny Fernandez et al. , " 'People Actively Hate Us' : Inside the Border Patrol's Morale Crisis," *New York Times*, Sept. 15, 2019, www.nytimes.com/2019/09/15/us/border-patrol-culture.html.

[21]  Levi, *The Drowned and the Saved*, 49.

[22]  Francisco Cantú, "Cages Are Cruel. The Desert Is, Too," *New York Times*, June 30, 2018.

[23]  Heather Linebaugh, "I Worked on the US Drone Program. The Public Should Know What Really Goes On," *Guardian*, Dec. 29, 2013, www. theguardian.com/profile/heather-linebaugh.

[24]  Jonathan Shay, *Achilles in Vietnam: Combat Trauma and the Undoing of Character* (New York: Simon & Schuster, 1994), 4.

[25]  Jameel Jaffer, *The Drone Memos: Targeted Killing, Secrecy, and the Law*

(New York: New Press, 2016), 29.

[26] Jennifer Gibson, "Why Trump's Actions Have Put Civilians at More Risk," Bureau of Investigative Journalism, March 7, 2019, www.thebureauinvestigates.com/stories/2019-03- 07 / opinion - why - trumps - actions - have - put - civilians - at - more - risk.

[27] Samuel Moyn, "A War Without Civilian Deaths?," *New Republic*, Oct. 23, 2018, newrepublic.com/article/151560/damage-control-book-review-nick-mcdonell-bodies-person.

[28] Trevor Paglen, *Blank Spots on the Map: The Dark Geography of the Pentagon's Secret World* (New York: Dutton, 2009), 17.

[29] Ibid.

[30] Quoted in Jonathan S. Landay, "Obama's Drone War Kills 'Others,' Not Just Al Qaida Leaders," McClatchy News, April 9, 2013, www.mcclatchydc.com/news/nation-world/world/article24747826.html.

[31] Quoted in International Human Rights and Conflict Resolution Clinic at Stanford Law School and Global Justice Clinic at NYU School of Law, "Living Under Drones: Death, Injury and Trauma to Civilians from US Drone Practices in Pakistan" (2012), 60.

[32] Rebecca Solnit, "The Visibility Wars," in *Invisible: Covert Operations and Classified Landscapes*, a book of Trevor Paglen's photographs and projects on secrecy and surveillance (New York: Aperture, 2010), 6.

## 第六章　影子人

[1] Lawrence Wright, *God Save Texas* (New York: Alfred A. Knopf, 2018), 299–300.

[2] Interviewed in "Our Town— Part Two," narrated by Ira Glass and Miki Meek, *This American Life*, Dec. 8, 2017, www.thisamericanlife. org/633/our-town-part-two.

[3] Philip Martin, "The Missing Bridge: How Immigrant Networks Keep Americans out of Dirty Jobs," *Population and Environment* 14, no. 6 (1993): 539.

[4] Interviewed in "Our Town— Part Two. "

[5] Jonathan Safran Foer, *Eating Animals* (New York: Little, Brown, 2009), 143.

[6] Ibid. , 182.

[7] "Shocking Investigation at a Turkey Slaughterhouse," People for the Ethical Treatment of Animals website, www. peta. org / blog / shocking - investigation - turkey - slaughterhouse /.

[8] Wilson J. Warren, *Tied to the Great Packing Machine: The Midwest and Meatpacking* (Iowa City: University of Iowa Press, 2006), 135– 36.

[9] Quoted ibid. , 135.

[10] Upton Sinclair, *The Jungle* (1906; repr. New York: Penguin Books, 2006), 36.

[11] Quoted in Leon Harris, *Upton Sinclair: American Rebel* (New York: Thomas Y. Crowell, 1975), 78.

[12] Sinclair, *The Jungle*, 114.

[13] Quoted in Harris, *Upton Sinclair*, 71.

[14] Roger Horowitz, *"Negro and White, Unite and Fight!"* : A Social History of Industrial Unionism in Meatpacking, 1930–90 (Urbana: University of Illinois Press, 1997), 63.

[15] Ibid. , 74.

[16] Quoted ibid. , 245.

[17] Lance Compa, "Blood, Sweat, and Fear: Workers' Rights in US Meat and Poultry Plants," Human Rights Watch, 2005, 101.

[18] Angela Stuesse, *Scratching Out a Living: Latinos, Race, and Work in the Deep South* (Oakland: University of California Press, 2016), 127.

[19] Rudyard Kipling, *From Sea to Sea: Letters of Travel* (1899; repr. Charleston, SC: BiblioBazaar, 2016), 2:148.

[20] Kira Burkhart et al. , "Water Pollution from Slaughterhouses," Environmental Integrity Project, 2018, 3.

[21] Christopher Leonard, *The Meat Racket: The Secret Takeover of America's Food Business* (New York: Simon & Schuster, 2014), 145.

[22] "Sanderson Farms Continues Its Mission in Transparency," press release, 2018, sandersonfarms.com/press-releases/sanderson -farms-continues-mission-transparency/.

[23]   David Montejano, *Anglos and Mexicans in the Making of Texas, 1836–1986* (Austin: University of Texas Press, 1987), 183.

[24]   Ibid. , 228.

[25]   Ibid. , 231.

[26]   Mary Douglas, *Purity and Danger: An Analysis of Concepts of Pollution and Taboo* (London: Routledge, 2002), 44.

[27]   Ibid. , 44.

[28]   Ibid. , 140.

[29]   Quoted in Jerry Muller, *Capitalism and the Jews, vol. 2, Belonging, 1492–1900* (Princeton, N. J. : Princeton University Press, 2010), 10.

[30]   Simon Schama, *The Story of the Jews* (New York: HarperCollins, 2017), 317.

[31]   R. Po-c hia Hsia and Hartmut Lehmann, eds. , *In and out of the Ghetto: Jewish-Gentile Relations in Late Medieval and Early Modern Germany* (Cambridge, U. K. : Cambridge University Press, 1995), 164.

[32]   Muller, *Capitalism and the Jews*, 31.

[33]   Schama, *The Story of the Jews*, 2: 315– 16.  181 "The way they came" : Quoted in Richard Fausset, "After ICE Raids, a Reckoning in Mississippi's Chicken County," *New York Times*, Dec. 28, 2019, www.nytimes. com/2019/12/28/us/mississippi-ice-raids-poultry-plants. html.

## 第七章   基础工人

[1]   Michael Pollan, *The Omnivore's Dilemma: A Natural History of Four Meals* (New York: Penguin Press, 2006), 333.

[2]   Norbert Elias, *The Civilizing Process: Sociogenetic and Psychogenetic Investigations, trans. Edmund Jephcott* (1939; repr. Cambridge, Mass. : Blackwell, 1994), 118.

[3]   Gail A. Eisnitz, *Slaughterhouse: The Shocking Story of Greed, Neglect, and Inhumane Treatment Inside the Meat Industry* (Amherst, N. Y. : Prometheus Books, 1997), 214.

[4]   Timothy Pachirat, *Every Twelve Seconds: Industrialized Slaughter and the Politics of Sight* (New Haven, Conn. : Yale University Press, 2013), 97.

[5]   Ibid. , 151.

[6]   Quoted in Eisnitz, *Slaughterhouse*, 87–88.

[7]   Quoted in Pachirat, *Every Twelve Seconds*, 151.

[8]   Ibid. , 160.

[9]   Lance Compa, "Blood, Sweat, and Fear: Workers' Rights in US Meat and Poultry Plants," Human Rights Watch, 2005, 11.

[10]  Scott Bronstein, "Special Report—Chicken: How Safe?," *Atlanta Journal-Constitution*, May 26, 1991.

[11]  Kimberly Kindy, "At Chicken Plants, Chemicals Blamed for Health Ailments Are Poised to Proliferate," *Washington Post*, April 25, 2013.

[12]  Quoted in Robert Klemko and Kimberly Kindy, "He Fled Congo to Work in a U. S. Meat Plant. Then He—and Hundreds of His Co-workers—Got the Coronavirus," *Washington Post*, Aug. 6, 2020.

[13]  "A Delicate Balance: Feeding the Nation and Keeping Our Employees Healthy," Tyson ad, April 27, 2020. The ad can be found at www. washingtonpost.com/context/tyson-ad/86b9290d-115b-4628-ad80-0e679dcd2669.

[14]  Donald J. Trump, "Executive Order on Delegating Authority Under the DPA with Respect to Food Supply Chain Resources During the National Emergency Caused by the Outbreak of COVID-1 9," April 28, 2020, www.whitehouse.gov/presidential-actions/executive-order-delegating-authority-dpa-respect-food-supply-chain-resources-national-emergency-caused-outbreak-covid-19/.

[15]  Michael Corkery and David Yaffe- Bellany, "As Meat Plants Stayed Open to Feed Americans, Exports to China Surged," *New York Times*, June 16, 2020, www.nytimes.com/2020/06/16/business/meat-industry-china-pork. html.

[16]  Bruce P. Bernard, ed. , "Musculoskeletal Disorders and Workplace Factors," U. S. Department of Health and Human Services, July 1997, iii.

[17]  Quoted in Nancy Cleeland, "Union Decries Conditions at Pilgrim's Pride Chicken Plant," *Los Angeles Times*, Feb. 27, 2002.

[18]  Quoted in John Samples, "James Madison's Vision of Liberty," *Cato Policy Report* 23, no. 2 (March/April 2001): 11, www.cato.org/sites/cato.

org/files/serials/files/policy-report/2001/3/madison.pdf.

[19]　"Trump Makes Appearance at the RNC with Frontline Workers," CNN, Aug. 25, 2020, www.cnn.com/politics/live-news/rnc-2020-day-1/h_4bb5f 99b5b708420912a9e00b58ddc99.

[20]　Holly Ellyatt, "German District Sees Lockdown Return as Country Tries to Suppress Regional Outbreaks," CNBC, June 23, 2020, www. cnbc.com/2020/06/23/germany-is-struggling-with-more-coronavirus-outbreaks.html.

[21]　Phillip Grull, "German Labour Minister Announces Stricter Standards in the Meat Industry," EURACTIV Germany, July 29, 2020, www.euractiv. com/section/agriculture-food/news/german-labour-minister-announces-stricter-standards-in-the-meat-industry/.

[22]　Quoted in "Death of Four Workers Prompts Deeper Look at DuPont Safety Practices," OSHA News Release—Region 6, Department of Labor, July 9, 2015, www.osha.gov/news/newsreleases/region6/07092015.

[23]　Noam Scheiber, "Labor Department Curbs Announcements of Company Violations," *New York Times*, Oct. 23, 2020, www.nytimes. com/2020/10/23/business/economy/labor-department-memo.html.

[24]　Liz Crampton, "Azar Blames 'Home and Social Conditions' for the Meatpacking Crisis," *Politico*, May 8, 2020, www. politico.com/ newsletters/morning-agriculture/2020/05/08/azar-blames-home-and-social-conditions-for-the-meatpacking-crisis-787452.

[25]　Quoted in Michael Grabell, Claire Perlman, and Bernice Yeung, "Emails Reveal Chaos as Meatpacking Companies Fought Health Agencies over COVID- 19 Outbreaks in Their Plants," ProPublica, June 12, 2020, www. propublica.org/article/emails-reveal-chaos-as-meatpacking-companie-fought-health-agencies-over-covid-19-outbreaks-in-their-plants.

[26]　Interviewed in Christina Stella, "Immigrant Meatpackers Say They're Being Blamed for Spread of COVID-1 9," NPR, Aug. 10, 2020, www. npr. org / 2020 / 08 / 10 / 900766712 / immigrant - meatpackers - say - theyre - being - blamed - for - spread - of - covid - 19.

[27]　Quoted in Margaret Gray, "The Dark Side of Local," *Jacobin*, Aug. 21, 2016, www. jacobinmag. com / 2016 / 08 / farmworkers - local - locavore

- agriculture - exploitation /.

[28]    Quoted in Margaret Gray, *Labor and the Locavore: The Making of a Comprehensive Food Ethic* (Berkeley: University of California Press, 2013), 138.

## 第八章　不洁能源

[1]    George Orwell, The Road to Wigan Pier 1937; repr. (New York: Berkley Publishing, 1961), 21.

[2]    Ibid., 36.

[3]    "World Energy Outlook 2019," IEA report, www.iea.org/reports/world-energy-outlook-2019/oil.

[4]    National Commission on the BP Deepwater Horizon Oil Spill and Offshore Drilling," Deepwater: The Gulf Oil Disaster and the Future of Offshore Drilling, Jan. 2011, 221, www.govinfo.gov/content/pkg/GPO-OILCOMMISSION/pdf/GPO-OILCOMMISSION.pdf.

[5]    Ibid. , vii.

[6]    Jonathan Shay, *Achilles in Vietnam: Combat Trauma and the Undoing of Character* (New York: Simon & Schuster, 1994), 21.

[7]    David Barstow, David Rohde, and Stephanie Saul, "Deepwater Horizon's Final Hours," *New York Times*, Dec. 25, 2010.

[8]    Quoted in William R. Freudenburg and Robert Gramling, *Oil in Troubled Waters: Perceptions, Politics, and the Battle over Offshore Drilling* (Albany: State University of New York Press, 1994), 51.

[9]    Arlie Russell Hochschild, *Strangers in Their Own Land: Anger and Mourning on the American Right* (New York: New Press, 2016), 73.

[10]    Ibid. , 80– 81.

[11]    Quoted in Jason Theriot, *American Energy, Imperiled Coast: Oil and Gas Development in Louisiana's Wetlands* (Baton Rouge: Louisiana State University Press, 2014), 43.

[12]    Ibid. , 201.

[13]    National Commission on the BP Deepwater Horizon Oil Spill and Offshore Drilling, "Deepwater," 225.

[14]　Ibid. , 71– 72.

[15]　Quoted in Eric Lipton, "Trump Rollback Targets Offshore Rules 'Written with Human Blood,'" *New York Times*, March 10, 2018, www.nytimes.com/2018/03/10/business/offshore-drilling-trump-administration.html.

[16]　Interviewed in, *The Great Invisible*, directed by Margaret Brown (Radius-TWC, 2014).

[17]　Quoted in David Sheppard, "Pandemic Crisis Offers Glimpse into Oil Industry's Future," *Financial Times*, May 3, 2020, www.ft.com/content/99fc40be-83aa-11ea-b872-8db45d5f6714.

## 第九章　厚黑科技

[1]　Sergey Brin and Larry Page, "'An Owner's Manual' for Google's Shareholders," 2004 Founders' IPO Letter, abc.xyz/investor /founders-letters/2004-ipo-letter/.

[2]　Eric Schmidt and Jonathan Rosenberg, *How Google Works*, with Alan Eagle (New York: Grand Central Publishing, 2014), 17.

[3]　Ryan Gallagher, "Google Plans to Launch Censored Research Engine in China, Leaked Documents Reveal," *Intercept*, Aug. 1, 2018, theintercept.com / 2018 / 08 / 01 / google - china - search - engine - censorship /.

[4]　Quoted in David Naguib Pellow and Lisa Sun- Hee Park, *The Silicon Valley of Dreams: Environmental Injustice, Immigrant Workers, and the High-Tech Global Economy* (New York: New York University Press, 2002), 1.

[5]　Stephanie Nebehay, "U. N. Sees 'Textbook Example of Ethnic Cleansing' in Myanmar," Reuters, Sept. 11, 2017, www. reuters. com/article/us-myanmar-rohingya-un/u-n-sees-textbook-example-of-ethnic-cleansing-in-myanmar-idUSKCN1BM0SL.

[6]　Shoshana Zuboff, *The Age of Surveillance Capitalism: The Fight for a Human Future at the New Frontier of Power* (New York: PublicAffairs, 2019), 53.

[7]　Albert O. Hirschman, *Exit, Voice, and Loyalty: Responses to Decline in Firms, Organizations, and States* (Cambridge, Mass. : Harvard University

Press, 1970), 30.

[8]　Quoted in Kate Conger and Daisuke Wakabayashi, "Google Employees Protest Secret Work on Censored Search Engine for China," *New York Times*, Aug. 16, 2018.

[9]　Schmidt and Rosenberg, *How Google Works*, 65.

[10]　Ryan Gallagher, "Senior Google Researcher Resigns over 'Forfeiture of Our Values' in China," *Intercept*, Sept. 13, 2018, theintercept. com/2018/09/13/google-china-search-engine-employee-resigns/.

[11]　Quoted in Scott Shane and Daisuke Wakabayashi, " 'The Business of War' : Google Employees Protest Work for the Pentagon," *New York Times*, Aug. 4, 2018, www.nytimes.com/2018/04/04/technology/google-letter-ceo-pentagon-project.html.

[12]　Erving Goffman, *Stigma: Notes on the Management of Spoiled Identity* (New York: Simon & Schuster, 1963), 3.

[13]　Thomas Roulet, "What Good Is Wall Street?: Institutional Contradiction and the Diffusion of the Stigma over the Finance Industry," *Journal of Business Ethics* 130 (Aug. 2015).

[14]　Goff man, *Stigma*, 5.

[15]　Bruce G. Link and Jo C. Phelan, "Conceptualizing Stigma," *Annual Review of Sociology*, vol. 27 (2001): 376.

[16]　Michael J. Sandel, *The Tyranny of Merit: What's Become of the Common Good?* (New York: Farrar, Straus and Giroux, 2020), 25.

[17]　Brian Merchant, "How Google, Microsoft, and Big Tech Are Automating the Climate Crisis," *Gizmodo*, Feb. 21, 2019, gizmodo.com /how-google-microsoft-and-big-tech-are-automating-the-1832790799.

[18]　Ursula M. Franklin, *The Real World of Technology* (Toronto: House of Anansi Press, 1990), 10.

[19]　Annie Kelly, "Apple and Google Named in US Lawsuit over Congolese Child Cobalt Mining Deaths," *Guardian*, Dec. 16, 2019, www. theguardian. com/global-development/2019/dec/16/apple-and-google-named-in-us-awsuit-over-congolese-child-cobalt-mining-deaths.

[20]　"See No Evil, Speak No Evil: Poorly Managed Corruption Risks in the Cobalt Supply Chain," Resource Matters, 2019, 17.

## 结 语

[1]   Jillian Mock, "Psychological Trauma Is the Next Crisis for Coronavirus
      Health Workers," *Scientific American*, June 1, 2020, www. scientifi
      camerican. com /article/psychological-trauma-is-the-next-crisis-for-
      coronavirus- health-workers1/.

[2]   Nivedita Lakhera, "As a Front-Line Doctor, I Can't Let Another Doctor
      Suffer Trauma, Suicide," *USA Today*, April 1, 2020, www.u satoday.
      com/story/opinion/voices/2020/04/01/coronavirus-doctor-colleagues-
      suffering-trauma-column/5098054002/.

# 致　谢

　　没有众多基金会和奖学金项目的支持，本书不可能完成。特别感谢纽约公共图书馆的"多萝西和刘易斯·卡尔曼学者和作家中心"，我在那里花了一年时间埋头研究并撰写本书。特别感谢该中心前主任让·斯特劳斯、现任主任萨尔瓦托·西博纳以及副主任劳伦·戈登伯格和保罗·德拉瓦尔达，他们的支持和热情使"卡尔曼中心"成为独一无二的存在。

　　同样感谢纽约卡内基基金会于2018年颁发的"安德鲁·卡内基奖学金"，以及一直以来为我提供"普芬基金会"写作研究员职位的"类型媒体中心"。特别感谢塔亚·基特曼，她一直是我忠实的朋友，为我提供了宝贵的支持。还要感谢罗素·塞奇基金会，我曾在那里做了几个月的访问记者，特别感谢基金会主席谢尔顿·丹津格，以及为本人提供研究帮助的克莱尔·加布里埃尔。新奥尔良南墨西哥湾中心授予本人"门罗奖学金"，使我得以在墨西哥湾地区调研，在此特向该中心优秀的执行主任丽贝卡·斯内德克尔致谢。

非常感谢怀利代理的莎拉·查尔芬特。莎拉堪称作家最为出色的经纪人和代言者。感谢卢克·英格拉姆和丽贝卡·纳格尔给予的鼓励和帮助。

对于本书最终成形，埃里克·钦斯基给出了最多的建议。很幸运能与这位才华横溢的编辑共事。埃里克对思想的热情，准确的判断，以及对作者的无私付出，让我在漫长而孤独的写作过程中从未感到孤单。还要感谢朱莉娅·林戈出色的编辑建议，以及珍妮·巴洛专业的润色。

感谢《纽约客》的传奇编辑丹尼尔·扎莱夫斯基鼓励我深入调查戴德惩教所的虐囚行为。与丹尼尔一起工作，让我学到了很多如何撰写报道的技巧。感谢萨沙·韦斯，很高兴能和她合作撰写关于无人机操作员精神创伤的纪实报道。

特别感谢埃里克·克林恩伯格，十年前他鼓励我申请纽约大学社会学博士项目，后来又邀请我成为公共知识研究所的访问学者。也正是在博士期间，我得以接触到埃弗里特·休斯的研究成果。同样感谢史蒂文·卢克斯，作为我的导师和知识启蒙者，他给予本书初稿的反馈非常宝贵。

非常感谢安迪·杨仔细核对了本书所涉事实。同时感谢玛戈特·奥拉瓦里奥对相关翻译，以及萨拉·范斯坦对研究给予的协助。

如果说有什么可以让写一本书不那么孤独，那就是同行、朋友给予的支持和鼓励。特别感谢亚当·沙茨、萨沙·阿布拉姆斯基、罗文·里卡多·菲利普斯、劳拉·塞科尔、斯科特·谢尔曼、格雷戈里·帕德洛、莫娜·埃尔·戈巴希、阿里·伯曼、史蒂文·达德利、柯克·森普尔、凯特林·扎卢姆、蔡斯·马达尔、詹妮弗·特纳、妮科尔·弗利特伍德、尼尔·格罗斯和彼得·约斯特，以及我在卡尔曼中心结识的那群出色的伙伴，特别是艾瓦·钦、内莉·赫尔曼、琼·阿科切拉、莎拉·布里杰、马丁·普契纳、布莱克·戈普尼克、休·伊金和芭芭拉·温斯坦。

由衷感念我的家人：慷慨而慈爱的双亲，卡拉和沙洛姆；令人感佩的岳母格拉西拉·萨斯—阿贝林·罗斯，她通读本书初稿并提供了宝贵的反馈；妹妹莎伦，感谢她的关爱与支持；还有妻弟劳伦特·阿伯林和弟妹苏珊娜·埃勒斯，他们让我工作之余的时光变得难忘有趣。最重要的是，感谢爱妻米雷尔·阿贝林，她的爱极大地丰富了我的生活，她对情感和智识成长的坚持挑战并激励着我。妻子既是我最敏锐、最具洞察力的读者，也是我们可爱的孩子米莲娜和奥克塔维奥了不起的母亲。

主　　编｜谭宇墨凡
特约编辑｜卢安琪　王子豪　任建辉

营销总监｜张　延
营销编辑｜狄洋意　闵　婕　许芸茹


版权联络｜rights@chihpub.com.cn
品牌合作｜zy@chihpub.com.cn

出品方 至元文化（北京）
CHIH YUAN CULTURE

Room 216, 2nd Floor, Building 1, Yard 31,
Guangqu Road, Chaoyang, Beijing, China

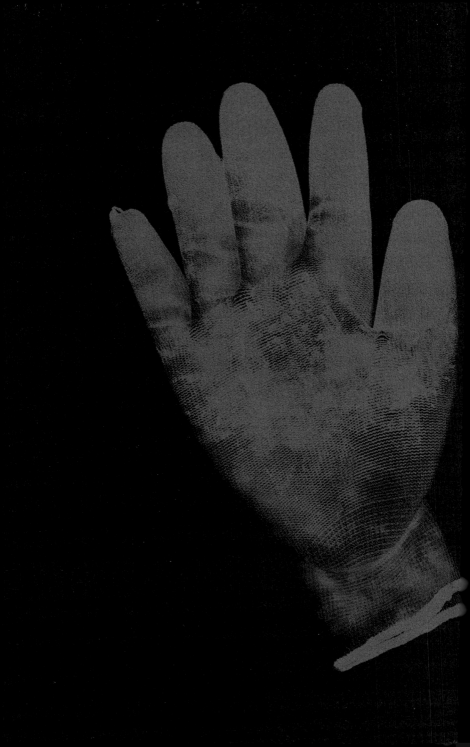